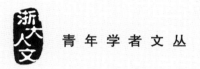

青 年 学 者 文 丛

Literature Publishing in the Digital Age

数字时代的大众文学出版与传播研究

陈 洁 等著

ZHEJIANG UNIVERSITY PRESS
浙江大学出版社

浙大人文青年学者文丛

总　序

　　由浙江大学人文学部策划的《浙大人文青年学者文丛》(以下简称《文丛》)与读者见面了,这实在是一件特别值得庆贺的事。

　　值此庆贺之际,不揣粗陋,说一点与当下人文学科的境遇与发展相关的感想,与《文丛》的笔者和读者朋友们交流求教。

　　关于人文及人文学科内容的表述,中国和西方虽有不同,但其意蕴与精神,两者的看法则大体相同。

　　一般认为,我国古代文献中最早出现"人文"一词的是《易经》:"刚柔交错,天文也;文明以止,人文也。观乎天文以察时变,观乎人文以化成天下。"(《贲·象辞》)意思是说,天生有男有女,男刚女柔,刚柔交错,这是天文,也即四时更替、天道自然;人类因此而有夫妇,有家庭,由家庭而国家,而天下,这是人文,也即社会人伦、人类文明。治国者既要观察天道自然的运行规律,又须用人文精神来教化天下。孔子说:"德之不修,学之不讲,闻义不能徙,不善不能改,是吾忧也。"(《论语·述而》)因此,他强调"仁学",要求人们"修德""讲学""徙义""改过",学会"做人""爱人",这是孔子对什么是人文的看法,也可以说是我国古代"人文教化"的日常要求和经验总结。在西方文化传统中,早期古代希腊时期,人和自然是一个整体,科学是真正综合的。亚里士多德开始寻找不同学科之间的差异,区分了理论、实践和创制三种科学,但他并没有将人文科学、社会科学和自然科学明确区分开来,而是仍然将自然哲学、数学和形而上学一起作为理论科学,将伦理学与政治哲学一起作为实践科学,将诗和修辞学归入以生产某物为目的的创制科学。后来所说的人文科学的某些观念,在公元前 5 世纪的希腊作为通识教育内容,目的是培养年轻人成为积极的公民。据说"人文学"(humanitas)概念最早由古罗马的西塞罗在《论演讲》中提出来,作为培养雄辩家的教育内容,成为古典教育的基本纲领,并由圣奥古斯丁用在基督教教育课程中,围绕基督教教义学习语法、修辞、诗歌、历史、道德哲学。此后,人文学科便作为中世纪学院或研究院设置的学科之一。中世纪后期,一些学者开始脱离神学传统,研究和发掘古希腊、罗马的文化遗产,认为这种古典文化以人和自然为研究对象,是一种非神学的世俗文化,并用人文学来称呼这种新学问。大约到 16 世纪,"人文学"一词有了更广泛的含义,指的是这样一种文化现象:针对上帝至上的宗教观念,主张人和人的价值具有首要意义,重视人的自由意志和人对自然界的优先地位。从事人文学研究的学者于是被称为人文主义者。直到 19 世纪时,西方学者才用"人文主义"一词来概括这一文化现象,这就是我们通常所谓文艺复兴时代的人文主义思潮。人文主义思潮的主要内容成了英美学院和欧洲大陆大学预科基础教育的基本内容。随着近代实验科学的不断发展,人文学科逐渐明确了自己特殊的研究对象,成为独立的知识领域。按美国国会关于为人文学科设立国家资助基金的法案中的规定,"人文学科包括如下研究范畴:现代与古典语言、语言学、文学、历史学、哲学、考古学、法学、艺术史、艺术批评、艺术理论、艺术实践以及具有人文主义内容和运用人文主义方法的其他社会科学"(《简明不列颠百科全书》第 6 卷,"人文学科"条目,中国大百科全书出版社1986 年版,第 760 页)。欧盟一些主要研究资助机构对人文科学的范畴划分略有不同。欧洲科学基金会认为人文科学包括:人类学、考古学、艺术和艺术史、历史、科学哲学史、语言学、文学、东方与非洲研究、教育、传媒研究、音乐、哲学、心理学、宗教与神学;欧洲人文科学研究理事会则将艺术、历史、文学、语言学、哲学、宗教、人类学、当代史、传媒研究、心理学等归入人文科学范畴。这些差异反映了一种人文科学与社会科学研究相互交叉的趋势,所谓的学科分类也是相对而不是绝对的,更不是唯一的。

可见,从传统上看,人文学科是欧美大学学院或研究院设置的学科之一,属于教育学的基本科目类别;人文科学则是人文学科这一独立知识领域的总称,其主要研究对象是人与社会及其活动,是人类自身的发展、价值和精神。探求人的奥秘,便形成人文科学,人文科学的存在与发展,与人类自身的生存与发展相生相伴,须臾不能分离。

随着近代西方科学进步所带来的学科分化和社会变化,人文科学与自然科学,从本来的整体综合逐渐出现分化与疏离,表现出明显的区别。自然科学以自然界的物质现象为研究对象,是关于物质形态、结构、性质和运动规律的科学,通过观察、实验的方法,揭示各种物质形态的结构和本质,认识自然界的运动规律,并直接服务于人类利用和改造自然的活动,其特点是可重复性、可复制性。人文科学则研究人与社会及其活动,主要探讨人类历史发展、人的意识、情感、精神活动,通常采用引证与诠释、直观与体验、演绎与推论、想象与联想,以及思想实验等以语言分析、逻辑抽象和精神官能为基础的方法,使用难以用实验科学方法加以验证的范畴概念,如现象、本质、价值、命运、自由意志等,揭示人自身的生存状态、活动形式及其价值与意义,突出认识和体验的独特性、偶然性和创造性,或者获得"具体的"个别和独特的认识内容与价值观念,或者形成适合于任何时代任何人的普遍经验和一般原则,其特点是不可重复性、不可复制性。

　　自古以来,人文科学就在各个方面推动着人类自身及其社会的发展。以哲学为例,中国古代哲学,无论是孔孟之道还是黄老之学,对人自身的德行养成和素质发展,对社会的政治影响和秩序稳定,都起着科学技术所不能替代的深刻作用,直到今天,仍然如此;西方哲学,无论是传统理论还是现代思想,都有力地推进了人们理解和把握自然界与人类社会的步伐,从不同角度打开了深入探索、理解自然世界和人类自身及其社会奥秘的通道,决定性地影响了欧洲自然科学世界观的道路和方法,奠定了自然科学实验观察和科学分析的理论基础。即便在以经济建设为中心、市场规则主导的当今世界,人们也都自觉不自觉地接受和运用着人文科学提供的思想、观念、价值、态度以及思维与生活方式,享受着人文科学所带来的实际成果。今天谁都不会否认,没有"实践是检验真理的唯一标准"这样的哲学讨论,就没有涉及理论、经济、社会发展乃至人的生活态度各个方面的思想解放和观念转变,也就不会有我国的改革开放以及由此带来的翻天覆地的变化。在一定意义上可以这样说,三十多年来,人文科学和其他社会科学一起,一次次将关系社会发展的重大问题提到时代和大众面前,持续地引领着人们的社会想象和公共论题,塑造了整个改革开放时代的公众话语模式和心理结构。

　　可是我们看到,无论在国内还是国外,人文学科在当今社会却受到明显的不同程度的误解、冷遇甚至排斥,人们越来越喜欢用直接可见的"有用"与"无用"作为衡量大学学科与专业之生存标准。对这种状况,我们无须怨天尤人。作为基础研究领域,人文学科具有自身的内在特征,诸如:它在根本目标上与直接的经济发展要求存在着正常的疏离，其研究一般须经历较长的过程，研究的结果也难以精确预见和预测，因而被挤到急切发展经济的当下社会的边缘，不在追求物质利益的人们的视野焦点之中，并不值得大惊小怪。它所面对的是人自身，人作为有思想的主体，在认识和改造世界的同时也在不断地认识和改变着自身，这一过程是无止境的，因而，最初的人文学者及其理论所讨论的问题，并不会随着时间的流逝全部消失，许多问题仍然会被后人们反复讨论，却不能获得确定无疑的结论；它研究的虽然都是人自身，但不同的研究者可以根据不同的观念和角度，采用不同的研究方法，从而得出不同的认识，不同时代对同一问题也可以得出不同的认识，甚至同一个人对自己研究的同一问题前后也可能会有不同的观点，而这许多认识和观点，并不一定有统一的评价标准，不能用实验的方法予以验证，一般也难以获得普遍的认可和最终的答案；这本来正是人文科学具有永恒魅力的原因之一，可是却与人们通常那种追求解决实在问题、获取具体认知与效益的愿望，显得格格不入，甚至会让人生出厌倦无聊的情绪。科学技术的价值表现是直接的，作用发挥是显性而当下可见的；人文科学与之不同，它的价值表现是间接的，作用发挥是隐性而缓慢延后的，人们往往容易看到科学技术直接带来社会经济的发展和人们生活的改善，却忘记或忽视了推动这种变化的思想观念的深层次作用，以及由此带来的生产关系的改革和调整的力量。从人文学科具有的诸如此类特征，我们也许可以找到理解人文学科当下遭际的一些理由。

理解这种遭际的现实，并不就是默认它的合理性，更不是让我们消极地抱怨与等待，而是要面对现实，通过自身的努力去逐渐改变这种现实。我认为这里有一点很重要，就是我们从事人文学科教学和研究者自身，包括青年学者在内，要以一种人文精神去对待所从事的职业与事业，把握人文学科的特征，相信人文学科对社会和人生的意义，恰当看待学科的冷与热，尽可能摆脱急功近利的浮躁心态，坚守人类自身不可离异的精神家园，以积极的态度延续与发展人文学科。

《文丛》的编辑出版，便是这种坚守和发展的一种承诺与措施，将为人文学科青年学者们提供发表研究成果、交流研究心得的可以信赖的阵地。《文丛》将精心选编本校人文学科青年学者的研究著作，也包括其他学科青年学者属于人文学科的研究成果，人文学部将对有志于该学科研究的青年学者们给予研究和出版的经费支持。十多年前，曾担任过香港首任特别行政区行政长官的董建华先生以宏远的眼光,在原杭州大学设立内地高校第一个文史哲研究基金,扶持和培养了大批人文学科青年才俊,其中许多人已成为相应学科领域的知名专家。我们有理由对《文丛》满怀同样的期待,愿与人文学科的青年朋友们共同耕耘这个阵地,一起分享收获的喜悦,与《文丛》相伴着成长。

庞学铨

2010 年 8 月于西子湖畔浙大

起舞于市场化和数字化之上的文学性

——《数字时代的大众文学出版与传播研究》序

柳斌杰

2006 年,我在《用数字化带动我国出版业的现代化》一文中认为,数字技术支持的复合出版系统,以及传统出版业数字化改造,是我国出版业现代化的两个关键问题。十多年过去了,数字出版产业总体规模每年都在快速增长,数字复合出版体系和传统出版转型均稳步前行,以数字技术为支撑的新型出版业初步建立。但是在产业结构上,互联网广告、移动出版、网络游戏始终占了近九成,互联网期刊、电子图书、数字报纸等传统内容出版的数字化,不到百分之十。因此,传统出版单位内容资源的数字化、多模态开发,仍然作为一个问题而存在。另一方面,国民数字产品消费以游戏、快餐阅读为主,也不利于全民文化素养的提高。大众出版是以文化传播为基础、用户阅读为导向的出版类型,相比专业出版和教育出版,大众出版面向最广大的读者,在"润物细无声"之中塑造我国文化自信力。大众出版扎根于市场化环境,不仅出版物种类和开发形式多样,更是我国传统出版单位重要的业务领域,它的定位与创新,对于解决数字技术支持的复合出版系统和传统出版业数字化改造这两个问题,将是不可回避的命题。

陈洁团队新作《数字时代的大众文学出版与传播研究》就是针对这一情形产生的,她以大众文学为突破口,为大众出版数字化提供思考与启迪。之所以选择文学,是因为好的文学作品不仅深入人心、塑造品格,而且在融媒时代拥有其他出版物难以望其项背的读者市场和开发空间。大众文学在数字时代的出版与传播新态,对于出版产业和社会文化都有借鉴意义。《数字时代的大众文

1

学出版与传播研究》的第一章论述了大众文学出版市场化、数字化的环境动力，既来源于文学外部的出版制度改革、数字阅读普及，也有文学内部自身的大众化趋向关系。第二章回答了"谁在写作""写了什么""怎样写的"三个问题，新类"草根"作家成为大众文学主要的创作群体，他们新闻化、娱乐化、影视化的书写方式创造了我们现在看到的类型文学和分众阅读市场。第三章认为构建品牌群落、扩大选题策划、整合多媒体渠道是大众文学传播的主要营销策略，特别以文学新经典和影视同期作为典型案例进行分析。第四章关注到大众文学全媒体、全产业产品开发运营的大势所趋，以跨媒体叙事的生产角度和粉丝经济的消费角度对大众文学的版权产业链进行结构分析；用跨媒体叙事理论启示我国大众文学的版权运营应从创作入手，这是大众文学出版不同于其他文化类读物的特别之处，也是本章的亮点。第五章反思了数字技术推动下大众文学创作和出版存在的突出问题，具体表现在文学独创性、版权保护、图书评价等方面，呼唤作家、出版者对大众文学出版品质的坚守。全书的结构按照"环境—创作—传播—产业—理想"层层深入，论述逻辑从低到高、以点及面，无论是思路还是观点都是清晰分明的。

出版活动具有经济和文化双重属性，这在大众文学出版上格外明显，大众文学出版物既是出版社获取收益的文化商品，又是广大读者接受思想熏陶的精神食粮。目前，大众文学的价值一方面通过多媒体、多渠道、多产业不断增值扩大，另一方面在类型化、商业化、模式化的驱使下，许多低劣作品和粗糙改编又屡屡遭人诟病。如何将数字出版的前沿生产技术和商业理念，与大众文学的美学追求和价值导向有机地结合到一起，提高大众文学的影响力，从而促进大众出版的数字化发展，是陈洁团队研究大众文学出版与传播的最终目的。我认为，《数字时代的大众文学出版与传播研究》一书从出版者、作者、读者三个角度提供了可行思路。

第一，出版社转变角色定位，对大众文学选题进行整体策划。在多媒体技术的支持下，数字出版的外延不断扩大，"一种内容，多种出版"已成为一种常态，以文学作品影视改编为代表的文学 IP 产业尤甚。网络文学网站往往拥有全套的作品 IP 运营机制，从人气网络文学作品的选择、包装，再到影视、游戏、动漫等数字产品的版权出售和开发，均有专业的编辑和经理团队。相比之下，传统出版社虽然处于产业链上游，掌握大量优秀的作家、作品资源，但是由于部门机构和出版观念的限制，进行图书选题策划时，难以跳出"一部畅销书"的思想桎梏。书中提到的影视同期"跟风""借风"现象,就是出版社选题策划依附于外在内容主题的表现。作者认为,大众文学选题策划时应当用类型涵盖主题,注重多媒体出版和营销规划,其背后体现的是市场竞争对于出版社转变角色定位的需求。从文学图书的出版者变成内容版权的多媒体运营者,对大众文学选题进行整体策划,有预见性地将策划的内容扩大至影视改编、游戏运营、周边产品、漫画杂志等全媒体出版领域。在保证图书畅销的同时未雨绸缪,有计划地做好拓展文学性、挖掘附加值的准备。现在一些文学网站和数媒公司在作家只是拟定了新作题目和主旨之时,就已经抛出了该作品版权开发的整体方略,或吸引投资,或吸引读者。例如概念 IP"不败王者",就拍出了 810 万元的高价。尽管这种做法仍然有待商榷,但其跨媒介、跨行业、高前瞻的策划运营思维,是值得出版社学习的,并且也确实有一些出版社已经在尝试主导 IP 全版权运营。传统出版社的长处在于编辑和品牌资源带来的精品化能力,能够创造出最优质的文学作品。这是后续的多媒体衍生产品开发的基础,而品质通常正是网络文学网站的短处,出版社的整体策划有助于改善 IP 转化中资本倾轧艺术的情形。目前来看,经过十余年的转型,我国出版社纷纷重组为大型出版集团,成立数字出版公司或部门,集团内各个出版社之间存在优势互补的关系,扩大大众文学类选题策划的范围,以集团之力做好大众文学版权运营完全是可行的。

第二,探索有效的作者培养和作品出版机制。数字化时代,传统出版中向作者约稿或是自由投稿的方式已经不能满足新作家和新作品的出版需求。缺乏有效的作者培养和作品出版机制,使传统出版社在内容资源上吃了大亏,也间接影响了文学选题整体策划的实现。本书研究发现,青春文学作者和后来的网络文学"草根化"作者从制度上改变了中国文学场的结构,文学新人可以绕过传统的文学评审和赋值体系而进入出版市场,在作为当代文学不可忽视的创作力量的同时,出版社的作者资源优势不再为其专有。网络文学网站从签约、晋升、福利保障、培训、版权运营等五个方面构筑起完备的作者成长体系,使得新类作家主要集中在网络文学网站旗下。一位无名写手如果成功变为"大神"作家,给文学网站带来的收益是远远超过其培养投入的。而传统出版社虽然有着不少作家和编辑关系融洽的佳话,但是对于初出茅庐的小作者,的确没有足够的吸引力,像麦克斯·珀金斯那样勇于发现文学新人的编辑终究是少数。年轻作者集体转向网络文学网站的直接结果是,优秀的作家、编辑资源无法对新类作家进行有益的引导,网络文学不存在传统出版中注重文学品质观念的制约。

青春文学作家初次亮相时受到了传统作家、批评家群体的诸多质疑,一定程度上与这种新旧文学出版机制的"断裂"有关,他们觉得文学的社会承担被弃置了。我们指责网络文学鱼龙混杂,是否也应该看到传统出版社在新人培养上的"不作为",文学信仰的传承建立在作者、编辑和出版社的相互认可之上。因此,出版社有待探索出新的适合当下的作者培养机制,对新作者、新作品有下限的宽容,也有上限的支持,保证新鲜血液源源不断地注入。作者谈到的《萌芽》杂志举办"新概念作文大赛",选拔出有潜力的作者,鼓励其在《萌芽》上发文,其实是一种很有借鉴意义的作者培养方式。编辑资源和文学传统是出版社的优势,但在作品出版模式创新方面,则又是网络文学网站处于优势,传统出版社处于劣势。书中论述的自助出版、众筹出版、按需定制、O2O 出版等新型作品出版模式,一定程度上可以为传统出版社开发作者资源提供新思路。

第三,利用社群网络效应,增强读者消费黏性,激发用户创造力。粉丝经济是当前文化产业重要的收入来源,粉丝文化代表了当下年轻人的精神面貌。本书通过分析青春文学的作家个人和网络文学的连载作品所形成的读者社群,认为粉丝经营是提高大众文学出版影响力的关键。从结果来看,社群网络沟通了作者与读者、读者与读者,作者能够更为直接地根据读者的阅读反馈改进文学创作以贴近读者需求,这使得作家个人品牌或是系列衍生产品对读者具有很强的消费黏性。社群网络的效应除了"人—人"推荐的分享模式以外,社群交流也强化了个人的自我认同和社群归属,成为一种强大的消费动力。社群成员相互鼓动,读者们愿意消费那些表达了自己心声、象征所在群体特性的文学作品。书中指出,青春文学作家办刊有着鲜明的感伤、孤独、空虚又物质、小资、个性的情感色彩,这些刊物的购买者或多或少亦是在自我标榜和寻求共识。网络文学的受众较之青春文学要广泛,购买能力也更强,图书预购、电影包场等社群消费现象并不少见。国内影响较大的读者社群主要集中在百度贴吧、豆瓣读书、QQ群等社区平台,大多是读者自发组织起来的,传统出版社对社群运营的重视程度较低。网络文学网站中,像起点中文网就用月票、打赏、打榜等机制促进读者社群与作者、平台互动。如果网络文学之长是海量作品分类可选,那么传统出版社则在精品书、好作品上可与之一搏。由此,书中提出了不少可行的社群营销办法,例如线上线下联动、自媒体传播、好书投票评选等途径,都是从调动读者活跃性的角度入手。目前,很多出版社、期刊社都设有自己的微信公众号、微博账号,与读者保持密切交流,下一阶段的工作是如何将粉丝流量有效地转化为消费意愿。此外,社群网络刺激了读者的同人创作,包括同人小说、同人画作、自制视频等。同人出版也是社群网络效应的产出亮点。同人作品是一片待开垦的版权良田,不少同人作品在社群平台拥有很高的人气和关注度,出版社若能够主动接洽这些同人作者,一定程度上还能弥补新类作者资源匮乏的不利处境。

总的来说,大众文学选题的整体策划、作者培养和作品出版机制、读者社群经营是相辅相成的,有作者和作品才能整体策划,读者社群又是策划产品的消费对象。传统出版社在大众文学出版方面,正缺少这种一体化的出版系统。因此,传统出版社的大众文学出版转型之路,仍然任重道远。当然,除了上述三点结论之外,从研究视野、行文结构和论述方法来看,本书还有不少可圈可点之处。首先,从大众文学的数字化、市场化路径出发最后回归文学品质的坚守,在当今日益浮躁的社会,这点理想主义精神难能可贵。其次,通过分析青春文学与网络文学之间启承转续的内在关系,梳理出青春文学的创新与未尽之处如何在网络文学中复现的逻辑,一定程度上也是用出版学理论丰富了文学史认知。再次,在研究视野的前沿性上,本书不仅涉及自助出版、众筹出版、按需定制,还将目光投向 3D 打印、VR 出版、全息投影等处于试验阶段的出版技术。最后,在实践意义上,书中为守正文学出版提出的"适度跟风"、经纪人、选书人等建议,都具有很强的可操作性,其他不少观点也对出版实践有直接的指导意义。

文化产业的规模越做越大,国家也越来越看重文化软实力的建设,大众文学比严肃的精英文学要贴近市场得多,又比一般自然科学、社会科学读物更加艺术化。这一研究选题可以说是击中了问题的核心,数字出版对于大众文学来说,既是市场化的方向,也是艺术化的挑战。用一个比喻来形容即为大众文学的文学性起舞于市场化与数字化道路之上,既要踩住读者市场和数字技术的旋律,又要高于它们。考虑到大众文学的文化意义,有陈洁这样的研究者为之殚精竭虑、出谋献策,真是时代之幸。我想,只要我们能以坚定之文化自信,传承文脉、创新出版、技术领先、融合发展,中华民族必能站在世界文学之巅,在将来引领世界文化新潮流。

　　21世纪初,美国文学理论家希里斯·米勒来华,向中国学者提出"文学已死"这一命题,随即引起了学界的激烈讨论,尽管米勒在他的著作由广西师范大学翻译出版的《文学死了吗》一书中给出了否定的回答。但是人们对于文学今后将以何面貌视人,仍然抱有疑惑。文学以书籍的形式延续了千年,书几乎就是文学的代名词。很长一段时间内,纸张反过来在很大程度上也赋予了文学"载道"、严肃性、育人等气质。虽然明清的世俗小说、民国时期的通俗文学都打破了文学一贯高雅的姿态,但是依托书本和图书出版的整套生产机制,对于普通读者来说,文学从创作到出版始终带着一层神秘的面纱,是作者和出版商、发行商(有时直接是为了使读者购买图书)的"密谋"。作为文学出版物的书籍,因为精神内容和物质载体的关系而带有某种神圣性,购买书籍阅读文学作品也被视为一种静穆庄严的行为。数字技术在应用领域的迅速普及和新型大众传媒的惊人发展,使得人们拥有更多的渠道来获取信息。数媒的即时性、快捷性、轻便性等优点撼动了书籍、报纸、杂志、信件等纸媒的地位,纸媒不再是传递内容的唯一首选。人们在观看影视、上网冲浪、使用手机的同时,减少了对于文学图书的阅读接受,文学似乎也由此陷入"危机"。历史永远是最好的答案,十多年过去了,我们清楚地看到文学远没有消亡,一些文学作品反而时不时成为全民热议的话题。

　　回过头来再看当时所谓文学的"危机",其实是一种相对的危机,与其说是"危机"不如说是对文学未来不确定性的忧虑。首先是"市场危机",相比于20

世纪 80 年代的文学"黄金时代",90 年代后文学书籍的热度本就不比当年,但表面上尚且与影视不分伯仲,而进入 21 世纪以来,计算机革命带来了各式各样多媒体与纸本文学分庭抗礼的局面,以文学图书为指标的文学的受众市场不复当年。其次是"严肃性危机",90 年代的文学写作已经呈现出大量市场化、大众化倾向,明显的诸如"布老虎"丛书专门针对的便是大众读者市场,文学主题不再以曾经的审视社会、拷问灵魂为主,21 世纪初出现的青春文学、网络文学更是把目光聚焦于个人与幻想,严肃性的消弭令不少人对文学价值的延续忧心忡忡。最后是"形式危机",数百年来文学与纸张的结合和书籍背后的创作与出版活动,都为文学增添了神秘性和神圣性。以布幕、显示器、荧光屏上的文字为形式出现的文学,包括它的随意性、简单性、粗糙性等特点,不禁让人怀疑"这种文学"究竟还是否乃我们记忆中的"那种文学"。"文学危机"并没有使文学消亡,相对地,以青春文学、网络文学的兴起为标志,大众文学成了文学新态的代表和文学出版的主导力量。具有数字时代传媒化特点的文学创作与生产机制悄然形成。大众文学指的是一种具有广泛群众性或通俗性的文学的总称,与"纯文学"相对应,在商品经济流通过程中,侧重于追求群众趣味,注意消遣性和娱乐性,题材包括传奇小说、剑侠小说、冒险小说、侦探小说、打斗小说、政治小说、言情小说、推理小说、科幻小说等。在我国古代就有俗文学的称法,而民国时期的类型文学则归为通俗小说,大众文学与大众文化密不可分,或者说前者本身就被看作后者的一部分,与精英文化、主流文化及其文学形态有着巨大差异与对立。数字技术和大众传媒重塑着文学创作与出版的形态和各个环节。主流文学与精英文学存在一定程度的保守性与抗拒性,大众文学以其贴近市场读者和生产技术的固有属性而受到数字化的影响最快也最深,大众文学数字化产生的整体影响也最为巨大。因此数字化时代的大众文学是理解当下文学环境最具典型性的考察对象。

"文学危机"中的严肃性"危机",就是大众文学逐渐取代主流文学、精英文学在出版市场、读者接受中的位置,而与其有着依赖关系的评论界和学者不可避免地出现不适应的状况。"市场危机"和"形式危机"其实就是文学纸质出版物遭遇的困境,在多媒体内容传播方式的挑战下,作者和出版社又不得不面临"看什么""怎么看"这两个难题。数字化时代的大众文学出版,便是文学出版多年苦心孤诣的探索中,作者、出版者、发行方、文化创意人等共同得到的一个未完成的答案。这个答案从青春文学、早期网络文学始见端倪,到如今衍生产品、

IP产业开发的蔚为大观。多年来数字时代下大众文学出版的探索与发展,在消除了21世纪初人们对"文学危机"疑虑的同时,也为包括精英文学、主流文学在内的所有文学提供了宝贵的实践经验,也预示数字时代中文学以及文学出版的多样而不竭的可能性。

本书强调以出版的视角研究大众文学具有重要的现实意义。早有学者注意到现代文学与出版密不可分的关系,但是出版之于文学提到如此重要的位置,除了受到来自媒介革命的有目共睹的影响,跨学科研究愈发必要之外,当代文学和当代文学史研究自身内部发生的转型——史料研究与实证主义,也更多地将目光投向与文学息息相关的出版环境中来。包括洪子诚、李杨、程光炜在内,部分当代文学研究者认为应当转变以论代史、以论带史,重文学批评轻文学史的研究现状。一旦涉及文学外部的作者回忆、手稿、版本、编辑手记等史料,总绕不开出版体制、出版流程、出版物乃至数字出版对文学生态产生的实质作用,它们同时也是文学史料的重要组成部分。两者的跨学科互动,不仅仅在于研究范畴的相关重叠,更在于研究方法的相互借鉴:在数字出版视野下,大众文学研究以"理论+实证"的研究思路,势必融入具有数字时代特征的数据、实验、报告、网络公告、资料等,为文学研究打开新的思路。正如学者在《中国当代文学史料问题研究》一书中,认为电子史料的收集整理需要完全不同的理论与经验,进一步深入研究数字时代的大众文学出版,其结论和经验对于当代文学也好,数字出版也好,都有着较高的价值。

事实上,出版界对于数字技术在文化生产领域掀起的革命早有行动,在科学研究和实践经验的引导下,专业出版、教育出版方面的数字化产品与服务业已完备,相关理论与著作也相当丰富。反观以大众文学为首的大众出版,却存在理论与实践的极大不平衡的问题。数字化时代的文学产业链已经具有相当庞大的规模,包括新型文学类出版物在内的大众内容数字化产品与服务也层出不穷,但是科学化的理论研究显得零零星星,论文虽多而难成体系,其结果是理论研究的滞后和生产出新的盲目。文学自古和出版难以割舍,在愈发重视著作权、版权的今天,无论形态如何千变万化,文学始终是必不可少的出版内容。大众文学又以其鲜明的技术向、市场向目的,与数字化、市场化的出版体制和出版环境环环相扣。着重考察数字时代的大众文学出版,解读大众文学在数字化、市场化环境下如何创作、出版、发行能够深入了解文学生态圈的变化。从大众出版的角度来说,大众文学出版的典型意义更是数字时代大众出版如何生存发展的有益启示。

就研究现状来看,西方国家的一些专业研究杂志《出版研究季刊》《学术出版》等,关注与探讨的点集中于:①以阅读器、手机等终端上的大众文学出版产品为例分析发展趋势;②与教育出版、专业出版两大领域比较的发展数字出版的路径;③大众文学出版数字版权技术;④大众文学出版的生产机制研究。大众文学出版产业在我国的飞速发展,令我国出版研究界认识到大众文学出版研究相较于其他数字出版领域所应具有的优先级。多数学者由此视大众文学出版为当前出版业发展和借鉴其他行业转型的关键,在其发展过程中遇到的生产与传播问题对数字出版整个行业的发展都具有借鉴意义。通过查阅知识资源总库及相关论著,截至 2017 年第一季度,相关文章共计 83 篇。数字出版研究已从早年随笔文章发展到学术性论文,并逐渐融入了社会学、经济学等学术视角进行剖析解读。张立、匡文波、方卿、徐丽芳、陈丹、陈昕、陈生明、陈颖青、周蔚华、王晓光、张新华等研究者在深入研究的基础上,产生了不少影响重大的研究成果,主要围绕教育出版、专业出版展开讨论,直接涉及大众文学出版的论文不过十余篇,其中包括本人若干论著。分析发现,尽管数字时代的大众文学出版研究初现端倪,但结合数字出版的研究存在以下缺憾。

①多数著述停留在从不同立场对发展大众文学出版的重要性及如何发展等经验探讨的层面,深层次学术梳理较少。②尽管有成果直接涉及大众文学出版研究,但均未突破行业限制观念,从多维度视角探寻其生产与传播发展之路。③对大众文学出版与传播的研究停留在网络写手、手持阅读器上的产品等个别具体问题研究,少有全面明确的深入论述。

在大众文学与数字出版研究中,结合国内大众文学发展现状与国内外一手的产业研究动向,本研究认为对大众文学出版领域的探索亟待提到当前大众文学与数字出版研究的日程上来,对其创作与传播的研究更是突破数字出版发展瓶颈的重要途径。在前人的研究基础上,本书从理论构建和市场案例分析的角度,对当下的文学生态与出版产业迫切需要解决的问题进行了深入的分析和论述,以期对大众文学的转型和数字出版的发展提供借鉴意义。

本书以环境、创作、传播、产业四个角度深入分析数字时代的大众文学出版与传播,通过定量研究与定性研究相结合的方式,力图实现文学与出版跨学科视野的融合,寻求大众文学出版的品质坚守与数字出版发展新路,探讨我国数字出版发展对策。同时借助文献分析、深度调研的研究方法,构建数字出版基础之上大众文学进一步发展的路线图,提出可行的发展对策建议。主要运用传播学的调查研究法、个案研究法,在研究过程中坚持规范研究与实证分析互补、定量研究与定性研究互补的原则,从解释性研究角度入手,力图深入研究得出科学结论。此外还采用深度访谈、比较研究和文化分析等方法。本课题需要进行一定的调研活动,调研计划和调研对象主要包括:①国内大众文学出版发展现状与特点——起点中文网、咪咕数字阅读基地、微信读书等不同领域的典型案例(获第一手材料);②国外大众文学出版领域的探索——知名出版集团在大众文学出版领域的探索,考虑到国际化与中外比较,以在北京设立分公司的为主;③管理部门、出版行业的可行性调研——国家新闻出版广电总局、国家级数字出版基地、中国新闻出版研究院等机构。④和英美的研究同行合作,加入国外的前沿案例。另外本研究不囿于技术分析而重在出版与市场、文化的联系,检验新技术使用时联系特定的出版领域,避免以一种领域总结归纳通用经验。

在具体的案例研究中,对大众文学创作、传播、阅读过程中涉及的受众进行定量分析,通过问卷调查、文本细读和深度访谈的方式,采集在品牌、质量、获取意向等各个方面的具体数据。在此基础之上,既细致追踪文学市场之细部的实际发展脉络,又深挖现象背后深刻的社会文化状况,最终则试图在数字技术对现实社会生活产生深远影响的当下,穿透数字时代大众文学市场的内部逻辑,全方位地检视正在急速裂变与转型当中的整个文学生态与出版行业。

本书共分为五章,按照"环境—创作—传播—产业—理想"的理路角度,分别探讨了大众文学出版转型所面临的趋势环境,创作主体和写作手法在数字化出版时代的转变,文学传播渠道与方式的多样化现状。从而进一步搭建和发展以优秀文学作品为核心的文化产业链,以及出版角色如何在数字化时代保证大众文学的出版品质和创造新的文学出版形式。论述逻辑从低到高,以点及面,层层深入,涵盖大众文学创作与大众文学出版的各个环节。

第一章"趋势:文学出版市场化与数字化阅读",梳理了自改革开放以来40多年间我国出版业面临的外部变化。本章提供出版体制转型、民营书业发展和畅销书生产机制是出版市场化的基础,精英文学退潮、作家群体分化使得大众文学成为重要的出版对象,同时数字出版与电子阅读的出现也深刻影响了当代文学的审美与消费。新的大众文学出版生态圈形成,市场化与数字化作为大众文学出版的两大基本要素存在。

第二章"创作:新类作家的崛起与文学书写方式的转变",以网络文学、青春文学为主要考察对象,发现草根化作者代替传统作家成为大众文学创作群体的主要组成部分,创作主题的类型化是作者与受众变化后的显著特征。青春文学的诞生与发展正是走了这种作者平民化、读者小众化的道路,而网络文学则延续了这一经验。在大众文学的内部,直面市场的新闻化、娱乐化、影视化的书写方式越来越多地被采用。作者群体、主题类型、书写方式的变化作为数字时代大众文学发展的表征,已是大众文学出版活动必须适应、利用、创新的条件。

第三章"传播:多元化的文学出版营销策略",依据前两章分析得出大众文学出版在数字化时代的新特质,从而挖掘大众文学出版营销所应遵从的内在逻辑。出版品牌从作家个体和出版社向群体蔓延形成包括系列图书在内的整体,选题策划除了传统的标志、文体、主题与受众策略之外,更注重作者培养、类型选题和多媒体产品策略,数字平台、网络舆论加之自媒体都成为必不可少的发行渠道。重塑经典和影视同期书作为多元化营销的典型案例,也反映出传统出版社在内容与营销方面的局限。

第四章"产业:核心 IP 与全媒体、全产业产品开发运营",延续了第三章多元化营销策略的思路,将视野从单纯的大众文学图书出版向全媒体、全产业的方向扩展。在大众文学的创作与传播阶段发生革命性改变时,出版者不断弱化而读者需求却空前强化,由此催生出开发文本附加值的道路,并随着衍生产品的反复开发和文化产业的成熟形成 IP 模式,跨媒体叙事则是基于 IP 模式对大众文学出版在叙事层面提出了更高要求。

第五章"理想:大众文学出版的品质坚守与数字时代新思维",是基于大众文学出版的理论构建,重新审视现实所得的思考。数字化时代大众文学出版的数量急速增长,暴露出守门人功能失调、编辑角色祛魅、内容同质化、版权保护困难等问题。大众文学的出版者必须守正价值取向,利用长尾效应和评奖评优制度优化大众文学市场,并对数字技术带来的出版新思路充满信心。

我们可以清楚地看到,"作家草根化""书写市场化""主题类型化""品牌群落""多媒体渠道""全方位策划""衍生产业链""出版品质坚守"成为数字时代大众文学出版的 8 个主要关键词,在此基础上更具体地提出以下几点。

1)在文学出版市场化与数字化阅读的背景之下,新类作家已经崛起,文学书写方式已经转变。新技术催生了文学在创作、传播、接受等各方面的转变,网络创作、在线阅读、手机阅读、衍生产品等改变了作者和读者与文学之间的单向关系,而更为深刻的变化是,文学审美质素又一次在时代环境的巨变下发生迁移。

2）多元化的传播策略是大众文学出版在数字出版领域的内容品牌塑造基础，涉及文学经典、影视同期书、文学期刊等具体案例，最终落脚于品牌、渠道、策划。品牌为知名出版社、长销书系、文化名人所垄断，其后又成为风格与审美取向的代言。广泛的多媒体销售渠道，以及从创意到后期衍生开发全方位的策划，都是多元化传播策略的组成部分。

3）大众出版数字化发展时，必须打破传统出版的固有思维，拓展数字内容产业、互联网时代的维度思考新模式。注重产业中的核心 IP 与全媒体、全产业产品开发运营，延展自助出版、众筹出版、按需出版、定制出版等新出版新形式，注重文本附加值和衍生品的开发，开展到产业链和产业圈的运营。大众出版行业从文学文本向更为广阔的核心 IP 与全媒体、全产业产品方向发展，"粉丝经济""文化产业"以及跨媒体叙事文学创作与开发模式是当下出版的发展方向。

4）在数字时代，大众文学出版仍要坚守出版品质，更新出版思维，发展数字出版新思路，发挥编辑出版者保质、筛选、创新的作用。注重编辑出版的把关人之责，做好数字版权保护，守正大众文学出版，运用市场机制下的适度跟风和长尾价值。充分运用经纪人、选书人与评奖制度，优化大众文学出版市场。积极尝试大众文学出版与最新技术的融合，增添文学的可能性。

本成果在资料选取上，广泛调研和借鉴国内外出版发展最新动态；在研究视角上，多维度地对大众文学出版的关键问题做了比较系统的梳理与深入的阐释；在体系架构上，从数字化视角入手，落实到大众文学出版这一新近重点领域探索数字出版发展新问题，构建了相对完整和深入的研究体系，其创新和价值具体体现在如下方面：①研究范式——对大众文学出版领域的数字出版变革进行学理思辨，为数字出版发展的新问题研究提供理论前提；选题立足数字时代文学与出版的交叉领域研究，青春文学、网络文学的类型化，由此相伴相生的定制出版、网络自出版和众筹出版等。从理论探索和市场案例分析的角度，对当下的出版产业进行了深入、有效的回应和论证。②具体研究问题——采用案例和数据，剖析畅销书、出版品牌、核心内容 IP 等关键领域，对大众出版前沿进行调查分析和前瞻性探讨。对文学出版的研究做一深入而有益的探索和思考，如大众文学的出版传播由大众负责，出版角色会成为更加彻底的服务者。③思路方法——深度分析数字时代的大众文学出版与传播，从文学出版市场化与数字化阅读的趋势到新类作家崛起与文学书写方式转变的创作，再从多元化的文学出版营销传播策略到核心 IP 与全媒体、全产业产品开发运营的产业，落实到大众文学出版的品质坚守与数字时代新思维。④应用对策——提出数字出版发展新阶段的对策建议。守正大众文学出版,市场机制下的适度跟风与长尾价值的运用,通过经纪人、选书人与评奖等制度,优化大众文学出版市场,拓展数字技术推动下的大众文学出版新思维。但由于交叉研究领域前期直接对应成果较少,搜集纷繁庞杂的文献与日新月异的产业动态,使本研究的后续须与时俱进,随时紧跟产业发展步伐,总结和提炼大众文学出版应对数字出版产业的变革策略。

CONTENTS
目　录 .... >>> >

第一章

趋势：文学出版市场化与数字化阅读

出版是文学走向读者的桥梁，实现"自我"的平台。在过去的二十多年中，大众文学出版能够有如此惊人的发展，是以出版背景、文化背景与技术支持作为先决条件的。早在 20 世纪初，中国现代文学就与中国现代出版业结下了深厚的"缘分"。新文学肇始于陈独秀主编的杂志《新青年》，鲁迅、钱玄同、刘半农、胡适、沈尹默等均在《新青年》上发表过作品；文学流派与社团紧紧围绕着相应的期刊而发声，像文学研究会与《小说月报》、创造社与《创造》、语丝社与《语丝》、浅草社与《浅草》等；鸳鸯蝴蝶派率先缔造出中国现代"畅销书"神话，20 世纪 30年代"革命＋爱情"式的左翼文学亦风靡一时；商务印书馆、中华书局、世界书局、开明书店、泰东书局、文化生活出版社、新潮社、北新书局、良友图书印刷公司等大小出版社，都出版了各式各样的文学类出版物。新中国成立后，出版业进入相对封闭的计划经济时代，文学出版的自主性与积极性受到一定程度的抑制。

改革开放以后，随着出版体制改革和文学自身的"边缘化"，文学出版再次面对市场化的要求，大众文学由此兴起。在全面深入市场经济改革的时代，文学类出版物比以往更加需要获得读者青睐。想在激烈的市场竞争环境中争取到生存权与话语权空前严峻，出版社集团化、作家群体分化都是出版社和作家面对这一重大问题所做出的自我调整，稳定且缓慢进化的大众文学生态圈逐渐形成。

数字化是文学出版在这个时代除了市场化之外所要面临的另一大主题。新世纪到来后,互联网技术在中国得到飞速发展,中国网民数从 1997 年的 62 万①增长到 2016 年的 7.10 亿,互联网普及率达到 51.7％②。互联网技术掀起了全方位的革命,互联网政治、互联网经济、互联网文化的崛起倒逼出版业数字化转型。在国际上,哈珀·柯林斯、企鹅兰登、培生、励德·爱思唯尔、亚马逊等出版巨头在数字出版领域风生水起,国内以盛大文学为代表的新型网络出版商亦显示出巨大潜力,传统出版社也不得不以新的数字化的编辑手段、出版方式、商业模式、发行策略应对挑战。新技术催生了文学在创作、传播、接受等方面的转变,网络创作、在线阅读、手机阅读、衍生产品等改变了作者和读者与文学之间的单向关系,而更为深刻的变化是,文学审美要素又一次在时代环境的巨变下发生迁移。一个数字化、市场化、大众化的出版与阅读环境已然形成,大众文学数字出版成为文学出版的必然选择。

第一节　出版体制转型与民营书业兴起

市场化的出版环境,是大众文学出版规模化的先决因素,它的出现与形成并不是一蹴而就的。如果说市场性和私有性包括在民国时期出版业的主要特征之中,那么新中国成立后,则转化为计划性和公有性。在计划经济时代,所有出版社、杂志社收归国营,出版业成为"国家所有"的文化领域"专业分工"的工具,文学出版物在实际供给时仍存在市场性因素,例如争取作者稿件与打造畅销作品,但是从总的方向来说,大抵不出计划运营。一方面,在文学成为政治"传声筒"的时代,文学出版物自然只是其实物表现;另一方面,出版社的盈亏最后都交由国家财政预算解决,也就没有太多市场性可言。改革开放后,我国逐步从传统的计划经济经由有计划的商品经济,再完全转为 20 世纪 90 年代的市

---

① 佚名:《第一次中国互联网络发展状况调查统计报告(1997 年 10 月)》,2010 年 5 月 10 日,http://www.360doc.com/content/10/0510/12/1363068_26901615.shtml,访问日期:2016 年 12 月 30 日。

② 中国青年报:《CNNIC 发布〈中国互联网络发展状况统计报告〉》,2016 年 8 月 4 日,http://news.xinhuanet.com/tech/2016-08/04/c_129203749.htm,访问时间:2017 年 1 月 10 日。

场经济。我国出版业也在经济转型的大潮中经历了多次改革，自国家财政维系转向"独立核算，自负盈亏"，从计划指导转为面向市场，由原属文化事业单位分步转为国有企业。在国有出版社之外，民营书业和民营书商如雨后春笋般迅速兴起，成为我国出版业重要的组成部分。出版社以市场为导向，在长期生产实践中探索出一套规律性的"畅销书"生产机制。

一、我国出版业体制改革转型

新中国图书发行史可以大致分为前 17 年、停滞的 10 年和 1978 年中国共产党第十一届三中全会召开后至今三个阶段。在第一阶段，建立了统一的出版管理机关，在中央设立出版总署、中共中央宣传部出版处、文化部出版事业管理局、外文出版发行局，以及相应的各省、自治区、直辖市的地方出版行政机关；统一了全国范围内的新华书店，实行出版、印刷、发行专业分工①，成为全国性的专业发行机构，图书与报刊的发行进一步分工细化，后者交由邮电局系统负责；通过社会主义改造将民国时期的私营出版业经肃清淘汰、私私联合、公私合营等方式逐步转变为国营。这一阶段尽管也出现了一些优秀的图书，甚至是"畅销书"，如《青春之歌》《鲁迅全集》等，但是出版业主要表现出鲜明的政治性和目的性，体现在图书内容种类的导向和意图之中。同时，新中国图书出版业跟当时的社会运动也呈现出一致性，"大跃进"时期图书的盲目、批量出版忽视了图书的质量，经济困难时期不得不制定《图书分配办法》缓解图书供应紧张的状况。这一阶段的文学，大都指的是由正规渠道出版发行——国营出版社出版，新华书店发行——的"地上文学"，所以出版的动向也代表了文学的动向。

党的十一届三中全会后，从中央到地方的出版管理机构开始恢复建制，解禁了一大批被划为"封资修""毒草"的图书，使之重新出版，又安排落实了中文文学作品、工具书、科技书、少年儿童读物等图书的重印，制定了新的出版规划和出版方针，还启动了对外合作出版，建立了一大批出版社、图书贸易公司、研究部门等机构。1983 年 6 月，中共中央、国务院发布的《关于加强出版工作的

---

① 具体而言，新华书店总管理处的出版部和总署编译局的部分编译机构组成人民出版社，各总分店的编辑出版部分组成各大行政区人民出版社，原属于新华书店的各个印刷厂成立独立的企业单位，即原集出版、印刷、发行功能于一体的新华书店成为专门从事图书发行的机构。

决定》首先指出："社会主义现代化建设的新形势,把出版工作推到我党我国历史上前所未有的重要地位。""出版物的质量与数量,直接反映并影响我国的政治、经济、文化和教育。"①与国家工作重心转向经济建设相一致,为了提高出版物的数量与质量,出版改革势在必行,除了从中央到地方的各级管理机构外,需要具体落实到出版机构上。出版改革的方向和措施是多面的,但是对于文学出版来说,在出版内容扩大、出版社总数增加之外,对于后来的大众文学出版市场形成而言,出版责任制的建立和出版体制转轨有着格外重要的意义。

为了有效地提高出版社所出图书的质量,中央在全国出版行业确立了责任制。1983 年《关于加强出版工作的决定》指出:"编辑部门的改革,一项重要的内容是抓责任制。"1984 年 6 月,文化部在哈尔滨召开了全国地方出版工作会议,进一步明确了"要实行岗位责任制,要规定先进合理的定额,超额给奖;同时实行若干以提高图书质量为主要考核内容的单奖项"。② 会议确定了在编辑部门实行联系奖惩的责任制,以提高编辑人员的工作积极性。1988 年 5 月 6 日,由中宣部和新闻出版署联合发出了新时期出版改革的第一个文件《关于当前出版社改革的若干意见》,提出逐步推行社长负责制。之后,社长负责制逐步开始推广至今,成为我国出版社普遍实行的领导体制。从几十年出版工作实践的结果来看,责任制的建立,极大地促进了我国图书数量与质量的快速增长,是正确且当继续坚持的改革措施。另一方面,出版体制转轨把市场因素引入出版社的工作中。其实,在 1983 年的《关于加强出版工作的决定》中就明确了出版物具有精神产品和商品的两重性,强调正确处理社会效益和经济效益的关系,哈尔滨会议也提出"要使出版社由单纯的生产型逐步转变为生产经营型"。1988 年的《关于当前出版社改革的若干意见》指出:"在发展社会主义有计划的商品经济的条件下,出版社必须由生产型向生产经营型转变,使出版社既是图书的出版者,又是图书的经营者。为适应这种转变,就需要积极而又稳妥地对出版社原来的体制,包括领导体制、经营体制、管理体制、人事体制、分配体制等进行改革,以提高出版社的应变能力、竞争能力和自我发展能力。"③随着 90 年代社会

---

① 郑士德:《中国图书发行史(增订本)》,北京:中国时代经济出版社 2009 年版,第 638 页。
② 郑士德:《中国图书发行史(增订本)》,北京:中国时代经济出版社 2009 年版,第 643 页。
③ 宋木文:《出版体制改革的历史回顾(下)》,《中国出版》,2006 年第 6 期。

主义市场经济体制的确立，出版业成为自主经营、自负盈亏、自担风险的市场主体，图书的商品属性进一步彰显。计划经济与行政垄断为出版业发展带来一些负面效应，比如工作懒惰、理念陈旧，而不考虑市场行情盲目制定出版计划也给作为唯一发行渠道的新华书店带来很大的压力。面对激烈的市场竞争，为了自身的生存和发展，出版社需要努力生产出读者乐于接受的图书种类和内容，有目的的编辑策划工作变得日益重要，并且还要积极介入到图书发行销售领域。

　　体制的改革，是促使出版社积极出版大众文学图书的主要动力。90 年代以来，文学市场基本形成了主流文学、精英文学与大众文学三分天下的局面。以大众文学为主打造畅销书，成为出版社重要的收益来源之一，还出现了一系列相关的文化事件和图书品牌，其经济效益和文化影响不容小视。大众文学出版更加注重读者培养和作者包装，内容紧跟甚至引导潮流。编辑的职责范围从一个点延伸到整条出版链，从选题一直跟踪持续到成稿、发行，大众传媒与大众文学出版相辅相成、相得益彰。大众文学出版与其他产业的联系也日益紧密，如积极介入电影、电视剧本的创作，出版"影视同期书"等。

　　除了走向市场，国有出版社还积极从西方寻找经验，比如学习西方出版集团化运营模式。在世纪之交时兴起出版集团化浪潮，采用强强联合的方式，整合编、印、发环节，扩大市场占有，共享出版资源，盘活现有存量，聚合读者群，不断提高竞争力。截至 2015 年 7 月，我国已拥有 32 家图书出版集团①。其中，上海世纪出版集团最早挂牌成立，2002 年成立的中国出版集团拥有中国最多的出版市场份额，旗下包括如商务印书馆、人民文学出版社、中华书局等诸多著名出版机构。2003 年，国务院办公厅下发关于文化事业单位转制为企业的相关规定，相关的转企改制措施从试点到推广开始施行。目前，除了人民出版社、民族出版社等少数出版社继续维持事业单位性质，其余基本完成了从事业向企业的过渡，现代化企业管理方式基本形成，为大众文学出版业的进一步发展提供了有利的外部条件。

---

　　① 中国出版网：《2014 年新闻出版产业分析报告》，2016 年 2 月 5 日，http://www.chuban.cc，访问日期：2017 年 1 月 20 日。

二、民营书业的产生与发展

民营书业作为图书的实际发行者,全国范围内的民营书店为大众文学出版提供了机制层面的传播途径,成为文学市场中不可或缺的传播主体。有人认为民营书业的出版口味基本上就等同于大众的阅读口味,甚至可以引领大众的阅读口味,这并不完全是夸张的说法。民营书业生于市场、长于市场,对市场天然敏感,对读者天生亲近,是富有生机的民间出版力量,也是大众文学与文化传播的重要媒介。

民营书业现代化发展的机遇是我国市场经济体制的建立。1956年私营出版业社会主义改造完成后,公私合营出版社中以股份形式存在的民营资本,也在几年内消退,至此新中国出版业完全成为公有制。全国各地的新华书店是唯一的图书发行销售渠道。出版社专门从事编辑出版工作,发行工作全部交由新华书店,二者之间实现征订包销制度。改革开放后,为了提高图书出版业生产效率,以满足人民群众日益增长的精神文化需求,以1980年国家出版局发布的《建议有计划有步骤地发展集体所有制和个体所有制的书店、书亭、书摊和书贩》为标志,中央陆续出台了推动民营书业发展的相关政策指令,民营书业开始进入图书发行领域。1982年,文化部发出《关于图书发行体制改革工作的通知》,提出"在全国组成一个以国营新华书店为主体的,多种经济成分,多条流通渠道,多种购销形式,少流转环节的图书发行网"①,即"一主三多一少"的目标。1987年,中宣部、新闻出版署发布《关于当前图书发行体制改革的若干意见》,进一步提出"放权承包,搞活国营书店;放开批发渠道,搞活图书市场;放开购销形式和发行折扣,搞活购销机制;推行横向经济联合,发展各种出版发行企业群体和企业集团"②,称为"三放一联"。国家政策将民营书业纳入非公有制市场主体的范畴,体现了对民营书业的鼓励和扶持。民营书业开始时主要从事零售业务,或以"书商"称呼更为合适,以小规模书店、书摊、书亭为主,根据市场需求销售图书,主要定位为传统图书发行渠道的补充,也被业内人士称为"二渠道"。

---

① 宋木文:《出版体制改革的历史回顾(上)》,《中国出版》2006年第6期。
② 宋木文:《出版体制改革的历史回顾(上)》,《中国出版》2006年第6期。

作为彼时发展迅猛的新兴经济体，制度管理的滞后一度导致售卖盗版、低俗淫秽书籍的非法书商泛滥，对出版市场造成一定的伤害。1989年6月国家工商管理部门发布《关于整顿、清理书报刊和音像市场严厉打击犯罪活动的通知》，对民营书业进行集中性的整顿，重新梳理、登记市场上活跃的民营书业，对非法经营者予以制裁。这一次整顿一定程度上给民营书店开设热潮降了温。1992年，邓小平南方谈话，作为市场经济体制建立的风向标，又一次大大推动了民营书业的兴起。1993年，以北京金台路、西安东六路、武汉武胜路、长沙黄泥街为核心，全国四大书刊批发市场形成，民营书业的规模不亚于传统出版。据统计，自20世纪80年代民营书业出现截至2002年，全国的图书发行网点中，集体、个体书店占了全部的50.17%，大致可分为零售型（书店、书亭、书摊等）、连锁型、新生代型、策划编撰型、准出版型五类①。其中以当当网、亚马逊等为代表的新生代型中的网上书店显得尤为瞩目，开卷公布的《2018年图书市场零售报告》显示，网上书店销售额为573亿元，实体书店销售额为321亿元。目前网上书店的总销售额增长速度惊人，在国民图书消费渠道中显示出越来越重要的地位。

民营书业真正进入上游参与图书内容的策划，要从20世纪90年代算起。传统出版的转轨为民营书业带来更大的竞争压力，为实现行业的可持续发展，它们开始改变经营策略，吸引知识分子进入民营书商，以敏锐的市场嗅觉和灵活多变的工作方式来经营作者、培养读者，积极开发大众文学市场。进入21世纪，民营书业经历了一段低迷期之后，又在网络文学的激发下迅速转身，在互联网中寻找内容。像博集天卷出版的《杜拉拉升职记》、北京磨铁图书有限公司出版的《盗墓笔记》、读客文化出版的《藏地密码》等畅销书，都是以民营书业为中介实现的网络出版与实体出版的完美对接。2009年，国家颁布《关于进一步推进新闻出版体制改革的指导意见》，"非公有出版工作室"这一概念被明确提出，意味着民营书业在出版业上游的合法地位得到了国家承认。紧接着在北京成立的出版创意产业园，邀请民营出版公司入驻，民营书业的影响力与日俱增。这些大大小小、各种形式的民营书业，最终作为大众文学的策划主体和传播渠

---

① 余敏：《中国民营书业发展研究报告》，北京：中国书籍出版社2003年版，第6—7页。

道,推动了大众文学在全国范围内的消费阅读。

三、图书业畅销书生产机制

畅销书是出版体制转型浓缩到物质层面的结果,大众文学出版物的大规模出现,归功于出版社的畅销书生产机制。面对政府财政补贴的缩减和激烈的市场竞争压力,出版社只有绞尽脑汁让自己所出的图书尽可能多的卖出去,才能获得利润,以维持生产经营和规模扩大。从广义上说,销售量极多,甚至最多的图书,就可以称作畅销书。但从更普遍意义上来说,畅销书"不应当包括通过行政手段发放的读物,而应当是通过市场,通过读者的自主购买行为产生的在目标读者和公众市场中销量最多的图书商品"①。尽管数字化时代的文学畅销书生产首先得益于图书出版市场的放开,产业的业态重塑和内在变革均是在自由竞争、优胜劣汰的市场环境中进行的,然而出版的市场化运作与商业化特征古已有之,并不是改革开放以后才有的产物。唐宋时期,文化繁荣昌盛,加之印刷技术的发展和实质性突破,在国家主持的官刻之外,以营利为主要目的的民间坊刻业因贴近普通民众、刻印书籍种类繁多而广受欢迎。到了明清之际,其规模甚大,在全国各地均有分布,是民间出版活动的主体。这种以市场需求为导向,以商业利润为追求的私营出版活动,极大地活跃了民间的文学创作,以戏曲、话本、小说等为代表的通俗文学由此获得了广阔的生存空间。到了近代民国时期,出版的多元化现象更加明显,出版自由度也很高。不论是中华书局、商务印书馆、世界书局、良友公司这样的大型民营出版机构,还是以几人甚至一己之力成立的小书局,都是在商品化和市场化的环境中成长、发展起来的。

从新中国成立到20世纪70年代末,出版业进入计划时代,市场化进程出现了暂时性的"空白",民营出版机构削减,图书出版从多元化的格局进入单一发展阶段,各类资源高度集中于中央。这一时期发行量大的文学类图书以《林海雪原》《青春之歌》《金光大道》等政治印记浓厚的红色经典为主,品种相对单一,缺少市场化的运作。改革开放后,尘封的图书市场解禁,加上国家逐步在发行体制、流通体制、购销体制、管理体制以及法制化建设等方面进行改革,这一

---

① 孙月沐:《30年中国畅销书史》,南昌:江西教育出版社2009年版,第1页。

时期文学出版陷入"狂热"状态之中。古典文学名著、现代文学经典、西方作家经典几乎一上架就会立刻售罄,新思潮类当代文学作品造就了文学期刊的"黄金时代"来自港台的金庸、古龙、三毛、琼瑶等所著的休闲文类,成为后来中国当代通俗文学的先声。1978 年国家出版事业管理局宣布对 35 种图书开禁之后,中外文学名著供不应求,读者在书店门口排成长龙抢购图书,近 1500 万册图书很快就售罄,到了 80 年代中期,销量过百万册的图书还很多见。虽然地方出版社开始自主策划文学类图书的选题,但"狂热"的背后是十多年的书荒,是国民对于精神文化需求补充的迫切,加上当时的文学图书种类少、缺口大,出版社也没有形成市场运作的意识,其市场价值取向不明显,基本为应付书荒被动生产,与真正意义上的畅销书有一定差距。

生长于大众文化土壤之中的文学畅销书出版,是传统出版社以及其他出版单位在市场化的环境中,自主完成对畅销书的选题策划、内容生产和传播消费的出版活动。这种出版活动始于 90 年代中期,当时在政治、哲学、艺术、科技、文化、财经等各个领域都不乏畅销之作。文学的消费机制真正广泛作用于文学生产,并对其产生深刻影响,在很大程度上改变了文学的历史走向。也正是在这一时期,畅销书排行榜的诞生为图书引入了清晰的量化标准,反过来促使人们自觉形成对畅销书市场的关注。春风文艺出版社凭借其深厚的出版资源和敏锐的市场嗅觉,在 1993 年推出"布老虎丛书"并大获成功,其他出版社争相效仿,例如长江文艺出版社紧随其后推出"跨世纪文丛""九头鸟丛书",畅销书运作由此进入快速成长期。开放的市场环境,意味着机遇与利润,也带来了激烈残酷的竞争,销量关联着图书、作者和出版社的命运,此前不愁销路的纯文学类图书此时也面临着销售困境。读者的阅读趣味转向通俗文学,个性化需求凸显,致使文学出版资源从集中化朝着分散、零碎的方向演变,图书在架的生命周期也大大缩短,整个产业更新换代的速度加快。从出版主体来看,民营出版单位成了 20 世纪以来畅销书市场的主力军,磨铁图书、新经典文化、博集天卷、万榕书业、精典博维等出版机构成为新一轮的赢家。国有出版单位在市场化初期的优势尽管不再明显,也仍致力畅销图书的出版。

在长期的生产经营实践中,由于必然存在的出版生产与销售的普遍性规律,出版社逐步摸索并形成一套完整的畅销书生产机制,主要包括畅销书的选题策划、编辑生产、销售发行三个环节,具体概括为:策划人或策划团队按照一定的程序和规范,在市场调研的基础上进行选题策划产生制书和售书方案,再按照方案生产图书、发行图书,最终的销售结果直接反映出选题策划的成功与否。根据不同畅销书在选题策划、编辑生产、销售发行各个环节的差异,有研究者将畅销书生产机制更具体地分为分支机构独立运作模式、项目负责运作模式、品牌延伸运作模式、品牌移植运作模式和媒体互动运作模式等五个典型模式。① 畅销书机制运作时,以读者为中心,以经济效益为最大目的,具有高投入、高风险与高回报同在的特点。除了我们所见到的畅销书之外,还有许多以畅销书模式进行出版的图书,然而由于多种原因,其最终没能获得读者青睐,本书第三章将详细论述出版品牌、选题策划、营销发行对于大众文学图书畅销的关键意义。

第二节 当代文学的大众化与市场化迁移

当代文学与文化的内在变化——以当代文学的大众化为主,策动着大众文学出版的市场化进程。文学打破了原有的僵化局面,朝多元并存的方向发展,大众的、通俗的、市场的文学成为其中无法忽视的一支。在新中国成立之后相当长一段时间内,人们往往强调文学的社会功能性而轻视其消遣娱乐属性。这种情形的出现,一方面是新政权建立过程中文学所发挥的巨大宣传作用的经验延续,另一方面也是新体制适应调整的结果。改革开放后,一部分文学依然作为主流意识形态价值观的传递者,即主流文学;各种哲学主义、创作手法的涌入,一定程度上促使了一部分文学向更自觉的方向发展,因其小众性形成了精英文学;文学受众空前扩大,以金庸、梁羽生、琼瑶为代表的港台通俗娱乐文学开始传入中国内地(大陆),其结果是大众文学的悄然兴起。到 20 世纪 90 年代,出现了主流文学、精英文学、大众文学"三分天下"的情形。仅从接受程度来看,大众文学出版的巨大市场潜力,引起了许多主流文学、精英文学作家的注意,

---

① 孙月沐:《30 年中国畅销书史》,南昌:江西教育出版社 2009 年版,第 38—52 页。

同时主流文学、精英文学、大众文学的质素也在创作和接受中发生融合与迁移。

一、精英文学边缘化与大众文学兴起

大众文学是由通俗文学发展而来，基于现代工业文明而产生的，体现普罗大众审美趣味的，具有消费性、通俗性、娱乐性、可复制性等特征的一种文学形式。大众文学与通俗文学既有区别又有联系。大众文学是大众文化的产物，是人类社会发展到工业文明阶段的文学形态。而通俗文学源于通俗文化，其历史可以追溯到农业文明时期，民众在日常劳作之外自发进行文化生产活动，以满足有限的娱乐需求。① 宋代有说书人在勾栏瓦肆之中讲史、说经、讲小说、合生，并称"说话四家"，"小说"主要包括烟粉、灵怪、传奇、公案等虚构的内容。小说本是末流，但随着生产力的发展，有闲时间增多，市民阶层文化需求不断扩大，小说走上了文学舞台。知识分子主动俯身创作通俗小说，便有了明清小说之盛况。晚清流行一时的通俗小说流派"鸳鸯蝴蝶派"孕育于欧风美雨席卷下的新市民文化。其小说与市民审美趣味相契合，而与政治性、社会性强烈的主流文学拉开了距离。现代社会中的价值观念、伦理道德、审美情趣逐渐代替旧士大夫气质和糜烂之风。20 世纪 20 年代，茅盾、郑振铎等人对《小说月报》进行全面革新，通俗文学逐渐有了稳定的读者群和消费市场，成为现代文学场域中无法忽视的文学景观。

大众文学最早出现于东南沿海城市，上海因较早被迫对外通商，感染了浓重的西方商业气息。在"孤岛"时期，对内的隔绝与对外的开放催生了大众文化，电台、电影、广告等大众文化产品兴起。从"鸳鸯蝴蝶派"发展至"新感觉派"，彼时的海派文学作为一种文化过渡时期的文学，多以都市男女灯红酒绿的世俗体验来表达现代商业文明下城市人群的生存状态和人性荒诞。其既有对现代都市文明的眷恋，又有纸醉金迷的幻灭感。从本质上看，它们更接近于西方的现代派，而从精神层面上讲，它们既有对通俗文学的超越，但又因现代文明的催熟而与大众文学产生了交集。只是特殊的历史背景使"大众文学在当时的

---

① 邹广文：《当代中国大众文化及其生成背景》，《清华大学学报（哲学社会科学版）》2001 年第 2 期。

中国不可能充分发展成为完整独立的形态"①。此外，以社会、言情、侦探、武侠为主要主题的类型小说，作为最初最"纯粹"的大众文学，虽然长期不被主流文学界正视，但也占据了当时文学出版市场的相当比例。

而 20 世纪二三十年代在左翼文学中兴起的"革命的大众文学""文艺大众化运动"，其"大众文学"的本质与今天不同，更多是指革命者、精英知识分子自上而下融入人民群众创作的启蒙式文学作品其内容有很强的意识形态色彩和政治意义，服务的对象是工农无产阶级，与一般意义的通俗文学有所区别。②所以，彼时的大众文学更应该称为主流文学。

大众文学进军我国文学市场的过程也是精英文学、主流文学与之对抗，直至妥协、包容的过程。精英文学与大众文学的鸿沟主要在于价值观与审美趣味的差异。精英文学关注于美、崇高和人性，没有大众文学低到尘埃里的世俗性，也没有主流文学强硬的意识形态视角。主流文学的文化保守性则天然地与精英文学格格不入，更愿意将橄榄枝抛向大众文学，以争取更多的政治站队。依靠着主流文学的话语地位，大众文学走向主流是趋势所在。

20 世纪 80 年代初期至中期，当森严的意识形态壁垒被打开一个缺口，精英文学的洪流便一发不可收。从伤痕文学、反思文学到寻根文学、先锋小说，此起彼伏的文学思潮如走马灯一般经历了西方文学界上百年的发展历程。正当人们惊叹于这群精神贵族的花园繁花似锦时，"沉默的"大众文学也在悄悄经营着自己的领地。尽管彼时供其成长的市场土壤仍不甚肥沃，仍旧脱离不了港台大众文学的反哺，但琼瑶言情小说，金庸、梁羽生、古龙武侠小说的风靡已然昭示着大众文学市场的潜力，冯骥才、聂云岚、朱晓平等大众文学作家也已成熟起来。终于大众文学版图的日渐扩张引起了精英文学作家的注意，80 年代末 90年代初，以余华为代表的先锋文学作家集体转身，精英文学从云端回到了大地。王朔"痞子文学"引发的热潮，让沉默的大多数不再沉默。

大众文学归根到底是大众文化的具体反映与组成部分，大众文学的产生建立在现代文明基础之上，随着大众传媒的普及推广以及由此衍生的大众文化的

①　吴秀明、陈力君：《大众文学与武侠小说》，北京：北京大学出版社 2011 年版，第 4 页。
②　林韵然：《"普罗"还是"通俗"？——"大众文学"的两副面孔》，《中国现代文学研究丛刊》2006 年第 1 期。

繁荣而逐步发展成熟。随着 80 年代之后大众文化在我国正式落地生根,体现普罗大众审美趣味的、浅显通俗的、以娱乐为目的的文学作品进入文学市场。通俗文学与大众文学的界限日渐模糊,学理上也不会对二者做出壁垒分明的区划。传统中属于通俗文学的公案小说、神魔小说、仙侠小说都可以归入大众文学之流。毕竟通俗性也是大众性的表现之一,通俗文学创作的自然性和原生性也同样能够在大众文学中得到体现。

　　曾经,我国精英文学总会与现实保持着若即若离的关系。它们离不开现实大地,但又不能贴得太近。然而大众文化与市场经济的兴起却打破了这份距离的暧昧,精英文学作家开始分流,有的彻头彻尾地拥抱大众,有的回到象牙塔与现实相隔绝,离大众越来越远。余华坦言道:"现在时代不同了,文学期刊衰落了,发得再多也未必会有很大影响,而出版业则蒸蒸日上,所以我更看重出版界的认可。"①中国哲学讲求实用主义,自古以来知识分子莫不是在庙堂之中寻找江湖之远,但从来不会真正远遁江湖。西方的先锋派等思潮在中国总是会水土不服,几番挣扎之后都逃离不了归回大地的命运。

　　分离的结果是,精英文学日益边缘化,而大众文学正逐步走向舞台中央。90 年代以来,人们对于文学的需求也不仅仅局限于启蒙教化、政治功用,更有娱乐消遣的需求。大众文学崇尚时尚,追求新奇和流行,从"金庸热"到"琼瑶热",从"王朔热"到余秋雨"文化散文热",从"二月河热"到"雪米莉热",大众文学市场从来没有一种长久的潮流,每一次"热"都只是浮光掠影般地触动流行文化的神经。就像王朔的一部小说的题目"过把瘾就死",大众文化环境中的大众文学,大多时候戏谑而不深刻,它们所反映的精神世界显出一片荒芜。

　　面对大众文学的精神荒漠,精英知识分子不是没有挣扎。那场发生于1993 年到 1995 年间的人文精神大讨论,成为 90 年代初不可忽视的文学事件。其肇始于 1993 年刊登在《上海文学》上的,由王晓明、陈思和等学者开展的关于人文关怀、人文精神讨论的谈话录。讨论涉及 80 年代知识分子启蒙理想的挫败、人文精神失落之后的精神危机、大众文学主流地位的确立、作家如何调整文化姿态等话题。尽管这场讨论最终成为个人不满情绪的排遣场所,但其产生的

---

　　① 　戴靖婷:《余华作家应该走在自己前面》,《中国新闻周刊》2005 年第 31 期。

质疑却值得人们反思。

不同形态的文学都有不同的价值,彼此在不全然的割裂中孕育着新生。或许文学与商品永远会有一层天然的隔膜,但商品时代同样让文学产生另一种可能,即对过去所崇尚的文学精神的反叛,这种反叛以决绝的姿态延伸了文学成长的道路。我们不能忽视的是,早期的大众文学出版,正是踩着严肃文学的"没落"迅速地壮大了起来。

二、分化的作家群体

有文学畅销读物,便必有其写作者。当时大众文学的写作者,与后来的网络文学、青春文学写手相比,很大一部分来自旧有作家群体的分化。如果说新世纪后,网络文学、青春文学代表着"下层"创作群体的兴起,那么八九十年代《废都》《爱情画廊》《中年底线》等大众文学的出现,实质上是代表着主流、精英话语的"上层"传统作家的"向下"剥离。他们作为市场向文学写作的先声,为早期大众文学出版提供了重要的作者资源。

中国文人素有"文以载道、著书立言、传之后世"的传统,即便现代化转型时期,作家写作也往往与社会性问题密切相关。上文提到,民国时期尚有以鸳鸯蝴蝶派为代表的通俗文学作家(尽管这种说法有待商榷),而到了新中国成立后,国家用行政体制化的办法,赋予了作家文学创作的神圣性、严肃性、特殊性。作协是新中国成立后文学体制化的标志,位列作协的作家们可以拿到一份稳定的收入,而无须担忧作品是否受到读者喜爱,作家能够借此安心地进行文学创作而不受生活成本之扰。在这种文学体制中,中国作协和各地的作家协会实行的是类似于国家机关的等级工资制,根据文艺级别和行政级别的不同,作家的工资收入也有差异。郭沫若、茅盾、丁玲这样担任着国家重要行政职位的作家自然不用说,像"张天翼、周立波、冰心等人被定为文艺一级,政治行政待遇上套靠行政八级,但在工资收入上其实比行政七级还要高。行政八级的工资不到两百元,而文艺一级作家的工资在两百元以上……当时的文艺三级,就相当于正局级干部的待遇"①。换言之,作协中的作家即使不从事任何包括文学写作在

---

① 张柠:《六十年代作家的待遇》,《读书文摘》2011年第7期。

内的劳动活动，也可以衣食无忧地生活。

　　作家群体在市场作用下发生分化，主要表现为原来从事严肃文学创作、不以愉悦读者为己任的作家群体开始走向通俗化写作。一些作家的写作有着明显的市场效益目的，突出表现为迎合读者口味、适合图书销售的通俗读本创作。20 世纪 90 时代，中国正式进入市场经济时代，图书生产和交易的市场化不仅增加了出版社和作者的经济收入，也在经济利益的杠杆下催生出一大批新的作家。一方面，作协严苛的体制无法容纳如此众多的作家，这批作协体制外的作家不像作协体制内的作家那样拥有稳定的收入，他们必须将自己的创作出版成册，通过稿费、版税等方式获取生活的来源。另一方面，图书市场的火爆使得一部分作家获得了丰厚的经济利益，巨大的生活压力和获利后物质生活条件的显著提升有形无形地促使更多的作家在市场化的社会中分化与转型。不过需要首先指出的是，畅销书不一定都是通俗文类、大众文学，严肃文学也会获得巨大的读者市场。例如巴金的《随想录》，自初版后历经 13 个版本累积，总销量至少超过 300 万册[①]。大众文学也不一定都畅销，许多以畅销为目的大众文学早已在市场中烟消云散。

　　一部分作家完全地成为商业性作家，其写作目的显而易见是读者市场，他们往往以内容怪诞夸张、情节刺激跌宕、情感充沛丰富又直白浅显的读物吸引读者眼球。如以商人身份自居的青春文学作家郭敬明、专门写作青春期少女言情读物的作家郭妮（实则为一个创作团队）等。一些作家在某种程度上增强作品阅读趣味以适应市场化需求的同时，努力保持创作的文学性。这些作家通常是已经得到专业领域和读者认可的传统严肃文学作家，以及既拥有文学追求又处于创作起步阶段的年轻作家。贾平凹的小说《废都》曾在 20 世纪 90 年代引起巨大争议，王蒙的《暗杀——3377》、洪峰的《苦界》、铁凝的《无雨之城》、张抗抗的《爱情画廊》等都属于春风文艺出版社"布老虎丛书"。余华的《兄弟（下）》《第七天》两部小说其评价与销量出现两极分化，还有不少传统严肃文学作家的创作都不约而同地出现了改变。另一部分作家则相反地呈现出与市场对抗的姿态，他们拒绝与外部（如电影制片方、出版社）有创作上的合作，坚持个人独立

---

　　①　赵兰英、余靖静：《巴金〈随想录〉版本数印数大创当代文学出版史奇迹》，《汴梁晚报》2006 年 12 月 13 日。

创作与纯文学的品质追求,文学创作与图书发行分开,代表性的有韩少功等作家。这种对经济效益,即作品发行量等外化指标的追逐,成为分化 90 年代后市场经济环境下中国作家群体的重要原因。

与大众传媒合作成为传统作家走向通俗大众市场的重要方式。其中比较明显的是,与影视合作令一些作家获得了丰富的经济收入,甚至是利益惊人,当越来越多的作家通过与影视合作改善了生活质量后,作家们自然逐渐地承认了这种写作方式的合理性。作家刘震云认为:"作家掺和影视,是因为生活变了……可现在说话的渠道非常多,广播、电视,都比平面的纸媒介要发达得多。作家有时候介入影视,不管是被动还是主动,都是现代化对市场的一种占领,其实你看看就知道,一线的作家,没有一个人跟影视没有关系……我想说的是,生活变了,所以作家变了,现在的作家,如果每天坐在家里,跟生活断绝的话,在屋子里的写作就会变得像喃喃自语。"在他看来,媒介的发展使得作家不能再只是单纯地按照传统的创作方式写作,那样会与"生活断绝",因为"生活变了","说话渠道"多了,作家主动或被动地介入影视是现代市场的趋势,拒绝媒介的文学写作是"喃喃自语"。

大量事实表明,大众传媒以其强大的传播力扩大、深化了文学的传播,让不少作家意识到社会媒介化的必然趋势,并对媒介之于文学的巨大推动力产生认可。刘震云曾说:"……电影在托小说走,这么好的事情,本来你小说就 1 万本,被 1 万人阅读,那有电影或者电视剧了,小说可能就是 10 万本,就可能会有 10万读者,增加了作家的物质收入……在前十名的中国作家,有多少人跟影视剧没有关系?他们的知名度跟他们的作品改编成影视有极大关系,这是一个现实。"可见作为传统作家的刘震云认为影视媒介确实能够增加文学的读者数量,提高作家的收入和知名度,其对媒介传播的力量表示认可。从作家收入的结果上看,影视亦成为作家物质收入增加的不可忽视的因素。

2006 年,第一届"中国作家富豪榜"由 zuojiabang.cn 统计发布,二月河、苏童、王蒙、陈忠实、铁凝、贾平凹、余华、莫言、刘震云、阿来、池莉等知名作家均榜上有名。这个榜单几乎囊括了我们所熟知的传统作家,且多数作家均与影视有关。二月河以 1200 万元版税位列榜单第二,他的小说《康熙大帝》被改编为电视剧《康熙王朝》并在中央电视台热播。然而,这些收入稍高的作家无疑代表着中国当代文学创作的最高水平，对于那些创作水平稍逊的传统作家，他们的收入就要少得多。"中国作家富豪榜"的创始人吴怀尧表示："中国作家群体的贫富差距令人震惊，现在有的作家一年收入远超 1000 万元，而有的作家辛苦一年挣不到 10 万元，还有作家全部存款不足 5 万元。应该说，多数作家收入比不上公司白领。"然而，连这一批知名作家，也很快被网络文学、青春文学写手所取代，后几年"中国作家富豪榜"上的人物主要是郭敬明、韩寒、饶雪漫、落落等青春文学作家或是南派三叔、蒋胜男、江南等网络连载小说作家，其收入也远远超过 2006 年时上榜作家的收入。而后者往往需要以社会性事件方能得到读者市场的认可，例如莫言、刘慈欣，均是在获得国际性文学大奖后小说销量短时间骤增。因此，作家尝试通过与大众传媒合作的写作方法增加收入，这本身存在现实的合理性，甚至无可厚非。但是观念的转变往往影响着作品的写成，也是从这一层面上，作家转型分化才引起了巨大争议。而后来的新生代作家则没有这方面的压力与思想束缚，不管作品是多好还是多坏，主流和精英话语已经不再能够抑制其在市场刺激下喷薄而出的创作与生产动力了。

三、新旧更迭的文学生态

无论对大众文学与精英文学的此消彼长到底如何评判，大众文学在精英文学与主流文学间挤出一块领地，必然导致原有文学生态圈发生改变，并进一步生成自己的子生态圈。生态一词本是生物科学范畴，用来研究自然界中的物种及其相互关系，进入 20 世纪生态学趋于成熟，其逐渐被运用到社会人类领域发展出城市生态学、社会生态学、民族生态学等一批新的社会科学，使生态研究从原本浅层次的自然环境问题过渡到较为深层和抽象的人文生态问题[1]，文学正是人文生态中一个重要的子系统。从新中国成立后单一状态到新时期枝繁叶茂，是文学生态在合适的外界环境中的自我修复，大众文学的作者、出版者、发行商、消费者共同构成了大众文学出版的子生态圈。

"生态"内在地包含了生态演替的意义，包括自我调节与修复，以及新旧事物（成员）的更迭。一方面，系统在一定时期内受"生态"内在地包含压抑而趋于

---

① 焦守红：《当代青春文学生态研究》，长沙：湖南师范大学出版社 2008 年版，第 1 页。

单一,这种压抑一旦撤销,生态系统能够爆发出潜在的生命力量,努力回归多样化的健康状态。新时期文学即是压抑弱化和解除之后的一次生命力的爆发。第一,文学出版进入快速增长期。出版体制改革打破了出版社严格的等级分工和新华书店的销售垄断,从而打破了图书出版的"专营权"。尤其是文学期刊迎来"黄金期",各级作协和文联系统纷纷复刊、创刊,一批出版社也创办了自己的文学期刊,其中许多的发行量在 80 年代初期达到了神话般的历史至高点①。第二,在解放思想的旗帜下各类文学潮此起彼伏风起云涌。从伤痕文学、反思、寻根到先锋,蛰伏的作家和诗人纷纷浮出水面,形成百家争鸣的局面。第三,翻译文学异常繁荣。特殊历史背景造成全社会异常的"阅读饥渴",使西方文学经典出版呈现井喷,大量外国文学名著重印,同时大批西方现代作家作品被引进,其翻译本一经出版无不销售一空,其中甚至包括一些冷僻深奥的外国诗集。

另一方面,生态系统中不断产生新的事物使生命力得到维持,而多样化的生态系统才能够维持其健康成长。80 年代文学思潮更替,文学期刊的潮起潮落都可以视为文学生态不断新陈代谢的表现。文学新人的产生是文学在当下保持年轻态的重要条件,后来出现的青春文学作家、网络文学作家作为一个时期的文学新人,与其他各个年代的作家一样,是文学生态在时间长河中发展的必然。新生代作家笔下的网络文学、青春文学具有不同以往的出场方式和品质。青春文学借助传统文学期刊改版促使新概念作文大赛出场,是文学生态发展到 90 年代末期刊自救的结果。韩寒叛逆大受欢迎与应试教育广受质疑相对照,当时 80 后稚嫩的写作能形成席卷之势,实际上是契合了僵硬的教育体制和匮乏少年阅读资源下学生的需求。这些都是包括文学生态在内的整个人文生态各因素角力下符合规律的结果。

国家政策推动了出版环境改变,进而影响到文学作品的出版。出版体制改革转型促使出版社在出版文学作品时进行策略上的调整,在与其他媒介竞争读者和取得盈利的巨大压力下产生了制作畅销书和签约作家的出版方式。80 年

---

① 邵燕君在《倾斜的文学场——当代文学生产机制的市场化转型》一书中,将文学期刊从 1978—1999 年的发展过程划分为三个阶段:1978—1985 年的黄金期,1986—1994 年的滑落期,1994 年之后的分化期。参考:邵燕君:《倾斜的文学场——当代文学生产机制的市场化转型》,南京:江苏人民出版社 2003 年版,第 27 页。

代中后期长篇小说出版逐年消退，到 1992 年陷落到最低谷的状态，然而 1993 年后《白鹿原》《废都》等作品出版，春风文艺出版社推出布老虎系列，畅销书生产机制初步建立，"长篇小说热"于此发轫。但热潮往往与乱象共生，尤其是秩序尚未完善之时，市场上充斥着诸多趋利媚俗的粗劣之作且拥有一定的市场，雅与俗延续着长期以来既对立又有所合流的关系。

畅销书生产机制打破了原本文学写作者稿酬等级标准的行业规则，畅销书作家身价大幅提升，收入、知名度和曝光机会形成互相推动的循环，产生了一批文学明星。大牌作家如贾平凹、刘震云、余秋雨等具有突出的市场号召力，这些作家不属于固定的出版社，因此在作家资源竞争方面出版社不得不面对巨大的压力。对于出版社来说，签约、培养属于自己的畅销书作家是最可持续的方式，打造属于自己的畅销书品牌和作家品牌，在 90 年代，尽管出版社已经具有这样的意识，但由于签约已成名的作家成本过高而培养新人风险太大，这一思路直到新生代作家出场之后才逐渐得到充分实践。因此这一时期的畅销书作家大多是从严肃文学作家中产生，但即便他们广泛参与到文学市场中，除了王朔等特殊案例，大部分严肃文学作家依旧恪守着"输者为赢"的"文学场"自身逻辑，单纯追求积累"象征资本"而对文学商品化仍然心存芥蒂，对于畅销书作家这一商业气质浓厚的称号也不甚认同。

在读者层面，新时期以来出版物的逐渐丰富消退了此前广泛的阅读饥渴，这一时期读者在图书阅读方面有了更多的选择，对于文学作品的接受标准也随之提高。市场经济环境中，社会分层的明显加速使得读者群体的差异也日益增大，不同读者因而产生不同的阅读需求。较之主题相对单一的严肃类文学，大众文学的类型显得更加丰富，也就理所当然被更多不同层次群体的读者所接受。借由文学图书消费行为的完成，作者、出版者、出版物、传播者、读者兼备的大众文学生态圈形成，并且拥有自我调节、自我完善、自我进化的稳定体系。

第三节　数字出版与新型阅读方式

转型中的大众文学出版持续了十多年后，数字出版如一道闪电从天而降，震动了整个文坛和出版界。相比具有天然保守性的主流文学和精英文学,"投受众喜好"的大众文学如鱼得水,毕竟大众文学出版从未拘束于媒介的更换(从纸质到电子屏幕)。数字出版与电子阅读,不仅是文学史,更是人类历史上从来没有过的"革命"。马歇尔·麦克卢汉的"媒介即讯息"仿佛先声一般,预示了数字出版与电子阅读对于传统文学创作与接受的冲击。21世纪的大众文学出版,注定是数字化的文学与出版。数字技术让出版社和作家能够以在线的方式进行文学的编辑与创作,打破了手稿写作到印刷出版的线形生产流程。在发掘出一大批潜在作者的同时,网络平台也给了读者更直接的阅读接受方式,从而诞生出网络文学这一新型文学形态。阅读的方式不再局限于纸质书本和电视机,出现了适应广布于 PC 端、移动端等各个传播渠道的接受方式。

一、互联网技术与数字出版

出版是现代科技与文化结合的产物,纵观印刷媒介发展史,其实质是技术发展和文化变迁史。诚如印刷术的发展促进了小说文体及市民文化的繁荣,孕育了古代出版业的春天及近现代时期图书市场上百家争鸣的繁盛局面,数字化与出版的结合从时间上看并不长,但行业已经旧貌换新颜。以计算机技术、通信技术、网络技术等为重要支撑的数字出版以席卷的姿态对传统出版业造成了强烈的冲击,并引起出版行业的深刻变化。2012年历经百年岁月的《大英百科全书》黯然告别纸质印刷舞台,从此人们只能通过电子屏幕翻看阅读。这一经典出版物的退场是出版转型阵痛的一个缩影。当前,科技智能化让数字阅读体验不断上升,比如 Kindle 阅读器采用电子墨水屏,其采光原理、成像精度与纸质书相近;"多看阅读"等手机阅读 App 从封面、字体、翻页动感等方面尽可能模拟纸书,并且还加入书签、笔记、分享等功能,某些体验甚至优于纸书。

根据原国家新闻出版总署于 2010 年制定的《加快我国数字出版产业发展的若干意见》,数字出版是指利用数字技术进行内容编辑加工,并通过网络传播数字内容产品的一种新型出版方式,其主要特征为内容生产数字化、管理过程数字化、产品形态数字化和传播渠道网络化。目前的产品形态主要包括电子图书、数字期刊、数字报纸、数字音乐、网络动漫、网络游戏、网络原创文学、手机出版物(彩信、彩铃、手机报纸、手机期刊、手机小说、手机游戏)等。这就明确了数字出版不仅是传统出版的物理转化或是平移，也不仅是将纸质文本输送到互联网、手机或其他终端平台，而是实现出版流程每一个环节的数字化，最大限度扩展出版物的外延。

基于数字出版技术的不断成熟，传统与数字的融合势在必行。数字出版中的"互联网＋"思维，主要是指"互联网＋传统出版"，也就是通过"内容＋技术"的方式，弥补传统出版业在技术制造、工作效率、产业融合等方面的不足，激发传统出版业的创新活力，促进全社会资源的优化重组，形成产业发展的新形态。"互联网＋"并非简单的两种产业形态或内容元素的拼贴，而是基于共同利益和兴趣点的深度融合。从本质上看，互联网与出版都强调多元、连接、渗透、传递、开放的理念，这种相似性决定了两者相加的合理性和必然性，也能够让相加之后的价值翻番。

随着数字媒介的普及，电子阅读方兴未艾，传统出版社愈加感受到自己在掌握大众阅读市场风向上的捉襟见肘，因而自 2006 年起着手进行数字出版转型。这一进程缓慢而热烈，先进的技术、瞬息万变的潮流与滞后的制度、保守的观念相互打磨。许多传统出版单位自建平台，将内容数字化，试图打通内容与销售的渠道。大众文学作品成为这些平台的畅销读物。当国内尚无一家真正意义上的由出版社发起的运营数字出版的专门文学网站时，广西人民出版社跨出了第一步。在充分调研之后，精准定位，改造原有网站，打造出以"爱情"为出题的、专注于女性阅读的原创文学网站——麦林文学网，不仅为读者提供电子书在线阅读，而且还注重培养作者资源，以提供有思想、有底线的高质量网络文学作品为目标。为充分挖掘版权价值，该社成功转型为"版权代理机构"，尝试与手机阅读运营商、电子阅读商、影视机构等产业主体合作，例如出售了小说《谍战上海滩》的版权，使其改编为热播剧《伪装者》，反过来又为小说带来了二次宣传。而《北海恋人》《欠你一句我爱你》等言情小说更是走进越南，为扭转图书版权输出的逆差做出了贡献，拓展了图书海外交易市场。

目前，国内不少出版社、出版集团走在拓展数字出版业务的前列，中国出版集团就是其中之一。"海峡两岸网络原创文学大赛"便是由中国出版集团主办的，以全方位挖掘网络文学的 IP 价值。2016 年 3 月，中国出版集团数字传媒携海峡两岸优秀网络文学作品参加"北京电视节目交易会"。其中，乐视热播网剧《拐个皇帝回现代》的原创作者月斜影清的新作《不易居》、古筝的校园题材作品《青果青》等作品实现参展。时至今日数字出版转型已从口号逐步落地,全民阅读蔚然成风。大众文学出版市场也从线下扩展到线上,从官方下移到民间,迈入了新的发展阶段。

"创新"与"融合"是"互联网+"的内在特征,也是数字化大潮下出版产业运营的关键词。创新决定了数字出版的深度,而融合则延伸了数字出版的宽度,两者相互关联,缺一不可。创新是出版产业发展的动力源,数字化带给人们的问题不仅仅是如何做好内容,还有整条出版产业链如何更好地挖掘创意内容、开发创意产品。融合是实现出版产业创新的基础,当单一的传播渠道既没有能力全面地展示内容,也无法满足人们多维的现实需求,"跨界"成为新的时代命题。

不过,出版社和出版集团必须认清楚我国数字出版"起步晚、发展缓"的现实,"互联网+"的转型理念只是给予出版业一个发展思路,而如何转型,如何创新,则需要更多的理性思考和实践探索。出版的脚步难免滞后于技术进步,但这并不妨碍其创新并创造出新的经济增长极。大众文学出版商应该看到在这场创新潮流中自身的优势,例如内容变得无限丰富,出版方式更加多元,与读者需求的对接也十分便利等,这些都为大众文学图书出版提供了良好的市场环境。

二、数字化新型阅读方式出现

阅读与出版相生相伴,数字出版和电子阅读就是一对孪生兄弟。尽管"出版"在我国是一个近代语词,但其历史却可追溯到春秋战国。《墨子·明鬼》有云:"书之竹帛,传遗后世子孙。"意为将内容记载在竹、帛之上以供他人传阅。印刷术发明之前,书籍流传要靠人工抄录,有人专门抄书去卖,书籍成为一种商品。直到公元7世纪的雕版印刷术、11世纪的活字印刷术的发明,我国书籍出版方走入正轨。当印刷取代手抄,所带来的不仅是书籍复制成本的降低、效率的提升,也使阅读方式产生了很大变化。雕版印刷只能以"版"为单位复印,因而最终呈现出一页一页的书籍形式,改变了手抄时的卷轴形态。此外,印刷价格相对低廉,印刷数量越多,成本就会越低,为批量复制提供了条件。随着两宋及以后的经济发展、市民阶层的兴起,阅读不再是单纯地求取功名的工具,也增添了日常消遣娱乐的功能,读者阅读需求大增,民间书商一时大受欢迎。除官刻之外,民间的坊刻、私人的家刻等也开始兴盛,印刷数量及种类远非之前所及。

生产决定着消费的方式、对象、水平和质量,数字出版广泛应用于图书生产领域,意味着读者不会再像以前那样通过单一的图书阅读文学作品,数字化阅读已成为定局。电子阅读,主要指的是读者通过个人电脑、数字电视、智能手机、手持阅读器和各式各样带有屏幕可供阅读的阅读器(如公共电子阅报板)等,透过电子屏幕图像变化而非翻阅纸张的方式,获取文字、图像乃至声音信息的阅读方式。它不仅仅是媒介载体的变化,其背后是包括信息生产主体、资源获取方式、交易手段、交流平台、更新速度等在内的一整套体系。如果纸媒阅读表现出静态、私人、固定、持久等特性,那么电子阅读,相对地,则带有动态、集体、移动、即时等元素。电子阅读的范围从早期的信息收发,快速地跨越到资源共享、学习教育和文学阅读上,并朝着更广泛的应用领域发展。

文学电子阅读的代表就是网络文学,网络文学以绝对的数量优势和更新速度压倒了传统出版;而在亚马逊网上书店,许多纸书销售界面下跟着十分便宜的 Kindle 电子书销售。与哲学、纯文学这些需要投入全部的心智和精力的内容相比,大众文学似乎更青睐于电子阅读,因其故事性强、通俗易懂、不需回看、不需批注、不需精读,对阅读时空的要求不高,非常适合屏幕阅读。有些图书中还会嵌入音乐、动画等多媒体效果,能够调动视觉、听觉、触觉等多种感官。根据第八次全国国民阅读调查的统计,61.1%的数字阅读读者选择"文学类",比例远远高出第二位的"生活实用类"(29.2%)[①]。可以说,数字化的出版方式之于文学而言,本身就具有强大的读者基础。在大众出版领域,文学出版不仅拥有广泛的受众群体和宽阔的市场空间,而且在与新技术和新媒体的结合上一直走在前列,对其而言,它改变的不仅是传播和流通两个后续环节,而且从生产创作开始,就已经带上了浓重的数字化的痕迹。出版社对于打造文学畅销书的诉求,在数字化的时代并没有减退。相反,在这股浪潮之中,以数字技术为契机,

---

① 郝振省:《中国阅读:全民阅读蓝皮书(第二卷)》,北京:中国书籍出版社 2011 年版,第 212 页。

出版社纷纷加快了打造文学畅销书的脚步，从而使得在技术、市场和文学三者交融之下的畅销书生产有了新的表征和特质。

阅读载体的变化映射的是阅读思维、阅读方式和阅读需求的变化。传统的纸书阅读构成了一个相对封闭和独立的阅读空间，纸质文本强化了作者的权威性，读者直接面对作者进行文字的把玩与沉潜，不受其他信息干扰。数字阅读打破了阅读的被动状态，给予读者在阅读时更多的主动选择权。人们可以随时跳过、关闭不感兴趣的界面，随时打断阅读进程，点击超链接进入下一界面浏览，自行筛选内容。大众文学出版在电子阅读的环境中，必须思考如何让读者的注意力，在五花八门的信息世界中长久地停留在自己的内容上。

技术变革引发的另一种趋势是碎片化、移动化阅读。都市中的快节奏生活让享受完整的阅读时光变成一种奢侈，智能手机和移动互联网的发展升级极大地解放了阅读时空，方便人们利用候车、乘车、排队等零散的时间读书。碎片化已经成为众所周知的当前电子阅读常态。此外，利用"私媒"进行阅读成为一种潮流。手机阅读 App 不仅为读者提供了一个私人电子图书馆，而且允许读者通过微博、微信分享内容、读书笔记，并且可以根据读者的兴趣偏好推送图书，使扁平的线性阅读变为多媒体化的立体、交互阅读。

当然，新媒体不可能完全取代纸媒，纸书的历史如此悠久，并成为一种集体习惯长存于民族血液里。人们衷心纸书，所坚持的无非是一种习惯和情怀，就像有的人喜欢书盈四壁的丰足，有的人喜欢油墨香和旧书略带发霉的味道，有的人喜欢翻阅纸书时的声音，有的人偏爱纸书中隐藏的记忆，就像罗伯特·达恩顿会"常常在纸的纤维中发现纸浆工人造纸时从他们手上滴到纸上的小水圈，或是纸浆准备过程中未能充分碾磨的衬衫和衬裙的碎片"[①]。没有人否认纸书的价值，但电子书取代纸书却是一种趋势，就像发送电子邮件让等待纸质信件的漫长过程成为浪漫的回忆。

电子阅读的消费市场已经成长起来，未来纸书价格或许会很高，因为它们卖的不仅是内容，还有包装、图片以及情怀。电子书则会越来越走向大众，以更加充裕的内容、低廉的价格和智能的阅读体验改变我们的生活。大众文学出版从

---

① ［美］罗伯特·达恩顿著，熊祥译：《阅读的未来》，北京：中信出版社 2011 年版，第 40 页。

传统纸质图书走上数字出版电子阅读，是适应读者文学阅读与接受市场的必然。

三、数字媒介时代的文学审美与消费

数字出版方式在出版领域的广泛应用，产生了一大批电子出版物，其中也包括大众文学作品，为数字化大众文学出版的消费提供了物质条件。长期浸润于数字化阅读之中，大众的文学审美与消费习惯也在潜移默化地改变。当20世纪90年代北美出现第一份中文电子周刊《华夏文摘》，孕育了华语网络文学与电子出版的雏形，文学与数字技术的结合和互动延续至今，形成一股高昂的数字化浪潮。新的媒体形式在重构大众话语空间的同时，也推动了文学艺术的转型。大众文学畅销书既然是读者通过购买行为票选出来的优胜者和创造图书市场码洋的主力军，必然真实客观地"吐露"了读者对于文学作品的一如既往的喜爱。大众文学出版物与读者审美趣味在长期磨合中形成了一定的规律与定式，既适应了当下大众读者对于文学文本产生的新的审美需求，又培育并促成了读者的文学消费模式。

语言通俗易懂，主题世俗日常，思想回归个人，成为大众文学的主要审美特质。陶东风提到，大众文化以感受当下为目的，不必过多地关注价值的恒常性和超越性，追求的是短暂的流行效应。[①] 日常生活的欲望表达和娱乐狂欢日益成为大众文化最主要的构成部分，读者期望能在文学类图书中同样获得身的愉悦、心的释放，而畅销书作为根植于大众文化土壤之中的产物，满足了读者的审美需求。传播学家菲斯克指出："大众趣味把审美消费整合到日常消费的世界中，从而，它拒绝予以艺术对象任何特别的'尊敬'，文本如同其他一切商品一样被加以'使用'，而且和任何商品一样，如果没有用，就会被抛弃"，"大众艺术的价值是依据其'功利'的程度来评判的，而不是与之保持距离"。[②] 从近十年的大众文学畅销书构成主体中可知，文学描写的对象和抒发的情绪从集体转向了个人，宏大叙事淡出读者的视野，日常叙事正走向极致，大众从对家国命运的关注回到了对自我生存状态的省察。不论是官场、职场和白领小说的前赴后继，

---

① 陶东风《大众文化教程》，桂林：广西师范大学出版社2008年版，第21—22页。
② ［美］约翰·菲斯克著，王晓珏、宋伟杰译：《理解大众文化》，北京：中央编译出版社2001年版，第164—165页。

还是以都市和言情为主打题材的作品的层出不穷，都直接指向大众当下的内在心理，而像钱钟书的《围城》、余华的《活着》、路遥的《平凡的世界》等图书的继续流行，也能多少反映出今天的读者对人生命运的关注，以及从书中寻找个人生存智慧的迫切。在这里，文学作品消弭了与普通读者之间的审美距离，既不再轻易使用艰深晦涩的语言，也谨慎选取讲故事的方式，不少文学作品因此能以亲切的面貌受到大众的欢迎。总体来看，在承担底层生活叙事、描摹众人面孔、反映社会现实这一文学的社会功能上，大众文学出版物具有无可比拟的巨大优势。

数字媒介是大众文化得以发酵和迅速传播的催化剂，它不仅拓展了大众获取信息的方式、重置了公众话语空间，而且重新定义了文学的存在形式，进而影响了读者对于新媒体时期文学的阅读和欣赏的具体体验。首先，购买图书不再需要到指定的书店或书报亭，阅读也不必捧着厚重的图书，购买与阅读行为均可通过指尖轻触完成。读者获取图书以及图书内容的方式变得快速便捷，阅读更不需要局限在安静的场所，于一般的网民而言，它与上网浏览新闻或是收发邮件并无明显差异。在纷繁有趣的信息和刺激独特的娱乐形式面前，大众原本对于文学作品的注意力慢慢在分散。不过这并不意味着读者彻底抛弃了对严肃高雅内容的审美需求，只在于这部分文本相比之下通常会显得"面目可憎"，不能够以大众喜闻乐见的方式进行传播。对于出版商而言，严肃文本的可塑性和出版的前景远不如一般的大众文学畅销书，这间接造成了图书市场充斥低俗和娱乐的惨淡现状。而轻松消遣类的图书深谙读者的心理，能以通俗易懂的语言表达和轻松活泼的故事情节来增强文本的可读性和趣味性。其次，数字媒介完成了从读书到读图最后到读屏行为的转变，阅读与欣赏直接的界限进一步模糊。传统阅读体验中的单一、平面和受限于固定的时间与空间等缺陷，在光与影交互的数字媒介欣赏体验中都得到了解决。对于习惯了新奇的审美感受的大众而言，以虚构和想象力见长的大众文学类图书，恰恰能够体现出存在的价值。其以生动的内容和前所未有的体验直接触碰读者的内心，引起其兴趣和购买的欲望。这或许也是解读缘何不断唱衰文学的今天，一部分奇幻小说仍能以几百万字的庞大的连载更新量持续吸引读者阅读。

在文学审美体验的变化之余，新的消费模式也在形成之中。传统的文学消费是指图书的购买行为，而今天的文学消费不但在载体上从图书延伸到了以文学作品为蓝本的各类改编产品或衍生物,并且不断强化的消费需求也影响着文学的本来面貌。消费主义浪潮席卷之下的文学的生存境遇也引发了大众的担忧。从消费的心态和目的上讲,图书之于读者的实用性和功能性在加强,读者并非没有消费图书的经济实力或者意愿,而是倾向于去购买"有用"的图书。励志类书籍和生活类书籍的畅销足以证明这一点。我们不得不承认,文学的社会功用性正在逐步超越艺术审美功能,已经日渐与电影、电视、游戏或是其他的娱乐形式并列,共同构成当下的文化消费。由此,文学类图书必须能为读者提供一种精神上的安慰和满足,这种情绪多是根源于书中世界与现实生活形成的落差和对比。阅读书本的过程也即释放情绪体验、舒缓心理压力或是感悟人生真谛的方式,对文学的消费从艺术的消费转向了商品的消费。

从消费方式来看,图书作为一种静态的媒介载体,已经面临着挑战和威胁。读者总是青睐能带来视觉和听觉双重刺激的其他出版形式。单纯依靠实体图书的售卖并不能赚取多少利润,作者和出版商自然要为图书寻求新的价值实现形式。既然电影、电视、互联网等能够以有效的、直观的并且极具娱乐性和互动性的方式来展现所承载和传递的内容,那么图书与这些媒体的合作,或者说融合就顺势而成。文学本身的消费渠道和获取方式极大地延展,也成为新时期文学消费方式转型的一个显著特征。一方面是文学作品总体上不如过去风光,另一方面则是图书衍生品的流行和效益的创造。根据2015—2016年中国数字出版产业年度报告课题组的统计,我国数字出版产业的累计用户规模达到17.2357亿人(家/个),2015年网络文学市场规模达到70亿元,互联网原创作品产品规模从2014年的201万种,增至2015年的256万种。《盗墓笔记》《花千骨》《琅琊榜》等一系列知名网络文学作品被改编成影视作品并大获成功,使得2015年被称为IP(Intellectual Property,知识产权)元年。[①] 在数字出版的产业版图中,游戏、动漫、广告等行业一直占据着主要的地位,而电子图书、报纸、期刊等所占份额很小,可见文学阅读本身尽管有着广阔的市场,却不再主要依靠实体图书的售卖,而是以更宽泛的状态存在于不同的媒介形式之中。

至此,大众文学出版的作者、出版者、传播者、出版物、读者全部就绪,共同

---

① 　魏玉山:《2015—2016中国数字出版产业年度报告》,《印刷杂志》2016年第8期。

构成稳定但进化的大众文学生态圈。在日益白热化的市场竞争中,在日常生活叙事愈演愈烈的文化背景下,在可以自由切换和随意链接的数字化世界里,大众文学出版运作和打造的重心在于文本本身,围绕着大众文学进行的内容的试验和文本的联姻将盛开出芬芳馥郁的花朵。而数字化时代大众文学图书的生产,最显著的区别于以往文学出版时期的鲜明特征,也集中体现在了文学文本的内、外变革中。

第二章

创作：新类作家的崛起与文学书写方式的转变

在文学出版市场化与数字化阅读的背景之下，以青春文学作家、网络文学作家为代表的新类作家成为大众文学出版的主力创作者。其草根性、个人性、市场性等"标签"注定了他们作品的主题呈现类型化的特征，新式的类型文学与分众阅读市场逐渐形成。文学审美质素的改变，集中体现在他们笔下的大众文学作品中，无不体现着市场化的书写方式。

20世纪八九十年代早期大众文学的创作者相当部分来自传统作家群体的分化，而新世纪之后，互联网技术让作品发布成为一件人人都可以做到的易事，许多原本难以经由出版社出版发行的文学写作，通过网络写作平台、博客、BBS论坛等方式获得了读者。这种用网络进行写作与发布的文学类型大大降低了成为文学作者的"门槛"，许多非专业作者加入文学写作的队伍中来，由此产生了一批以网络文学写作为职业的网络作家，其以草根性、民间性、娱乐性改变着大众文学作家群体的组成结构。与此同时，出生于80年代的新生代作家也登上了文学舞台，这些生长于新环境下的年轻人凭借自办刊物、明星包装等方式，抒发着与先辈们全然不同的声音。由此，新类作家基本取代了大众文学创作中传统作家的位置，成了大众文学出版的主要撰稿人。他们在个人特点、书写方式和出版手段上与传统作家的截然不同，决定了如今我们所能见到的大众文学的整体面貌。

网络文学和青春文学作为大众文学的一部分,本质上以市场为导向,新闻化、娱乐化、影视化的书写方式主导了大众文学所显示出的文学审美价值。随着网络文学和青春文学的自我完善,主流、精英、大众之间森严的壁垒日渐瓦解,无论是出于网络文学、青春文学的强大市场影响力,还是出于其文学创作走向成熟,他们的价值都开始得到主流与精英阵营的承认。一些传统作家也在创作中加入传媒化、影视化的写法,网络作家、青春文学作家与传统作家之间的边界愈发模糊起来。从事大众文学出版的出版商,必须依照大众文学在创作群体、文学类型和书写方式等方面出版的变化对出版生产活动进行调整,由此才能紧跟阅读与市场的脚步。

第一节　网络化写作与类型文学的兴起

　　"草根"与"类型"是形容网络文学①最合适的两个词,从其创作者、作品到读者,都显示出平民、大众、通俗等气质。简而言之,就是让最普通的作者,用最简单快速的方式,创造发表出最通俗易懂的作品,其产生了标签众多又眼花缭乱的文学类型。这种文学创作与生产方式的好处是易规模化,但也存在质量普遍低下的硬伤,随着时间的推进,这种情况有所改观。我们需要注意到的是,网络文学并不仅仅是文学作品在网络中传播,在网络这样一个空间平台中,其形成了特有的写作范式、行文章法、生产机制和价值尺度,发掘了一大批草根但优秀的作家。当下类型化的分众阅读市场也反映了文学创作、读者需求、审美质素的某些内在转变。

一、写作"快餐化"的生产机制

　　网络文学的大规模发表,通过"快餐化"写作的生产机制得以实现。网络文学的生产机制,一般为作者在网络文学网站或者社交平台上注册个人账号,按

---

　　①　网络文学,通过网络发表的文学作品,既可以是单篇文章,也可以是长篇连载小说,一般多以网络原创小说为主。1998年,台湾作家痞子蔡的《第一次亲密接触》第一次让网络文学风靡华语文坛,此后《斗破苍穹》《小妖的网》《告别薇安》《诛仙》等作品纷纷与读者见面,开启了一个网络文学的时代。

照平台所规定的输入办法将作品文字录入服务器中保存提交,随后系统在相关网站页面生成作品文本,读者通过链接便能够阅读到作品内容。除了各大 BBS论坛、博客网站之外,起初主要的网络文学网站包括幻剑书盟、起点中文网、榕树下、中文在线等。后来盛大文学、百度文学、腾讯文学、咪咕阅读等新平台的兴起和一系列企业兼并重组,在表明了网络文学竞争激烈的同时,也侧面反映了网络文学的读者市场之巨。部分文学网站在作者将作品录入提交后,还需经过后台编辑人员的审核编辑才能发布,但是由于网络"无限空间"和数字处理的特点,不管是作品编审的速度还是准许发布的数量,网络文学网站都比出版社更占优势。在网络文学作品成名后,部分作者也选择将作品交由出版社发行纸质版图书,或是进一步改编成影视等多元开发。目前网络文学资源的利用,多走的是多元开发的道路,这将在第四章中详细论述。

　　与出版社出版一部图书漫长的出版周期相比,网络文学从写作到发布仅仅只有"作者—网站—读者"三个环节,网络文学从作者写作到成稿出版皆具有快餐化特性。在网络上发表文章本身也是一种出版模式,可以直接跳过编辑、实体出版、发行销售等环节,降低了出版门槛,实现了作者与读者的无缝对接。例如,宁肯的小说《蒙面之城》曾多次被出版社退稿,于是他放弃了走传统渠道,先在新浪博客上连载,点击率一个月内破 50 万。在网络上,人人可以为作者,内容框架、行文等都可依照个性随性安排,不会被语法之类条条框框所牵制。用电脑进行写作的一大特点便是写作速度的加快,借助快速的键盘打字,一篇上万字的稿件很快就可以出炉并与读者见面。当然,读者是否接受也全凭自由意志,可以置之不理也可以直接干预。从文本到键盘的过渡,意味着写字这项原本需要付出大量脑力劳动和体力劳动的工作便捷化了,文字的删减增添以及移动拼接都快速方便,有利于节省创作的时间成本。从这一层面而言,文学创作的生产力得到了解放,只要作者写作速度够快,作品就能够源源不断地发布出来。网络作家唐家三少每天在盛大文学平台上发布九千到一万字的内容,如果不依靠键盘写作,这样的日更新量几乎不可能完成。"电脑写作颠覆了作家的个性,最后,它带来了集体作者的诸多新的可能。"[1]这也是网络文学产量惊人,

---

① ［美］马克·波斯特著,范静晔译:《信息方式》,北京:商务印书馆 2000 年版,第 135 页。

一部连载小说动辄百万字的一大因素。

网络文学生产机制并非只是作者和出版者行为的变化,原本被动接受,仅仅通过市场销量和来信等间接方式进行反馈的读者,在网络互动环境下,能够以更为主动的方式影响文学的创作。当越来越多的大众文学作家将文学阵地转移到互联网上,作者想象中的与读者的虚拟对话被搬上了现实屏幕,屏幕构成了一种更为真实的"镜像"。通过跟帖、献花、在线交流、微博互动等多种网络行为,作者能够随时知晓读者的阅读感受与兴趣点,并及时给予反馈。为保持较高的点击率,甚至会根据读者的意愿完全改变创作初衷,使故事的发展朝着读者期待的方向蜿蜒。特别是对于网络连载小说,作者最开始的想法并不成熟,缺少完整严密的内容框架、人物关系图,一般都是边构思边写作,有些甚至一边根据读者反馈一边进行修正。于是,文学作品的整体构思与内容修改,变成了"读者说,作者做"的"按需生产"。尽管对于作者来说,这样的写作方式既迎合了读者,又快速省力,但是缺少了作者自己的反复推敲思考和编辑的专业参考意见,或多或少会破坏作品原有的完整性和精致性,文学作品也就愈发像是解决一次性消费需求的"快餐"。《盗墓笔记》最初由南派三叔徐磊发表于百度贴吧,后转入起点文学网站继续连载。按照作者起先的设定,吴邪为男主人公,将与女主人公阿宁展开一段爱情故事。然而读者却希望在盗墓题材作品中淡化儿女情长,突出张起灵与吴邪的莫逆之交。于是作者让阿宁死了,让张起灵代替吴邪守青铜之门,让张、吴二人立下十年之约。网络文学的创作方式让文本一直"在路上",读者的介入重新定义了作品的生产机制。

二、作家"草根化"的创作群体

我们现在再回顾 20 世纪 90 年代以来至今的大众文学创作,其"重任"从传统作家传递到了新类作家身上,他们无疑是今后大众文学出版的最主要的作者资源。"布老虎丛书"时期的畅销书作家群体以精英知识分子为主,其在文坛已有不小的成就,这是传统作家面向大众和市场的一次集体性试验,铁凝、王蒙、张抗抗等一批纯文学作家是构成主体。但是出于种种原因,这些纯文学作家大多没能一直坚持大众文学创作,反倒是数字出版兴起之后,大批通过文学网站成长起来的网络写手迅速跻身于大众文学畅销作家行列,大放异彩,出现了大量可圈可点的网络文学作品。上海市作家协会副主席陈村认为："所谓网络文学，就是赋予文学更广阔的天地，赋予大家更平等的机会，让文学有更肥沃的土壤，让它在大众的生活中去自由生长。"①在这一层面上，网络文学解放了文学生产力，担负起孵化草根作家队伍的重任。

　　网络文学作家的"草根性"，表现在他们之于文学写作的业余性。绝大多数网络作家没有经过专业的文学写作训练，并且在最初的时候，多数人也只是将网络写作视为兴趣爱好而非生存来源，直到后来网络文学产业的形成才使网络文学作家真正大规模成为一种职业。从第一批网络文学写作者——李寻欢、宁财神、邢育森、安妮宝贝到 2002 年之后网络文学呈现井喷式发展局面中最具代表性的作者群体，以萧鼎、南派三叔、江南、明晓溪、流潋紫等为典型，甚少有将写作作为唯一谋生职业的，其中李寻欢已成功转型为知名的出版人，宁财神和邢育森在影视业做得风生水起，南派三叔的本职是从事外贸行业，而沧月也供职于某建筑设计院。在网络平台上，人人都可以写作，可以发表，文学创作已经不再是神圣化的事物。因此，他们的写作相比传统作家而言，对于社会问题、思想水平、理想价值的关注度便会少得多，更多地把笔端置于个人和市场之间。可以说，对于写作网络文学的作者群体而言，他们更关心读者的反应和图书的销量，作家这一身份标签的确立、作协体制的接纳和认可、主流文学评价机制的肯定都不是影响创作的重要因素。

　　另一方面，"草根性"也表现在网络文学所呈现的内容上。网络文学创作与接受的主力军多为 80 后、90 后甚至 00 后一代，年龄段的对等使他们在审美情趣、阅读偏好上呈现相似。然而他们又出生并成长于社会转型期，在不确定的生活中需要背负更多更大的精神压力。网络文学作家身份的"草根性"从一开始就注定了他们不会将过多的注意力放在纯文学的写作追求上，而是会创作出既带有自身时代烙印，又通俗娱乐，也更能适应大众阅读口味的作品。起点中文网的流浪的蛤蟆、血红、烟雨江南、云天空、酒徒、勿用、流浪军刀，中文在线的番茄、跳舞、更俗、烽火、神机、无罪、辰东、猫腻、月关、方想，纵横中文网的天蚕土豆、忘语、耳根等，都是曾具有超高人气的网络文学作家，他们的名字自身便

<hr>

① 黄发有：《从宁馨儿到混世魔王——华语网络文学的发展轨迹》，《当代作家评论》2010 年第 3 期。

带有很强的娱乐、诙谐成分。在言情、悬疑、武侠、黑幕等通俗小说类别之下,网络文学作家进一步创造出穿越小说、仙侠小说、网游小说、盗墓小说、凡人流小说等文类,这些小说在充满了想象、刺激、惊险因素的同时,也寄托了作者自身对生存环境、人生价值的思考。例如,唐家三少的《斗罗大陆》、我吃西红柿的《星辰变》等小说,尽管内容是玄幻,但却是借着"修真"的名义讲述弱者成长为强者的故事,用虚幻的满足对抗现实中的焦虑,表达着关于"本我"的自由意志。当数量庞大的网络作家群体以惊人的速度创作出这些类别的网络小说时,中国当代文学的整体面貌和读者市场自然而然会发生改变,类型文学的进一步细分和分众阅读即是它的产物。

三、类型文学与分众阅读形成

网络文学作家的"草根"特质注定了他们大多数人在知识水平、文学素养和阅历经验上比起专业作家存在欠缺,为了最大限度地发挥自己的创作才能,消解文学阅读市场的"不确定性"以保证作品能够被大众所接受,网络文学作家们选择将自己的创作内容锁定在某一主题之内。同时社会的发展使我国各阶层、各群体的分化加深,生活内容的多样性让不同个人的内心情感千差万别,反映到文学阅读领域,每个人的阅读需求也会迥乎不同,两者势必导致文学类型的不断细化和分众阅读市场的形成。

大众与分众是一组相对的概念,分众市场的集合便是大众,分众并不意味着放弃大众化,恰是对大众化的更高层次的解读。在传播学学科范畴,根据受众范围的大与小,有大众传播和分众传播两种路径。大众传播是面向所有的受众,也即不确定的、没有明确目标的受众,所属媒介环境是以报纸、期刊、广播和电视为主体的传统媒体时代。而分众传播是针对特定的受众群体推送信息,不再为大众服务,所属媒介环境是互联网与其他传统媒体融合共生的新媒体环境。从信息的匮乏到信息的过度,受众经历了从被动接收到主动选择的过程,而每个个体的选择又是多样化的,这就促使信息的分流。大规模、批量化的生产将被小规模、个性化的生产所取代。当然,每个人的个性化生产、创造和消费非短时间内可以完成的转变,它需要一个更加成熟和开放的媒体环境。而在某一个相对小范围的、基于相近或相似的兴趣爱好的群体间,生产与推送内容,既可以避免资源的浪费，又能够实现市场的精准定位，因而是互联网时代的主要传播方式所在。

信息革命与数字技术的共生共荣，产生了海量的内容，也引发了一种信息生产和信息接收的矛盾。一方面是人这一信息接收主体的容量有限，很容易产生媒介的焦虑和信息的焦虑。另一方面则是读者有了充分的自主选择的机会与权利，会根据各自的口味来进行处理和选择。伴随着数字媒介的普及，由作者和作品组成的核心出版资源大量地向网络平台集中，与此同时，读者的阅读需求向着个性化、自由化和精准化的方向发展，明确了"读什么"之后，文学图书市场的分块现象就顺势而生。从 20 世纪 80 年代的全民文学名著经典热到逐步分流的阅读圈子，是读者自主阅读意识的萌发与树立，也意味着图书生产和出版走向分化，从向大众推出畅销书收缩到瞄准一个固定范围内的目标读者。以 2007 年的文学图书市场为例，盗墓和穿越题材的引领风骚就在于很好地契合了男性读者和女性读者不同的阅读趣味，其在各自的阅读人群中大获成功。对于作者而言，既然要写作受到市场欢迎和认可的图书，就需要预设一个目标群体，明白为谁而写作。很显然，在信息爆炸和资讯泛滥的年代，大众阅读的实现实质上是依托于无数个分众阅读的圈子，分众阅读甚至小众阅读是时代变迁和文学推进过程中的产物，也将继续成为未来阅读活动的主流。而近几年单本畅销书的销量总体呈现下降之势，甚少能够达到百万册级别，也与阅读市场的分块和圈子化特征的形成有关联。

类型文学一词是指题材类似，审美风格和特质接近，受众群体相对固定的文学分类形式，是将具有相同倾向性的文学以一定的标准归纳起来。这虽然也是一种分门别类的指标，但此前，我国的现当代文学通常不以类型来划分。即使在晚清新小说盛行时期，以武侠小说、言情小说和谴责小说等为主要题材的类型写作的苗头已经出现，然而不论从规模还是影响范围来看，都远远不及现在的类型文学。夏烈在《类型文学：一个新概念和一种杰出的传统》一文中指出，"类型文学是与当代科技和资本相适应的文学创作形态；其中当代科技意味着现代性的网络、出版、电子通信和个人电脑终端等科技平台与载体的出现……而资本意味着消费市场的构建和扩展……"①评论家白烨认为："类型文学是这些年从网络到市场逐渐流行起来的，它其实就是通俗文学（或大众文学）写作的另一说法，是把通俗文学作品再在文化背景、题材类别上进行细分，使之具有一定模式化的风格与风貌，以满足不同爱好与兴趣的读者。"②

在当下的文学出版市场，类型文学是数字技术催生的产物，是数字化时期文学主要的存在形式和表现样式之一，与埃斯卡皮在《文学社会学》中的表述具有一致性书中提到："一方面能把作者纳入证明具有效益的创作类型中去，另一方面又能够满足一种十分明确的、范围有限的、不断出现的要求……甚至还可以发展到框定读者大众这一集体，以达到更好地控制它的目的，并在它和作者群体之间建立起差不多是个人的联系。"③类型化出版与类型化阅读是分众传播在文学生产和消费环节的主要体现，作者和出版商自觉形成了抢占目标读者市场的意识，主动开辟网络上的出版资源并且从中确立自己的优势和品牌效应，类型文学的繁荣也是得益于此。

网络文学走的是类型化道路，类型文学是网络文学最杰出的表现形式，其"类型"明显地体现在原创文学网站的栏目设定中，并随着创作实践和读者的阅读兴趣变化而不断修改完善，形成与类型相对应的写作套路。类型化写作的概念在近代由西学东渐之风传入我国，鲁迅就在《中国小说史略》中将明清小说划分为讲史、神魔、狭邪、谴责等类型。基于网络分享和传播的产物，亦是大众文化创造场的衍生品，它以明确的受众、固定的类型和可参考的写作模式为典型特质。它的类型化更为具体、鲜明、多元和模板化，例如上文提到的穿越小说、仙侠小说、网游小说、盗墓小说、凡人流小说，以及先后在网络上流行的职场小说、后宫小说、同人小说等。某种类型之下，总是能够在短时间内聚集大量的稳定而有效的读者，创作和阅读景象都蔚为大观。此外，原创文学网站本身也存在一定的类型偏向，起点中文网、幻剑书盟侧重玄幻仙侠、军事侦探，晋江原创网、红袖添香偏好都市言情、穿越重生，前者更多地吸引男性读者，而后者主要

①　夏烈：《类型文学：一个新概念和一种杰出的传统》，《文艺报》2010年8月27日02版。
②　韩小蕙：《文学类型化意味着什么？》，《光明日报》2010年9月7日05版。
③　[法]罗贝尔·埃斯卡皮著，于沛选译：《文学社会学》，杭州：浙江人民出版社1987年版，第44页。

培养女性阅读群体。深谙类型的价值,从而推出相应的大众文学作品,是多数网络文学平台的选择,因此我们也总能在网络文学平台上看到一层一层、名目繁多的分类频道,相比之下,传统出版社在类型的覆盖方面,就显得局促了。

在分析网络文学的类型化发展之前,首先要关注到它之前的青春文学,因为青春文学以青少年为定位读者,率先开创了文学阅读小众市场的可行路径,为网络文学的大规模类型化提供了宝贵的经验。在新时期文学畅销书生产领域,青春文学是最先进入大众视野并且取得巨大成功的出版资源。它以15岁至20岁的大中学生群体为主要目标受众,以描写青春期的爱情和友情为主题,借助于浪漫唯美的文字和生动出彩的情节表达成长、浪漫、叛逆、苦闷、伤感等多种情感,主要集中在中长篇小说,亦有疼痛文学、伤痛文学、校园文学之称。以《萌芽》杂志为最初的"造星"平台,郭敬明、张悦然、周嘉宁等具有影响力和号召力的新生代作家逐步成为青春文学的掌门人,随后,饶雪漫、郭妮、曾炜、可爱淘等作家相继登场。安妮宝贝则成名于网络,以小资笔调和忧伤情绪迅速聚拢一批读者,是青春文学里个人化、私密化写作色彩最浓厚的作家之一,在离开网络回归传统写作之后,她的作品也与青春文学的母题越来越疏离。网络出版平台更让这种文学现象传播蔓延至日常生活的边边角角,造星效应丝毫没有减弱,明晓溪、顾漫、辛夷坞等作家便是杰出的代表,可以说,网络平台在发掘青春文学畅销书作家上承担起了重要的角色。

青春文学是一个以国内在教育体制中受到压抑和不满的广大中学生群体为主要读者群的文学类型,它向我们展示了文学策划和定点投送的巨大力量。作者的知名度、写作的时尚化以及受众的细分化是成功的三大要素,不同的作者在表现青春的主题和情绪上也逐渐形成了自己的风格,在青春大主题之下有了多元化的理解。郭敬明着重书写温暖与疼痛交织的苦闷与幻灭,饶雪漫始终以小女生的姿态表达忧伤的情怀与细腻的感动,郭妮则酣畅淋漓地要将青春的躁动、勇敢以及梦幻般的爱情发挥到极致。每一种书写的风格都赢得了自己的读者,这也使得此前阅读人群分布广泛的图书购买市场一下子成为青少年的天下。此时,春风文艺出版社和长江文艺出版社堪称青春文学的双雄,屡屡打造畅销的神话。当越来越多的出版单位进入这一市场之后,民营出版机构凭借精准的市场定位和不拘一格的运作思路,成为青春文学出版领域新的主力军。它们尤其注重读者市场的开拓,同时发掘和培养有潜力的作者,万榕书业、磨铁图书、悦读纪等民营出版公司的表现就十分抢眼。悦读纪将受众定位于大学女生和白领女性,在女性言情出版上独占鳌头,桐华、顾漫、辛夷坞等人的畅销作品便是由其打造的。

到了 2005 年左右,青春文学的发展态势有所减弱,出版资源的过度集中导致恶性竞争的出现,同质化写作的特征越来越明显,整个文学出版市场被青春文学所包围,马太效应明显。以开卷公司 2004 年的年度榜单数据为例,排名前 15 的文学类畅销书中,郭敬明、韩寒、孙睿、可爱淘四位青春文学作家的 9 部作品赫然在列,当年也被誉为青春文学大放异彩的一年。开卷的另一组监测数据显示,2006 年到 2010 年五年间,国内前 30 种虚构类畅销书中青春文学共占据 6 席,且都为郭敬明所作。[①] 尽管这些数据表明青春文学的写作在畅销书生产中依然有着举足轻重的地位,但这种由一人长时间垄断一种类型的文学写作的现状,恰恰代表了青春文学市场的饱和与整体创作力的衰退。几乎在同一时间,国内兴起了一些主打玄幻和奇幻题材的原创文学网站,并且玄幻文学和奇幻文学开始进驻此前以青春文学为主打的文学网站,这就对原本高度集中的读者群体进行了一定程度的分流。此后,盗墓题材、仙侠题材、科幻题材、职场题材的写作逐渐进入大众视野,受到读者的拥趸,其中不乏百万册甚至千万册的畅销书作品。

从青春文学一枝独秀到各种文学题材各领风骚,针对固定读者群体进行文学写作的畅销书生产已经成形,从大众到分众的转换,折射了数字化出版时代围绕畅销书生产的选题策划趋于丰富化、分众化和专门化。知名文学出版人路金波就曾表示:"在过去的两三年出现的顶级畅销书都是类型化的,也就是说年龄段补齐了之后,大家'地'都圈好了,还要细分,有些书让你哭,有些书让你笑,有些书让你好奇,有些书让你害怕。这之后我们再看目前的文学市场,我相信

---

① 根据数据开卷网 5 年虚构类畅销书排行榜 Top30,青春文学上榜作品有《小时代 1.0 折纸时代》(第 4)、《小时代 2.0 虚铜时代》(第 5)、《悲伤逆流成河》(第 5)、《幻城》(第 15)、《1995—2005 夏至未至》(新版,第 19)、《悲伤逆流成河》(百万黄金纪念版,第 28)。其中《幻城》自 2003 年出版以来,每年都在畅销书排行榜上有一席之地,成为当之无愧的长销书。参考开卷网:《开卷 5 年虚构类畅销书排行榜 Top30》,2010 年 12 月 30 日,http://www.openbook.com.cn/Information/2140/932_0.html,访问日期:2017 年 4 月 1 日。

'圈地运动'已经结束了，以后就是凭实力，没有什么特别新的题材了。"①青春文学的流行得益于网络和期刊两个出版平台，前者开创了全新的文学写作形式，而后者则生动反映了文学顺应市场潮流而做出的内部调整。青春文学的出现是类型化的开端，印证了数字化时代网络出版资源的潜力与可塑性。真正将类型文学发展成文学出版中最具有号召力的文学样式的，则是网络。中国的原创网络文学在其中扮演了关键的"推波助澜"的角色，直接孕育了类型文学在当下的繁盛局面。

网络文学如同接过了青春文学的"接力棒"。青春文学在有限题材和单一读者市场上的过度扩张与膨胀，势必会造成题材的危机和市场饱和，进而引起文学生产的危机和出版的危机。此时其他类型的文学的兴起其实起到了丰富题材和扩大文学表现力的作用，网络文学正是在这样的基础上"发家"的。在迅速赢得大批读者的青睐之后，日益丰富的类型文学逐渐改变了畅销书受众以青少年群体为主的局面。军事、历史、悬疑等题材对于成年男性读者有很强的吸引力，而职场、公安等题材在白领上班族之间风行。尽管类型化的写作容易限制作者的写作思维和创造空间，商业化指向的文学生产也不可避免地会有粗制滥造之作，但它既是由大众读者通过鼠标的点击和现实中的购买所甄选出来的最受欢迎和认可的文学样式，足以证明它潜在的市场空间和商业利润。从2004 年至 2013 年 10 年间的类型文学作品在年度虚构类畅销书榜单中的上榜情况来看，职场小说、都市小说、奇幻小说、穿越小说和青春文学是最受欢迎的题材，作品也有从单本发行向系列化开发的趋势。

事实证明，在过去的近十年里，模式化的写作并没有让读者产生审美的疲劳，这种已经形成固定的程式和套路的文学形态恰恰迎合了读者的阅读期待，"读者的阅读乐趣更多来自对'早已见过并渐渐喜欢上的某些东西'的'再证实'"②。读者不必担心作者从一开始就将其与自己疏离开来，要以受教者的姿态去聆听教诲。他们阅读故事和情节的过程更接近于一种奇妙的探险，追求的也是游戏一般的愉悦，心灵有了暂时得以安放的空间，熟悉的环境和似曾相识的人物及各自的命运也因一遍一遍的阅读有了丰满立体的感觉。模式化的写

①　路金波：《2018 年的文学出版》，《中国新闻出版报》2009 年 12 月 11 日 08 版。
②　苏晓芳：《网络与新世纪文学》，北京：中国社会科学出版社 2011 年版，第 98 页。

作尽管容易构筑不真实的文学乌托邦之梦,但从文学自身的发展机制而言,类型文学不是停滞不前的,而是处在不断的变化和调整之中寻求新的突破。这也意味着类型文学能够孕育出一个自我代谢的机制,在近乎狂欢和喧哗的生存状态之中也可以以新的发展眼光来审视自己。今何在的小说《悟空传》是早期玄幻文学的经典,却一反过于注重营造另一个平行世界而使作品陷入空洞和虚无的状态,在黑色幽默的叙述中折射生命的智慧和向往自由的情怀。这种因时代的变迁和读者审美趣味的改变而做出的自我调整,既是类型文学保持生命力和活力的内部需要,也是作者和出版商在运作此类选题时自觉的一种努力。

过去的十年是网络文学大放异彩的时期,是类型文学成长发展的黄金十年,是无数作者和出版商共同打造的一场大众文学盛宴,网络由此成为大众文学出版的一座掘金之矿。以慕容雪村的《成都,今夜请将我遗忘》为代表的都市小说,以天下霸唱的《鬼吹灯》和南派三叔的《盗墓笔记》为代表的盗墓小说,以金子的《梦回大清》和桐华的《步步惊心》为代表的穿越小说,以树下野狐的《搜神记》和今何在的《悟空传》为代表的玄幻小说,这些都是网络文学十年来类型小说的杰出文本,同时也是风靡一时的畅销书代表之作。以《盗墓笔记》为例,前七册的累积销量达到千万册,而大结局第八册在上市第一周的销量就突破了一百万册,超过了同期的《小时代》。类型文学市场的繁荣和鼎盛,潜藏着巨大的商机,让越来越多的出版社主动加入“淘金”队伍中来。大批中小出版社得以成长起来,大众文学出版市场重新洗牌,传统文艺类出版强社的优势已经大不如前。出版系统内部的更新换代带来了新的面貌,这也是类型文学对于文学出版的一个积极意义所在。近几年,传统出版社与国内最大的类型文学造梦工场——盛大文学合作出版图书的形式已经非常普遍,网络畅销书作家唐家三少、沧月、南派三叔、唐七公子等,发迹于网络,而真正实现名利双收的则是通过实体书出版的形式。可以说,类型小说是目前文艺类出版单位和民营出版公司在选题上关注的重点。另一个值得注意的现象是,民营出版公司在类型小说的发掘和出版上,无疑显示出更强的创造性和策划性。其既自主开发选题,又通过与原创文学网站的合作获取优秀的内容资源,进而以图书形式出版,引发畅销之余还在促进类型文学的产生和壮大上做出实质性的贡献。磨铁图书的《诛仙》《盗墓笔记》之于仙侠和盗墓,悦读纪的《梦回大清》之于穿越,博集天卷的

《杜拉拉升职记》之于职场，都堪称同类型的开山之作。盛大文学以投资入股和自行创立的方式扩展线下出版业务，华文天下、中智博文和聚石文华三家民营性质的出版公司均为网络类型小说的图书出版服务。

　　"文学的大众化传播已成往事，在这个喧哗与骚动的时代，受众的小众化、文化的多元化是文学自身生存必须面对的现实语境。类型化正是文学对当下生存现实的一种回应。"[①]这场由青春文学引爆的，蔓延至网络呈现出多面开花，之后以一发不可收之势主导图书销售市场的类型文学革命，很大程度上是由网络阅读的形成和运作机制所决定的。在对其诟病的同时，也要理性地看到正面的价值。正如邵燕君所说："类型化是本分，不是原罪。"[②]我们需要站在理解和欣赏的角度，看待网络类型小说中的可取之处，看到它所带来的文学的革新和创造，对传统文学叙事类型的补充作用，对其未来的发展和走向有所期待。网络文学还将释放出更多的力量，大众文学出版的选题策划也不得不从类型化的角度出发考量。本书的第三章将会对此详细论述。

第二节　青春文学作家与青春文学期刊

　　在新类作家中，青春文学作家是极具代表性的创作群体，他们一方面通过文学期刊、图书出版的方式发表自己的作品，一方面积极灵活地运用各类数字化多媒体增加自己的影响力；既拥有"草根"般的出身——从"新概念作文大赛"中脱颖而出，又极尽所能地打造个人个性化品牌；他们的作品不是一味迎合大众市场而是有着自身独特的忧郁气质，但在整体水平上却十分有限。可以说，最初的一批青春文学作家身上体现着传统作家与新类作家的双重形象，具有矛盾的过渡性特点。他们是一群有着现实上"草根"的身份，以新旧各种途径，意图创造独属于自己的文学领域——哪怕它不被主流和精英话语看好，又不失色于传统严肃文学的人。80后是最初一批青春文学作家的主体，他们在精英文学大众化尝试转型后，先于网络文学进入大众文学出版领域。如果说网络文学

---

①　吴锡平、刘桂瑶：《悬疑小说：消费时代的产业化写作》，《深圳特区报》2007年5月22日B11版。

②　邵燕君、王祥、庄庸、陈村：《网络文学：如何定位与研究》，《人民日报》2012年7月17日24版。

完全面向大众读者市场,极具想象和娱乐性,那么当时的青春文学明确针对年龄层次相对较低的小众、青少年读者市场,显示出鲜明的个人化、个性化特征,专注于"私人空间"的营造,流露出网络文学没有的忧郁、伤感的情愫。他们对个人品牌的成功塑造,本质上是"作家草根化"与"主题类型化"的相互融合,即非专业背景的写作者(学生出身),在数字化、市场化环境中,实现"类型"作品(青春文学)的"有的放矢"。

一、青春文学作家"萌芽"

青春文学作家浮出水面是文学阅读的市场需求和文学生产机制改革中出版产业的必然选择,《萌芽》杂志对于他们的出场具有关键性的催化作用。从后来的情况看,《萌芽》实质上给了"草根"作家一个向文坛发出声音的机会,一个进入职业文学创作的契机。《萌芽》把青少年作家推上文学舞台,在满足广大同龄人的阅读需求的同时,也扭转了自身在出版体制转型中的不利局面,为其他杂志社、出版社的大众文学出版树立了标杆。

作为自80年代以来销量一路下跌,经济状况走入绝境,因此不断改版和转变观念以寻求出路的诸多文学期刊之一,《萌芽》历经多次改革并未彻底扭转惨淡局面,直到备受瞩目的1998年新概念作文大赛,其重新获得了生命力。新概念作文大赛是其在市场意识指导下的成功自救,借助语文教育大讨论的背景和高考制度的核心吸引力,聚集起社会、媒体、教育系统、中学生及家长的高度关注。这正是在开拓市场过程中对应试教育这一社会关注热点资源的成功利用。

尽管《萌芽》是始终围绕青年写作者和青春文学主题的传统文学期刊,举办新概念作文大赛的核心动机原本并不在于推出一批年轻作家,而是将之作为一个具有特色并打入中学生市场的策划案。但是新概念作文大赛确实发掘了一批构成青春文学作家主力的年轻作者,其中韩寒、郭敬明、张悦然等更是被认为代表了这个实际上个体风格各异的群体,也成为后来人们在回顾这一系列作文大赛时关注的焦点。这些青春文学作家的出场方式本身就带有寻求市场竞争力的意味,新概念作文大赛赋予这一过程更多突变的色彩。然而,借此机遇进入市场和"文坛"的青春文学作家出版畅销作品并未给《萌芽》杂志带来直接的经济效益,郭敬明等签约了出版社而被"买断",但是他们的明星效应给《萌芽》

和新概念带来无法量化的社会注意力资源。另一方面,作为无法独立出版作品的杂志社,《萌芽》选择与出版社进行合作,签约打造自己的明星作家和畅销书系列,而这些写作者包括了新概念的参赛者和一些人气网络作家。

可见在从新概念作文大赛出场的青春文学作家之外,从网络写作到传统出版的路径构成了青春文学作家另一个重要的出场方式。对比新概念一路的写作者,网络出场方式没有社会事件的催化作用因而更贴近他们原本的发展轨迹,在最初阶段具有更多自我经营和渐变的性质。

文学评论者依据主题、风格等因素对文学写作者进行划分和归类古已有之,典型如豪放派与婉约派的区分①。文学写作者在一定时期内理念和情感较为稳定,因此作品也具有较高的一致性,容易成为社会对特定作家的概括,也有助于其个人品牌的塑造。事实上,青春文学作家这一称谓本身就是标签,包含了文学文本写作方面某些似是而非的共同特征,诸如率真恣意、较少追求思想性而追求精致富有表现力的语言,囿于一己生活因而格局较小等②。其中还包含了这一代写作者对于文学与市场关系等非文本因素的观念。这些与50年代、60年代、70年代作家的巨大差异。青春文学作家的标签在其各自成名作中已初现端倪,随着作品的陆续出版逐渐被固定下来成为社会共识。

从最初的畅销作品开始,青春文学作家的创作主题和表达方式各不相同,但是无不满足了部分年轻读者的阅读期待,发掘出市场的空白领域。《三重门》(2000)写带有灰暗色彩的校园生活,连同之后的《零下一度》(2001)、《毒》(2002)等作品嘲讽批判教育制度;《幻城》(2003)、《梦里花落知多少》(2003)等,无论是虚构的幻境或是具有代入感的现实世界,都是以无比华美的语言书写"结构性的对比和转换"之下"随即而来的伤感"③;《葵花走失在1980》(2003)、《樱桃之远》(2004)等充满虚构的神秘和偏执,而在《红鞋》(2004)和《十爱》(2004)中更是走向了极端和冷漠甚至病态,充满离奇暴戾的血腥和诡异④。因此,作为畅销青春文学作家,韩寒的叛逆讽刺,郭敬明的华美伤感,张悦然的忧

① 一般认为豪放派与婉约派两个概念最早由明代张南湖在《诗馀图谱》中提出。
② 凤群:《迷惘的青春物语——80后作家论》,《文艺评论》2008年第3期。
③ 乔焕江:《郭敬明论》,《文艺争鸣》2006年第3期。
④ 邵燕君:《从"玉女忧伤"到"生冷怪酷"——从张悦然的"发展"看文坛对"80后"的"引导"》,《南方文坛》2005年第3期。

伤残酷,成为他们各自的标签,在一段时期内得到贯彻和延续。对于竞争激烈的文学出版市场来说,这些标签后来一定程度上成为其个人品牌的组成因素,推动了出版品牌的建立。

标签在青春文学这个并不具有区分度的整体概念之下承认了个体之间的差异性,它既是一个写作者特色和品位的表现,同时被贴上标签之后往往具有强大的惯性,某种程度上掩盖了同一作者不同作品之间的差异,对其成长与转变有所忽视。文学标签与写作主体的行为共同将青春文学作家塑造成"可供消费的符号"①,最终使这些作家在大众的反复消费中获得可持续的利益。

二、青春文学作家办刊现象

鲜明的文学标签和自身特有的气质,使最初的青春文学作家并不能立即融入网络作家群体。在数字出版尚未高度成熟的年代,以自己"草根"的作家出身,相比图书出版周期漫长的现实,树立品牌自办期刊成为他们壮大青春文学势力、稳固读者群体的主要手段。与90年代传统文学期刊转型的困境相比,青春文学以办刊人"偶像化"的方式,建立起个人品牌体系——一种隐蔽的"类型化",获得了广大青少年读者的喜爱。当然与前者相同的是,青春文学期刊也面临着激烈的市场竞争与淘汰。

(1)市场化转型中的文学杂志改版热潮

青春文学期刊不是凭空出现的,它处在传统文学期刊集体改版的行动之中。20世纪80年代初期文学期刊的盛况并未持续太久,尤其是进入90年代以来,文艺类期刊的市场占有率几乎逐年走低。文学期刊面对着社会生活中文学边缘化和媒体格局中期刊媒介边缘化的双重压力②,处境日趋严峻,改版成了严肃文学期刊迫于出版发行压力和寻求自我新生的双重选择。正如80年代办刊成为热潮,90年代以来文学期刊的改版也形成一股热潮。文学期刊的改版主要采取四种模式:突破纯文学的限制而纳入对于社会生活的思考走泛文学

---

① 李晓燕等:《"80后"青年作家登场的社会学分析——文学场的演变与新入场的文学生产者》,《北京青年研究》2014年第1期。

② 黄发有:《媒介互动格局中的文学期刊》,《当代作家评论》2014年第1期。

的路线,突出特色专注特定的读者群体和文学类型,办增刊或专号实行一刊多版,全盘放弃文学彻底改版为娱乐类、综合类期刊①。期刊改版具有必要性和紧迫性,也充满难度和风险,一些期刊通过研究和反思自身问题,有针对性且目标明确地改版成功,而许多期刊也因为草率盲目进行改版甚至加速了走向停刊的命运。

文学期刊成功改版之后发行量和社会反响得到提升,但是市场经济和文化体制改革背景下的严肃文学期刊无法重现 80 年代初期的盛况。作为特定历史背景下的历史事件,80 年代初文学期刊热潮仍然是文学与政治密切合作的产物,随着经济因素介入文学场,文学与政治矛盾的中心地位得到一定程度的消解,文学与经济的关系成为新的关注点。

值得一提的是当省级文学杂志在 1982 年之后开始面临危机的时候,种数同样庞大的地市级文学杂志却并未呈现出明显的下滑趋势,甚至反而取得了一定的上升。而这些地市级文学杂志能够在等级严明的体制内部,在并不占资源配置优势的情况下取得能够抗衡省级文学出版物的发行量,关键在于地市级文学杂志的通俗化倾向。1984 年之后出现了大量通俗文学期刊,取得了相当可观且较为稳定的发行量。这一对比蕴含了精英文化与大众文化一直以来的某种矛盾,选择满足社会大众阅读需求是"自负盈亏"时代生存发展的有效途径,足以见得读者对于文学生产机制完整运行的重要性。青春文学写作满足了介于儿童和成人之间的青少年的阅读需求和品味,发掘了这一市场空白,因而获得巨大的销量,这与文学期刊在 80 年代的演变过程有着相似的逻辑。

（2）身份多重的商业偶像

对于青春文学作家来说,用社会化的活动构筑自己商业偶像的身份,是打造自己个性品牌的重要措施,他们并不避讳用现代传媒的手段打通文学作品市场的方式。每个人在社会生活中都需要扮演各种不同的角色,这些角色内化成为个体身份,各种身份整合形成个体自我的完整整体,而自我也通过各种身份表现出来,通过角色扮演体现自我身份认同②。青春文学作家与传统作家显著

---

①　黄发有:《文学期刊改版的经验与误区》,《中国出版》2009 年第 7 期。

②　吴小勇、黄希庭等:《身份及其相关研究进展》,《西南大学学报（社会科学版）》2008 年第 3 期。

的不同在于,在对作家和作品的市场化运作和多媒体营销中,他们不再是单一的作品创作者,而是集作者、杂志主编、广告代言人、产品经理人、制片人等多重身份于一身,更接近于商业偶像。尽管以写作者身份进入人们视野,但他们所具有的许多附加内容比如韩寒多门功课不及格而获得新概念作文大赛一等奖的戏剧性的个人经历,成为这批写作者能够广泛吸引社会关注的先天优势。最初一批青春文学作家成名之后很快为自己开发出新的社会身份,以多种方式的社会活动,即便在文学写作活动频率较低的阶段,也保持在公众视野中的活跃度。

以韩寒的社会活动经历为例,作为新概念大赛成功推出的第一个文学明星,韩寒在经历了一段相对沉寂的时期之后成为一名赛车手并发展成为赛车执照培训教官,曾发行一张唱片,博客热潮中长居人气榜高位。随着博客式微而微博普及,韩寒的微博又聚集了极高的人气,产生了"段子手"和"国民岳父"等娱乐化的新称谓。再到成为电影导演和餐厅老板,代言咖啡、服装、手表、汽车、白酒等产品,韩寒的身份得到极大丰富,而作家身份则相应淡化了。与"公民韩寒"相对应的是"商人郭敬明",作为青春文学作家群体中的两大"巨头",韩寒与郭敬明在身份多元化层面上高度相似,而选择的具体道路却旗帜鲜明地存在差异。2004年开始主编《岛》系列,而后成立上海柯艾文化传播有限公司开始出版《最小说》,郭敬明是青春文学作家中最早成为杂志编辑的一个。而后他应聘出任长江文艺北京中心的副总编主管青春文学类图书杂志,成立最世文化发展有限公司并出任董事长兼总经理。通过不断发掘新人签约作者,拍摄系列电影,郭敬明不断扩张自己的商业帝国,成为成功商人的典型。

出场之后就被划归入"偶像派"的韩寒、郭敬明等,在身份不断多元化之后已不再是单纯的文学偶像。正如韩寒成名之初得到部分学生群体的认同,这种认同并不在于作品的文学造诣或审美体验,更多的是通过这种认同,对韩寒的文本和个人气质中叛逆张扬,批判教育主题表达赞同,甚至以此标榜自我。经过十余年的发展,文本写作活动在青春文学作家的身份体系中的重要性有所减弱。青春文学作家通过一定的文学写作才能和强大的市场资源运作能力获得巨大经济财富,不失为当前标准下的社会成功人士。这种足以登上财经类期刊的成功,在这个理想缺失而又梦想泛滥的时代,似乎还具有一些亦真亦幻的励志意味。

　　但是，尽管青春文学作家的多元化身份很大程度上是团队运作和社会舆论共同建构的产物，我们也应当看到这些角色扮演中他们的自主性，对身份认同和自我个体的体现是相融合的过程。正如韩寒在博客中所说："我把所有的精力都花在了那些更值得也更擅长的地方，我现在的职业都是我的挚爱，且我做得很开心。"①青春文学作家的个人商业偶像化行为，为大众文学出版的品牌建立提供了借鉴，后来的一些网络文学作家也参照了这一思路。

　　（3）青春文学作家办刊"热潮"与"退潮"

　　在所有身份中，青春文学期刊的创办者和主编者对于青春文学作家群体影响力的稳定和壮大，有着尤为重要的作用。期刊和图书是文学作品发表的两大平台，也是最被其读者接受的主要方式，以郭敬明、韩寒、张悦然为代表的青春文学作家以自办期刊的方式聚拢了大批青春文学作家和青少年读者，形成了与传统文学期刊"分庭抗礼"之势。自以《萌芽》所主办的新概念作文大赛被作为"跳板"后，郭敬明、韩寒、张悦然、周嘉宁、蒋峰、刘卫东、夏茗悠等一大批青春文学作家脱颖而出，除了继续为《萌芽》提供作品稿件，这些青春文学作家均选择以自办期刊的方式扩大个人品牌和作品的影响力。最早开始创办杂志并使之成为潮流的是郭敬明，2004年郭敬明成立岛工作室开始主编《岛》系列，到2008年停办一共出版十期杂志书，2006年底开始发行《最小说》至今，虽然二者在时间上有所重叠，但可将后者视为《岛》系列在内容和生产团队方面的承袭。

　　《最小说》成功发掘了初高中读者群的市场空白，随后目标受众定位和读者年龄层次类似的杂志大量出现，形成了一股办刊热潮，其中不乏知名青春文学作家主编的杂志。较为知名的如2007年郭妮主编《火星少女》面向少女读者群；2008年张悦然开始主编《鲤》系列，至今已出版了19期；同年孙睿推出《逗小说》，主打幽默搞笑；2009年颜歌主编的《NOVA》出版面市；2010年最世文化推出姊妹刊《文艺风赏》和《文艺风象》；2010年韩寒的《独唱团》创刊发行，以超高稿酬征稿引起轰动；随后《by small ilook》系列推出由春树主编的第一辑

---

　　①　韩寒：《一次告别》，2013年11月16日，http://blog.sina.com.cn/s/blog_4701280b0102ek51.html，访问日期：2015年11月20日。

《缪斯超市》，选择了大量不知名作者的小说和诗歌，颇具实验性质；等等。除了青春文学作家，其他许多网络文学畅销书作家，如安妮宝贝、南派三叔、蔡骏、饶雪漫等也纷纷创办杂志，一时间杂志市场热闹异常。事实上，由于我国期刊发行制度的限制和筹备工作不够充分，除少部分取得刊号，大部分杂志在发行时大多采取以书代刊的形式，出版社试图借助畅销书作家的市场号召力，在青少年市场中各自圈地并抢夺同类读者资源，以获得更多的经济利益。

但是，尽管借助了畅销书作家主编的吸引力，也并非所有的杂志都能够顺利生存下去。《火星少女》杂志2008年停刊后重新改版上市仍然难避销声匿迹的命运，《逗小说》出版两期之后带着第三期的预告悄然消失了，《NOVA》系列在2009年12月出完第四期之后停刊，韩寒的《独唱团》取得了热烈的反响，但是出种种原因，第二期始终未能面世，转而走向数字化创办网络杂志《ONE》，安妮宝贝的《大方》自2011年3月创刊，出版两期后当年11月停刊，《缪斯超市》试图推出写作新人而商业性操作不足因此销量不甚理想，《by small ilook》系列之后的出版物也未能引发关注。

经过激烈竞争和市场规律的优胜劣汰，其形成目前较为稳定的态势，实体杂志以《最小说》和《鲤》以及"文艺风"系列发展状况最为良好，电子杂志则首推《ONE》，基本形成鼎立之势。

青春文学作家创办杂志是个人品牌构建体系中的组成部分，而明星主编的人气对于杂志营销传播具有重要的推动作用。从这些杂志中一方面我们可以看到青春文学作家个人品牌得以建立并得到年轻受众认可的一些理由，另一方面，我们也可以看到这些个人品牌各自具有的特色和杂志所带有的个人色彩。

三、青春文学作家办刊的个人品牌策略

青春文学作家在办刊过程中，不遗余力地构建自己的品牌形象，主要从个人品牌杂志的定位、栏目设置和主创团队三个方面实现自身从"草根"到品牌的转变，以牢牢地凝聚青少年读者这一特定的受众对象（见图1）。

个人品牌形成于受众印象中，任何加深或者转变这种印象的行为都会对个人品牌产生影响。杂志表现主编的办刊理念，无论是新文学时期为了特定文学主张而创办的杂志，还是新中国成立后所剩无几的为工农兵服务的文学期刊，

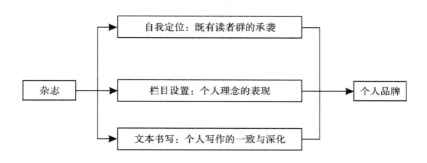

图 1　杂志出版推动个人品牌强化过程示意图

或是新时期重新大量萌发的文学期刊,编辑理念与杂志样貌往往是相一致的,正如张悦然所说,"杂志的气质或者性格,也是主编和编辑的性格,一目了然,我们不可能做力不从心的事,也不可能做意愿之外的事"。而作为明星主编,青春文学作家自然成了杂志编辑的核心,杂志最鲜明地体现出的便是他们的个人特征和意愿,读者能够在阅读杂志时形成对主编的印象。通过杂志的个人化使个人品牌得到进一步明晰和传播,杂志承袭了原有的读者群。主编通过杂志出版再次巩固了读者群体的信任,通过栏目设置表达办刊理念与对文学和生活的思考,组建志同道合的合作团队书写风格相近的作品,发表风格一致而深度提高的作品,个人品牌随之得到强化。当然杂志所呈现的还包括封面、装帧、纸张、字体等因素,同样体现着主编的偏好和个人色彩。

（1）杂志定位：市场主导与出版理想的合作

杂志定位的主要任务是明确杂志的目标读者及为他们提供怎样的内容。作为文化产品和传播个人品牌的媒介这一定位要求杂志具有与受众的相关性。定位是杂志生存的立身之本,杂志的长期发展方向及栏目设置、内容呈现、宣传推广、出版发行等环节都围绕着定位进行,清晰的定位是杂志内容、风格保持稳定一致的前提条件。另一方面,相比杂志主创团队中其他编辑和其他文学期刊聘任的主编,青春文学作家主办杂志是带有强烈个人色彩的,作为主创人员核心的他们拥有更多的自主和自由,为目标读者提供怎样的内容正是青春文学作家通过主办杂志表达个人出版理想的方式。

a. 文学生产的分众：类型文学与期刊专志化

文学的出版和阅读出现读者细分的现象是在传播媒介变化发展、信息不断丰富和受众选择权利扩大的过程中形成的分众传播，将信息通过现代化的媒介传递给一部分特定的受众群体，能够显著提高信息传播的效率，与此同时，分众传播相较大众传播具有更高的交互性，受众的主动地位和双向传播得到实现①。分众理念的根本在于对受众的重视，文学的商品化属性和文学生产"买方市场"的形成使得读者成为文学生产必须考虑的关键因素，文学生产者不得不改变理念做出种种尝试以拉近与读者的距离，开始关心大众的阅读需求。

随着网络写作和阅读的日常化，网络文学作品尤其是长篇小说日趋细分，言情、玄幻、穿越、侦探、职场等类别名目繁多，根据自己的喜好选择若干类别的作品进行阅读已经成为众多年轻读者的习惯。这些分类固然存在重叠，一部小说可能具有多个类别的特质，但细分名目更多的是为了作为小说的关键词便于读者筛选。事实上这种"分众阅读"的形态在民国时期的通俗文学生产中已经具有了类似的表现形式，以鸳鸯蝴蝶派小说为代表的旧派文学面向城市市民，为了迎合读者趣味，创造出五花八门的小说名目②，经过混乱之后逐渐沉淀为社会言情、武侠、侦探、历史四大基本类型。

分众的理念在 20 世纪 90 年代文学期刊改版潮中也有所体现。这一时期的文学期刊改版被大致分为"综合化"与"专志化"两大主要模式，实质上都是面对文学期刊市场进行读者定位、办刊宗旨等方面的调整，其中"专志化"是将读者按照群体需求和趣味进行区分，选择特定群体作为目标读者，编办相应的杂志③。上文中提及的《萌芽》将读者定位为即将参加高考的高中生及其家长，更早的佛山文艺杂志社的《打工族》杂志是针对珠三角地区外来务工人员的趣味偏好，都是通过"专志化"成功改版的案例。

b. 主编个人读者群体的承袭

从传统文学期刊的落潮与改版中，可见读者对于杂志的重要性，实际上整

---

① 赵冠闻、郭玲玲：《论分众传播的产生及发展》，《理论界》2006 年第 11 期。
② 钱理群、温儒敏、吴福辉：《中国现代文学三十年》，北京：北京大学出版社 1998 年版，第 76—77 页。
③ 邵燕君：《倾斜的文学场——当代文学生产机制的市场化转型》，南京：江苏人民出版社 2003 年版，第 43 页。

个出版产业的生存发展，最终目的和归宿都是读者的接受，杂志必须为目标读者提供符合他们需求的内容。个人品牌建立在品牌消费者的心中要求保持相关性以提高消费者的接受意愿，没有消费者的接受便无所谓品牌的构建与传播，因此建构品牌与杂志生产在关注受众的层面上实现了统一。

品牌的定位包括了市场细分（segmenting）、选择目标市场（targeting）和市场定位（positioning）三个历程①，杂志定位同样建立在市场细分的基础上，分众在文学作品阅读中和传统文学期刊改版中体现出来，整体的读者形成了不同的细分市场。杂志只有将读者进行细分，满足读者需求的同时形成自身特色，脱颖而出。

青春文学作家一开始便没有面向所有读者的雄心壮志，他们从小说到杂志所面对的始终都只是年龄相仿趣味相似的读者群体，从普通的写作爱好者到进入公众视野，最初阶段较为单纯地书写个人感怀，读者就已明显形成群体，这种分众阅读似乎是由他们的作品特性天然形成的。他们得以出场、个人品牌得以建立的重要原因之一，就在于他们的作品和他们自身天然地符合了一部分社会群体的期待和需求，他们的独特个性与这一需求相契合，在突出个人品牌独特性的同时与受众的相关性也得到了保持。

青春文学作家的文学作品写作与销售成了对市场状况最为透彻也最具实践性的考察，成为杂志定位的基础，他们此前培养出的稳定读者群也基本转化为杂志的读者。《最小说》和郭敬明小说的读者群同样以初高中阶段热爱幻想的青春期女生为主，随着她们年龄的增长，最世文化推出了更为成熟的《文艺风》姊妹刊以应对读者品味的改变；《ONE》和之前的《独唱团》则是以韩寒的关注人群为读者基础，尤其是当塑造出"公民韩寒"形象之后，韩寒的粉丝群突破了叛逆中学生的局限获得了更多进入社会的年轻人的认可（当然当初这些叛逆中学生在韩寒发展成公知的过程中也陆续进入社会）；《鲤》起初面向的读者是80后，而它的文学性得到了一些70后和90后读者的接受，以女性为主的主创团队使杂志偏向阴柔，因此读者中多为文艺女青年。这些杂志尽管读者群可能存在重合因此互相之间存在着一定的竞争，但是它们坚持着各自明确的目标和

①　余明阳、朱纪达、肖俊崧：《品牌传播学》，上海：上海交通大学出版社2005年版，第58—60页。

一贯的定位,都取得了不错的市场业绩。

c. 文学与出版理想:个人狭隘空间的自觉突破

尽管这些刊物往往以营销策略和利润成就获得关注,但是青春文学作家在办杂志时同样也有所坚持和追求。虽然一些杂志的目标似乎超过了目前编辑们的能力范畴和杂志目前的质量水平,但是成长起来的青春文学作家正在努力承担一部分社会责任,也应看到经过市场磨砺的后青春期尚存热血和理想,传递给更多年轻人以正能量。陆续进入三十岁的他们在文学和出版理想的自我阐释中尝试转变过去不成熟的形象,个人品牌也随之更加趋于成熟正面。

《鲤》第一期《孤独》卷首语中张悦然曾谈及决心做《鲤》系列的初衷是展示与分享,"每当看到好的小说,令人感动的照片,都觉得应该找个漂亮的容器,将它们盛放起来,让大家看见"①。《鲤》便成了实现这一心愿的容器。青春文学作家最初的写作是为了在孤独中发声,因此有意写得叛逆和极端以示呐喊好让他人听到。而当他们逐渐意识到"回声和共振的重要""一个群体的重要",于是有了《鲤》这些杂志。把其他想要发声的孤独的人聚集起来形成群体,"孤独"自然成了《鲤》系列第一个主题。而后的主题一直试图寻找社会视野中触动生活感受和内心共鸣的点,同时激发和呈现年轻一代的思考,"因为只有当文学与更多年轻人的生活是接壤的,才能够将文学带入他们的生活。在文学影响力式微的今天,我渐渐意识到,《鲤》必须肩负起这样的责任"②,从主编个人的精神慰藉到群体的平台再到为文学有所贡献,《鲤》的诞生和发展是一些80后作家理想和责任的承担与坚持。

《ONE》第一篇文章是韩寒写的《碎片》,正如标题所言,《ONE》顺应了碎片化阅读的趋势,在当下高速运转的"复杂世界里"以简单的形式"对过往那些纯粹发出偶然的叹息",结尾写道:"在这个位置,以后有更多的小说、散文、评论,我写的,你所认识的人写的,你所不知道的人写的,甚至你写的。但24小时内只能服用一次,明天就是新的药丸,却治愈不了你任何的顽疾。"③《ONE》确实

---

① 张悦然:《鲤·孤独》,南京:江苏文艺出版社2008年版,卷首语。

② 盛韵、石剑峰:《张悦然谈八〇后作家办刊》,《东方早报》2011年2月13日B02版。

③ 韩寒:《碎片》,2012年10月10日,http://blog.sina.com.cn/s/blog_4701280b0102eb8d.html,访问日期:2015年10月22日。

为许多作者提供了平台,他们笔下大多充满温情的故事固然无法让复杂浮躁的世界回归简单宁静,韩寒也在采访中说"世界不会因为你做了某件事而变得更加好玩或者无趣。我不想夸大自己在'世界'的重要性"①,但是《ONE》正是以这些文字使读者享受阅读的快乐以留下些许痕迹,也许能够成为若干年后值得怀念的简单记忆。

即便是最为商业化的《最小说》在创刊第九年之际也宣称要"继续为大家提供最好看、最深情、最具想象力的精神食粮",《文艺风赏》则自称"一本纯粹的严肃文学/文艺志"、"优秀青年作者的集结号",试图以年轻人的编排设置传递思考交流困惑,让读者在阅读中能够静下来、被打动。创办文学杂志是充满理想化的事业,当这些年轻的作家面向各自的目标读者,这本身就是从个人狭隘空间突破出来的成长,从中可见他们令人欣慰的主动性和责任感。

(2)栏目设置:全方位的自我表达

杂志的最初构想和主编试图表达的内容都能够在栏目的设置中得到展示,而不仅是文章的简单归类和容纳。90年代文学期刊改版,《天涯》杂志将原本占主导地位的文学部分压缩成一个栏目,此外设置了作家立场、民间语文、艺术等栏目,成功从"纯文学"改版成一本"杂文学"期刊,而这些栏目设置充分体现了《天涯》杂志编辑试图扩大杂志视野、拉近与读者和现实的距离的努力。主编将表达的形式和种类通过栏目设置规定下来,在青春文学作家杂志中,除了文学作品板块,设置诸多专题图片和访谈栏目是他们的共同特点,以图片表现对生活的观察和情绪,以访谈表现各自的喜好和关注点,寻求比文学作品更直接的自我表达,为个人品牌补充细节。

a. 栏目设置的共性与命名的区分

传统的文学期刊主要发表各类文学作品,从《收获》《当代》《十月》三大期刊来看,其在栏目设置方面较为常规。而青春文学作家主办的杂志因其目标读者群体和办刊理念不同于传统的文学期刊,在栏目设置上也与之不同,如表1所示。

---

① 张冠仁:《韩寒:做自己想做的事,如自己所愿地生活》,张悦然:《鲤·不上班的理想生活》,北京:北京十月文艺出版社2015年版。

表 1　青春文学作家主办杂志的主要栏目设置

杂志名称	主 要 栏 目							
	虚构类			非虚构类				
《鲤》	小说	散文		镜子	态度	面孔	沙龙	对话
《ONE》	文章			问答	东西	首页图片		
《最小说》	Zui Classic①	Zui Fiction	Zui Collection	Zui Art	Zui Talk	Zui Share	I Want	Zui Comic
《文艺风赏》	小说视界	地心引力		风声风影	封面故事	青梅煮酒	星群	Secret&Wish

在这里本书借用畅销书榜单将图书分为虚构类和非虚构类的方法,以及张悦然曾经在访谈中谈及英国的 GRANTA(《格兰塔》)杂志时将其中"实录""报道"等内容称为"非虚构栏目"②,将青春文学作家所办杂志的栏目设置划分为虚构类和非虚构类,分别进行分析阐述。其中,原创的小说、散文、随笔等栏目归入虚构类,访谈、记录、图像、评论、导言、作者作品翻译介绍、读者反馈等相关栏目归入非虚构类。诚然,虚构类与非虚构类存在重叠,文学创作中主客观因素共存难以一刀两断地进行划分,虚构类作品往往具有现实基础,而非虚构类作品也往往经过一定的艺术加工,但是文学作品的真实与虚构并非本文着重讨论的内容,仍以虚构类与非虚构类作为栏目设置的划分标准。

栏目设置的种类存在共性,非虚构类栏目对于各家杂志来说都是不可或缺的内容,而栏目的命名则体现了不同主编的独特性。《ONE》致力呈现简单的电子杂志,因此栏目命名也最为直白简约而不加修饰;《鲤》的命名也较为简洁,但是"镜子""沙龙""态度"等词语指代更为模糊,内容组织相应更为自由;《文艺风赏》的命名贯彻"文艺"的风格,"地心引力"栏目刊登科幻小说,"风声风影"是影评栏目,"星群"是个体对城市历史和人文的追溯,"青梅煮酒"是主编笛安与主流作家的对话;《最小说》的栏目统一以英文命名则体现了杂志对中学生读者的迎合。

---

①　Zui Classic(最经典)栏目中大多数为文学作品,包括作家专栏和每一期一名推荐作者,但是访谈也被安排在这一板块中,如 2015 年 3 月《Zui 作家·访谈录:拥有魔镜的女巫大人——与迟卉相遇于第五维度》。

②　盛韵、石剑峰:《张悦然谈八〇后作家办刊》,《东方早报》2011 年 2 月 13 日 B02 版。

b. 虚构类:情感与审美的展示

这些杂志中栏目设置活泼多样,非虚构类栏目种类普遍多于虚构类栏目。但是文学是创办杂志的出发点,因此小说是每一期杂志坚守阵地的固定板块,即便是根据当期主题和内容设置栏目因此颇多变动的《鲤》,例如《鲤·一间不属于自己的房间》在"面孔""对话""态度"等栏目的文字和图片占去了杂志大部分篇幅之后,仍然要纳入四篇与主题关联微弱的小说。

正如《最小说》的标题,小说被笼统归入 Zui Fiction(最小说)、Zui Collection(最收藏)、Zui Classic(最经典)等栏目。连载长篇、刊载短篇小说与散文随笔是文学杂志的传统形态。除了 2015 年 3 月的《最小说》和《独唱团》,其他的杂志发表的小说均以中短篇为主。长篇小说连载对杂志的稳定出版提出要求,这对于一些以书代刊的杂志书来说具有暴露自身违规本质的风险。另一方面长篇与短篇的区别不仅在于篇幅,二者需要的生活体验和视野视角不同,因此写作难度也差异巨大,而这些主编近年来长篇小说的产量普遍下降。他们的写作曾被评价为格局不够,拘泥于个体、小我的写作而无心关注大的现实。就杂志而言,他们中的一些人确实试图突破个人的经验发掘社会的晦暗和温存,探析一代人的共同心理。这种共性是城市的,即便涉及偏远郊区和山野隐居也只是衣食无忧恬淡清净的惊鸿一瞥,他们的困扰和艰难都是洁净光鲜充满文艺情调的。"这一代人如果大多在描写都市生活、时尚生活,这必然会导致这种单一、片面的生活对更广阔的生活的殖民"[①],这种新的文学殖民却在这些垄断了社会注意力的青春文学作家试图扩大自我、有所代言的杂志中得到了强化。于是这些仍旧停留在小情小爱的主题和尚未形成系统的灵光一闪的碎片化观点自然更适合由中短篇小说和散文随笔进行展现,配以非虚构类栏目中访谈和图片的呈现方式效果更佳。

另一方面,杂志中虚构类栏目普遍少于非虚构类栏目,使得杂志由文学趋向了文化。这与 90 年代文学期刊改版潮中压缩文学栏目比重似有相似之处。当时一些期刊为求与读者生活更加贴近而加入一些社会观察、反映文化关照的栏目,以消减一味发表严肃文学作品脱离群众日常兴趣和接受水平造成的读者

---

① 谢有顺:《那些坚固的东西都烟消云散了——新世纪文学、〈鲤〉、"80 后"及其话语限度》,《文艺争鸣》2010 年第 2 期。

流失。而青春文学作家主办杂志时不同栏目在价值观和阅读难度上是统一的，共同将忧愁、小资、文艺塑造成一种时尚。然而真正的文艺气质内蕴深厚，暗含了体量庞大的对文学和生命的理解认知，这些杂志所展现的和在人群中所引发的精致体面的小资情调，部分存在着思考，自然也存在附庸风雅、浅层次的伪文艺。

c. 非虚构类：个人价值观的宣扬

非虚构类栏目的多样化是青春文学作家办刊的特色，且种类普遍多于虚构类栏目，刊载了诸多主题摄影、漫画连载、影评书评、采访对话、物品推荐等内容。这些栏目中有如卷首语这样主编直接表达本期杂志的核心观点或进行内容介绍和推荐，也有如主编并未直接参与但是通过邀请访问对象和组稿的方式探讨观点。采访和对话几乎在每一期的《鲤》中都有出现，交谈对象一类是偶尔出现的国内外作家如青山七惠、棉棉、韩寒等，另一类是各种行业的文艺人士。诸如最新一期《鲤·不上班的理想生活》中涉及开餐馆、拍电影、玩音乐、做陶瓷、做设计等职业，通过展现这些青年女性"理想"工作的自由和艰辛，来印证卷首语中主编张悦然的观点：不上班更需要自我要求和约束，只有"找到一项自己认为有意思、有意义的工作……才更接近我们所憧憬的理想生活"①。实际上采访和对话具有一致性，采访主要是一方对另一方提问，表现形式或是采访记录或是由采访者叙述，对话则是双方或者更多参与者之间平等参与相互交流的过程，都是较为直接的表达价值观的方式。

不论是致力于趋向纯文学的《鲤》还是始终力求贴近中学生心理的《最小说》，图片在杂志中大量出现并且早已不是传统文学期刊中的插图。《鲤》"镜子"栏目专门刊登主题摄影作品，"态度""面孔"等对一些文艺人士的采访和记录往往附上大量照片配图。以最新的两期《鲤·一间不属于自己的房间》和《鲤·不上班的理想生活》为例，前者拜访了多位作家，对他们的写作空间进行描写，后者采访了一些不同工作方向的自由职业者，记录他们的工作和心理。照片素材大多为直观表现的人物、静物、室内和街景，运用温和明丽的色调和光线展现积极努力的生活态度。《鲤·旅馆》则以一组名为"亲密感的消逝"的高对比度的

---

① 张悦然：《鲤·不上班的理想生活》，北京：北京十月文艺出版社 2015 年版，卷首语。

黑白静物照片反映孤独感。《最小说》的配图多年轻貌美表情忧愁的少男少女，无论是照片或漫画无不华丽阴柔，《ONE》首页图片多为具有一定寓言意味的绘画和摄影作品，搭配一段引用的文字，这些杂志中的图片与文字本身一样，并无意表现宏大开阔的主题，却能做到文字与图片相得益彰。这些栏目的设置总的来说，也说明了大众文学出版并不一定要完全迎合读者口味，有效地实现个性品牌与读者口味的平衡，同样能够获得读者的认可与市场的成功。

（3）品牌与团队创作

在文学期刊改版的浪潮中，不少文学期刊反反复复，绕了一圈又改回原版，这说明过于频繁的改变和过于杂糅的内容往往会使杂志失去原本的优势甚至迷失自我①，因此保持整体气质的相对统一稳定是杂志生存的长久之计，也是个人品牌得以形成和保持的必要条件。与以往作家作为单一作者身份提交稿件，出版发行之事交由出版社不同的是，青春文学作家重视个人的品牌形象，并且拥有专门经营自己作品和期刊的主创团队，将个人和团队的力量也相结合。在组织编辑以个人为品牌的文学刊物方面，刊物的主创者能够在保持自己核心地位，努力展示和"推销"自己的同时，统一刊物中其他文章的风格。围绕刊物的创办者，形成了一个完整的有核心、有团队、有作者的文学集团，有如一个微型的文学流派，从而以"抱团"的方式树立自己在文学市场中的地位。他们发表在杂志上的作品大多符合杂志的气质，与此前出版的作品有语言风格方面的一致，也有内容题材和自我内心探索方面的区别。

a. 主创团队的组建

尽管网络连载写作中读者的反馈可能会对作者写作产生一定的影响，小说往往仍然被认为是独立完成的，但是与小说写作的私人化不同，杂志的编辑工作则是公开、协同的活动，即便是核心主编，单靠个人的力量不足以支撑整个杂志的编辑工作，组建一支价值观相似、志趣爱好相投的主创团队尤为重要。

青春文学刊物《鲤》在组建团队时选择了好友圈子的组队方式。同是新概念作文大赛出身的主创张悦然和周嘉宁是互动频繁的密友，作品出版时更是相互推荐和出席活动造势。经常出现的作者如 btr、于是、张怡微等人也多与张悦

---

① 黄发有：《文学鲤·不上班的理想生活期刊改版的经验与误区》，《中国出版》，2009 年第 7 期。

然和周嘉宁二人相识,因此"鲤"的小组会议"怎么看都像过家家"①,大多采用约稿的方式,甚至在 2011 年 1 月第十期《鲤·来不及》之前杂志不接受读者投稿②。因此《鲤》在较长的一段时期内显得较为私人化,直至今日趋向于成熟开放,就小说散文类作品讲座这种独特的读者互动方式,仍然带着小群体交流的沙龙色彩。

《最小说》承袭了《岛》的主创团队,《岛》创刊时郭敬明尚在大学就读,因此最初的主创人员 Hansey、痕痕、阿亮和后来加入的落落均是郭敬明的朋友。然而熟人圈支撑起来的合作团队适合规模较小的出版发行工作,一旦规模扩大必然带来管理运作的问题。因此随着岛工作室发展到艾柯再到最世文化,郭敬明团队越来越走向标准化管理。在原先的主创团队基础上,陆续从《最小说》主办的文学比赛中签约了一批年轻作者加入公司,进行写作风格、图书选题乃至个人形象的全方位的包装。

有趣的是,2007 年《岛》《最小说》团队中郭敬明的好友 Hansey、落落、不二等一众骨干编辑集体出走,随后推出双月刊《爱丽丝》。不论出走的原因是压力太大或是办刊理念不合抑或是薪酬待遇不合理,不久后他们却陆续悉数回归郭敬明团队,《爱丽丝》也在出满十期之后停刊。《爱丽丝》的目标读者是 16 岁至 26 岁的青少年,除了加入一些翻译作品,在文字风格和图片装帧上与《岛》和《最小说》大同小异。虽然《爱丽丝》也曾经一度达到一期 10 万册的销量,但是对比《最小说》每期 50 万册的销量,可以看出,一旦失去郭敬明这一核心力量,杂志的销量势必明显滑落,足以见得青春文学作家个人品牌和完整的协作团队对杂志的支撑作用。

b. 杂志整体写作的一致性

居于核心的主编选择与自己有相似理念和喜好的编辑团队,因此保持了文章主题和作者风格的统一。一定时期内,文章主题的和谐与作者风格的相似构成了杂志整体写作的一致性。读者由此形成印象并期待未来的内容,这种期待

---

① 张悦然:《"鲤"书系》,2008 年 6 月 7 日,http://blog.sina.com.cn/s/blog_3de20b1801009par.html,访问日期:2015 年 12 月 3 日。

② 《鲤》的读者投稿同样以小说和散文为主,不限主题统一收入《鲤·来不及》新创立的"声纳"栏目中,每期发表四五篇读者投稿作品,自 2011 年 1 月以来已有 7 期"声纳",而最新的 2 期《鲤》许是因为来稿质量不佳并未出现。

往往能够得到满足,培养起读者对杂志的信任,促进杂志品牌的形成。

阅读《ONE》便会发现,情感是长期讨论的话题,如表2所示,以2015年2月25日至3月5日的9篇小说为例,除了2月26日1篇,其余都是关于爱情、亲情和友情。这些人类共同的情感确实是文学写作长盛不衰的主题,且大多都是"我"叙述别人的故事,并没有曲折离奇的情节和激烈极端的情感。贴近读者的真实生活反而更能打动人,以第三人称写作时穿插着"我"参与其中或作为旁观者的戏谑色彩的评价,最后却往往能令人感动或忧愁而更加意识到平凡人生中的闪光点。因此《ONE》整体上是充满现实残酷与温情的杂志。

表2　2月25日至3月5日《ONE》文章标题及主题

日　期	文章标题	主　题
2月25日第872期	再无晴朗天气,就自己成为风景	喜欢却没有在一起的爱情
2月26日第873期	借书的人死掉了	幻想借书逾期未还的人发生的意外
2月27日第874期	我不在你身边的第五百年	以大话西游的角色改写探讨爱情的忠贞
2月28日第875期	你不用回来	独居老人对儿子的思念和善意的欺骗
3月1日第876期	姐姐,今晚我在西什库	姐姐的残酷青春和我对她的思念
3月2日第877期	不只是爱情故事而已	留学异国的爱情故事
3月3日第878期	特别不浪漫	爱情不在于表面浅显的浪漫
3月4日第879期	杯酒过往	被物质世界毁坏的单纯友情
3月5日第880期	红裙	由红裙子回忆起外公生前的关爱

但是这些文章在部分展现现实生活的同时往往容易忽略语言文字的提升,因而使许多文章停留在叙述故事的层面,讲述某些关于人生的观念和感慨,能被称为一个动听的故事却未必能够达到优秀短篇小说的水平。

有研究者谈到《鲤》的语言风格时认为难以分辨《鲤》不同作者之间的区别,这种特征被命名为"公共的个人性",相对立的"公共性"和"个人性"被串联在一起,个体的个性和这些个体的共性成为年轻文学写作者的普遍特征。① 虽然一

---

① 岳雯:《新的文学法则的生成——青春文学杂志书的运行态势与作家形象建构》,《南方文坛》2011年第4期。

些写作者拒绝归类和命名,但是在杂志的写作时,却自然而然地形成了分类和聚集。《鲤》最为突出的整体气质是所谓小资情调,他们选择的采访对象不仅衣食无忧、经济独立,并追求精致的物质生活,同时写作者们更着意显示精神世界的富足。张悦然曾在《鲤》中谈及他们自身这样的写作习惯,"我们以听打口碟读杜拉斯为骄傲,标榜品味,这简直是我们的爱好,青春文学作家的最初的文学创作中,充斥着各种外国品牌、乐队以及电影。仿佛当我们说出卓尔不群的品味时,就已经是一种创造"①。经过若干年之后他们仍然羡慕着 20 世纪 70 年代人理想主义和英雄主义的青春,而以鉴赏力制造繁盛之景以掩饰犹存的虚弱和自卑。一方面是谈论奥斯丁小说里的择偶观、苏童的香椿树街、作为作家和父亲的王朔、巴尔扎克的现实主义对中国青年作家的感召、海明威与旅馆酒吧的故事,另一方面是笔下的巴黎、东京、纽约、香港、台北、夏威夷、新加坡和广告似的介绍 Airbnb 租房的经历。如今网络上文艺青年中风行的所谓阅读和旅行处处点缀在杂志中,正符合了当下年轻人向往的生活状态和内心世界②。

　　将自身定位为纯文学的杂志往往追求与主流文学的靠近,最为直接的方式是对话文学名家,如《文艺风赏》的"青梅煮酒"栏目,主编笛安先后邀请了严歌苓、莫言、刘恒、阎连科、刘震云、毕飞宇等作家,同时也设置了"经典重读"栏目,重温中外文学优秀的短篇作品。向主流作家约稿并以此作为宣传的着力点也是有效途径,《鲤·来不及》"沙龙"栏目收入了阎连科的《一个人的三条河》③,因"悦然让我写点有关作家与死亡、与时间的文字",谈了许多关于作家生命时间、作品存世的时间和作品中虚设的时间以呼应"来不及"的主题。从杂志整体写作看来,具有永恒共性主题的择取和有意追求深度和思想确实为主流作家在杂志中的出现营造了较为合理的整体环境。他们的参与必然有利于提高杂志的文学性,而翻译、刊载国外作家作品和发表相关阅读感受也是提高文学性的有效途径。《鲤》发表的翻译作品中如莎拉·沃特斯、珍妮特·温特森均是英国

---

　　①　张悦然:《我已不能,让青春连着陆地》,张悦然:《鲤·嫉妒》,南京:江苏文艺出版社 2008 年版。

　　②　张悦然:《有关我们》,2008 年 7 月 10 日,http://blog.sina.com.cn/s/blog_51421dd10100a0rc.html,访问日期:2016 年 3 月 12 日。

　　③　《鲤·来不及》出版于 2011 年 1 月。本文后经修改发表在 2012 年第 8 期《美文(上半月)》,2012年 9 月中国人民大学出版社出版了阎连科的同名散文集,记录了其在出生成长的村落中遇到的亲友故人普通而各不相同的悲喜人生,最末一篇为《一个人的三条河》。

当下颇受关注并且具有一定争议性的女性作家,经常提及的青山七惠则是获得芥川文学奖而名声大噪的日本 80 后新锐女作家,爱丽丝·门罗则是 2013 年诺贝尔文学奖得主。翻译者则包括了周嘉宁、btr、于是等杂志作者。写作者和翻译者身份重合,因此这些青春文学作家能够直接接触国外优秀文学作品,这也是改革开放时代成长起来的他们对西方文化固有的接纳认同。翻译文学的引入是文学杂志应有的开放姿态,包括港台一些作家的引介,这些文学杂志的视野早已不限于中国大陆,与他们城市化的写作相协调。港台和西方的文学是精致的,即便描写乡间和苦难也因距离和潜在的向往,成为干净和谐的乡间和充满颓废浪漫的苦难。《鲤》是具有代言野心的,它企图影响他人走向开阔,选择的主题如"孤独""嫉妒""来不及""写信"等都充分考虑了目标受众群体的心理。光是这些词语就暗含着一个个巨大的一触即发的情感世界,但是对于更开阔的整个青年群体来说《鲤》又是小众的。对于主题的阐释至今仍旧限制在城市的文艺青年们生存之上的生活中,然而就市场运作来说这正是读者细分之后的必然。80 后文学对农村的反映缺席是他们生活经验不足,更是改革开放以来城乡差距不断拉大在年轻一代身上的直观表现。而当前主流作家中反映农村和苦难的作品又有多少能够真正在更广阔的农村中被阅读和接受,同样是值得思考的问题。

c. 个人作品与杂志文章的区别与统一

个人作品与杂志文章的区别,尤其是在长篇连载较少的情况下,很大程度上是长篇小说与短篇小说、散文随笔的区别。青少年写手们的现实经验不足以支撑起宏大的长篇作品,他们在短篇写作时更加能够自如发挥。而主办杂志为他们提供了更自由地展示自我和笼络读者的途径,通过文字风格和追求的一致性加深读者心中的印象,通过文章主题的深化转变读者一贯印象中的一些消极因素,从而对个人品牌产生影响。

相比之前小说作品中虚构的爱情,张悦然在杂志中多了许多现实。《鲤》自创办至今已出版 19 期,这期间张悦然的作品的主题内容不乏对于性的探索,对成长过程中隐秘经历的揭露和内心阴暗面的坦白,其与从前"青春纯情烂漫"的"玉女"形象差异甚大曾引起一番争议。然而这早已不是"玉女"的时代,纯洁无瑕趋向于虚伪,暴露心中某些扭曲和虚弱也早已不再难以启齿,对于嘲笑心灵鸡汤接纳负能量的年轻人来说,甚至更能获得接受和认同。《我已不能,让青春连着陆地》《自残》《父亲》《时而夏洛蒂》等文章记叙童年时期在家中与父亲相处的隔膜和成长之后隔膜的消退,青少年时期对血液和疼痛的迷恋,在新加坡留学期间闭门在房间中与世隔绝和内心的阴炭,颇有自我暴露的意味。正如张悦然所说:"无论是我,还是在《鲤》上发表小说的那些作者,都是愿意不断尝试新的写作形式和题材……它们很难让读者都满意,但它们对我很重要,因为它们代表我在某个方向上的尝试和努力,甚至是某种训练。"①虚构的爱情童话即便炉火纯青也终究是缺乏现实根基的故事,创新形式和题材的突破面临阵痛却是成长的必需。

但是在名声大噪的青春文学作家中,张悦然仍然保持相对低调和更贴近主流的状态,对文学有自己的观点并积极进取,"在成长的迷惘中,小心翼翼地梦想和求证,思索和感悟"②。《樱桃之远》中杜宛宛和段小沐各自面对爱情时虔诚固执专情的姿态,《水仙已乘鲤鱼去》中主人公璟对写作的执着和这种带有强烈排外的如爱情般的坚守最终带来的孤独,《誓鸟》中春迟为了爱情历经万难地寻找失落的记忆并以此作为自己单纯的生命形式,无不是女主人公为了自己所追求的事物,大多数时候便是爱情,如海的女儿的童话般义无反顾地自我牺牲,涅槃而达成新的自我③。随着年龄的增长和现代都市气息的沾染,这种少女情怀的幻想故事不再出现在《鲤》中,但是《沼泽》中描写的大理古城,酒吧和客栈便是现代的童话场景,被男友辜负的年轻女孩依然有着激烈的感情,《自残》中年幼时起就用刀划伤自己享受对血液疼痛的迷恋和隐蔽的叛逆,《时而夏洛蒂》中作者在新加坡留学期间自闭压抑的心理。走过青春期的张悦然自身就有着强烈敏感而并不平和的内心世界,而《鲤》中回顾过去与父亲的隔膜产生的痛苦、对父亲的崇敬以及自我暴露的阴暗面,为从前所写的激烈悲怆的爱情得以产生提供了来自真实世界的动机:"我的小说,至少在最初的一些,都是写给父亲的。那些小说中,总有一个雷同的父亲……这些故事都是因为他而发生,可

---

① 张悦然:《坦诚做鲤的压力年少曾经伤害自己》,2009 年 3 月 24 日,http://blog.sina.com.cn/s/blog_51421dd10100cnma.html,访问日期:2016 年 2 月 3 日。

② 莫言为张悦然第一部长篇小说《樱桃之远》写作序言,对小说反思人与人之间的爱、张悦然幻想的禀赋和忧伤的气质以及语言的独创性评价颇高。

③ 王琨:《张悦然小说创作论》,《小说评论》2013 年第 6 期。

是他并不在故事当中。"①杂志是分享自我成长的平台,这些文字能够为从前的作品提供来自作者自身的解释,这种或者源于真实或者有意塑造的个人形象映入读者的眼中得到心疼怜爱或认可共鸣,最后都可以成为个人品牌的有机构成。

青春文学期刊在加入大量市场化的运作模式时,始终追求个性品牌与读者口味、主创人与编辑团队、大众审美与精神内涵之间的平衡,它们曾经的"火热"与此不无关系。对于大众文学出版来说,能够从青春文学作家办刊现象中得到的宝贵精神,也许还是"以入世的手段,出版出世的作品"。

第三节 面向市场的文学书写方式

在市场化、数字化的大众文学出版环境下,作家身份的"草根性"与创作思维的"类型化"特征,注定了这些作品以新闻化、娱乐化、影视化的文学书写方式,来快速地产出作品,有效地占据市场。因为在长期的文学创作与出版实践中,读者显示出有规可循、相对普遍的阅读趣味,这种文学书写方式也可以称作市场化的书写方式,既是目的,也是策略。新闻化、娱乐化、影视化的书写方式,一方面有其模式化的局限性,影响了大众文学作品水平的提高;另一方面,为了满足读者百变的阅读口味,作家们在模式化的框架中追求"陌生化",也在一定程度上实现了文学审美质素的创新。它的背后,不仅仅是市场对大众文学创作出版的影响,还透视出纸媒作为传媒之一,与其他多媒体媒介融合的时代特征。面向市场的文学书写方式,并不只是网络文学作家和青春文学作家的"专利",许多传统主流文学作家、精英文学作家,也通过市场化的书写方式创作出一些相对更通俗、直白的作品。

一、新闻化书写

新闻化书写,字面意思就是用撰写新闻的手法写作文学作品,最初目的是

---

① 张悦然:《父亲》,张悦然:《鲤·因爱之名》,南京:江苏文艺出版社 2009 年版,第 122 页。

像新闻那样博取读者注意。但在创作实践中,新闻化的大众文学写作不单纯是在追求文本的故事性和可读性,更深层次的努力是在更新内容和素材的呈现方式。因为内容是出版核心价值的体现,也是大众文学出版物市场生命力和价值的表达形式。不可否认,当前的文学出版市场确实充斥着不少粗糙低俗的图书。除了对已经大热的畅销题材的盲目跟风之外,以吸引读者眼球、博取噱头为出发点,将文学写作完全纳入工业化、标准化和流程化的轨道之中的方式已经偏离了正常的方向,导致文学类图书毫无文学性可言,彻底沦为出版社之间市场竞争的工具。今时今日的文学写作确实已经褪去了过往的神秘化色彩,职业作家队伍的扩大证明文学写作可以成为谋生的好行当,文学出版的门槛也不断降低。新闻化的书写,主要体现在对社会热点(新闻)的关注,并以此作为创作的灵感与素材进行文学的加工与整合。这种书写方式对于"草根"作家和普通读者都没有过高的"障碍",写之简单,阅之容易,正契合了大众文学出版所需要的受众广度。作为社会舆情风向标的畅销书,是社会现实的一个缩影。当生活类图书在传授养生之道、财经类图书在破解生财之术、传记类图书在还原知名人士的人生历程时,大众文学图书也在构建新的"说话之道"——追求内容表达上的社会化和新闻化,拉近与读者的"审美距离",提高读者的接受能力。这多少对应了研究者张文红提出的"畅销书作家必须具有化繁为简的能力……将现实生活中的千变万化的物象和纷繁复杂的心情转换为简洁有趣且有益的文字,并唤起读者的购买欲望"①。

(1)主题关注热点话题和社会事件

新闻化书写方式下的大众文学,其内容主题多数取材于热点话题和受到较大关注的社会事件。其善于汲取丰富的社会养料,还有着挖掘社会矛盾、引起社会舆情关注的积极影响,以细腻和富有层次的笔触去重现现代人真实的生存状态和敏感的生活情绪。在信息传播相对封闭和受阻的年代,个体的情绪很难成为一种流行的符号在人群中扩散开来。随着数字媒体实现了信息之间的畅通,原本只属于个别人的情绪也可在短时间内,借助于不同的社交平台,通过不同的形式,蔓延到社会大众身上。个人欲望的表露包括对欲望不能满足的痛

---

① 张文红:《畅销书理论与实践》,北京:中国传媒大学出版社 2011 年版,第 63 页。

苦,是大众文学最核心的主题。其中不仅有金钱和物质的竞相追逐,也有对逝去的青春、不再的梦想、无力的婚姻、惨淡的现实等等一系列复杂体验的映射。张德芬的《遇见未知的自己:都市身心灵修行课》与张嘉佳的《从你的全世界路过》迎合了读者对于治疗身心、治愈心灵的期盼,而姜戎的《狼图腾》以其对凶狠和强硬的狼性文化的展示受到许多商界人士的热捧。另外,与现实主义风格的纯文学作品不同,以畅销书思路运作的大众文学重展示而轻探究,很少为阅读制造"障碍"。为了让读者在阅读中能获取感同身受的乐趣,大量使用人物对话,减少宏大背景和心理描写的篇幅,增加情节的紧凑性和连贯性,形成一种戏剧和影视观赏的效果。即使是如《狼图腾》这样文学性较高的作品,也并没有采取虚构的写法,而是尽可能还原草原生活的本来面貌,为读者呈现出真实的狼族,试图以拍摄电影的手法来为读者提供强烈的感官刺激。时下流行的奇幻、玄幻等题材的图书看似是纯想象力的写作,其实不外乎是现实生活中的正邪两方披上了具有神奇能力的外衣,在异度空间里进行较量。当现实生活中道德的信仰与公正的力量遭到部分瓦解时,读者就很容易对小说中的惩恶扬善的情节产生痴迷,甚至成为乌托邦式的寄托。

小说《杜拉拉升职记》系列的出版很好地诠释了大众文学只有在内容上尽可能地拉近与大众的距离,为读者带来独特的价值和鲜明的风格,才能在同类图书中胜出。在这部小说推出之前,职场小说在类型写作上还不是热门题材,也并未引起多大的反响,加上作者多从男性的视角出发,强调办公室政治的黑幕和争斗,使得小说不可避免地沾染上浓重的负面情绪。为了制造舆论的焦点,同时开辟以新时期白领女性为主体的读者市场,编辑团队指导作者从职场女性心理的角度,将原来发布在博客上的几个片段进行整合扩展,以写实的姿态,完成一本具有激励作用的堪称白领阶层职场宝典的作品。小说不仅展示了职场之上如游戏一般的各种规则,带有职场启蒙的色彩,而且以乐观的姿态塑造了一个在困境中不断成长的杜拉拉形象,淡化竞争和斗争的色彩,突出了成长与修炼的主题,完全契合现代女性渴望通过自己的努力在事业上取得成功的心态,重新定义了职场小说的写作模式。至此,《杜拉拉升职记》的畅销盛况也在情理之中,自 2007 年 9 月出版以来,图书累计销售超过 500 万册。而"杜拉拉"畅销热并不单纯是分析文本内容可以简单定性的,它不仅涉及消费文化语境中通过符号生产在图书的营销和传播环节来吸引大众的注意力的模式,还是以图书为中心开发衍生产品、发挥产业链优势的典型例证。

（2）运用新闻作为文学故事素材

新闻为作家提供了新的灵感和素材,不少明星人士顺势成为作家笔下的原型人物,新闻的仿像化写作以及在小说的内容中添加进新闻的成分,成为不少大众文学创作的手法。新闻与文学的关系原本就非常亲近,在传播不发达的时期,新闻信息需要寄托于文学来进行传递。随着传媒独立性的取得以及话语权的扩大,新闻不但迅速赢得了独立的分拣和播散社会信息的地位,且反过来成为文学的一种社会资源。这种写法的好处是作者可以不必花费太多的时间和精力亲自去积累生活的经验。在新闻信息便捷畅通的年代,还可根据点击率来判定大众的关注走向,体现自身的社会责任意识。读者在接受过新闻讯息之后,再次阅读文学作品会产生既熟悉又陌生的快感,甚至还能激发出"寻宝"的游戏心态,无形之中起到了陌生化的效果。尤其是对于有过新闻从业经历或是身兼传媒人和作家身份的写作者而言,新闻素材向着小说素材的转换是驾轻就熟的,亦舒便是其中的佼佼者。"在现代传媒时代,作家直接从传媒提供的信息世界获取创作材料、创作灵感进行文学创作,不仅是可能的问题,而且更是必然的问题。"①韩寒的《1988:我想和这个世界谈谈》、孙浩元的《人肉搜索》、邱华栋的《教授》等作品中就有不少新闻事件的痕迹。文学在这里承担了对社会新闻信息进行深度加工和事件重述的功能,并且能以艺术化的表达手法来完成普通新闻报道所不能达到的深度。

余华的小说《第七天》使用了大量新闻作为贯穿小说故事的素材。《第七天》中"我"在第一天看到的是殡仪馆死人分等级享受特权,房子被强制拆除和抗议政府的示威人群;第二天听李青哭诉自己的官员丈夫包二奶、找夜总会小姐,又把性病传染给李青;第三天遇到了死于商场大火的孤魂野鬼,医院将死婴视作医疗垃圾扔到河里处理;第四天讲述了生活在地下室的鼠族刘梅凄惨生活直至自杀,李姓男子扮女装卖淫被警察张刚抓获后踢碎睾丸,后刺死张刚报复的故事;第五天是被错认为杀害妻子而枪决的杀人犯;第六天说的是伍超在地

---

① 单小曦:《现代传媒:文学活动的第五要素》,《文艺报》2007年3月29日03版。

下市场卖肾为鼠妹买墓地。这些故事叙述影射了国内许多曾被媒体报道过的新闻事件，敏锐的读者能够很轻易地发现它们的原型：墓地等级制、市政强拆、政府官员包二奶、大火案瞒报死亡人数、医院死婴案、城市蚁族人群、杀警案、冤假错案、卖肾黑市等。整部小说中还出现两会上访受阻变成公款旅游、妇女列车上产子、豪车超速撞人逃逸、山寨 iPhone 手机、毒大米等我们常见到的新闻事件。小说的故事叙述几乎全部由新闻事件构成，主人公杨飞在七天里不断地亲历、回忆、见证、转述大大小小的新闻。余华作为代表着中国当代文学创作最高水平的作家之一，他的"加盟"新闻化写作，甚至具有特殊的意义。

（3）新闻元素的加工与整合

在将新闻事件和小说素材结合起来写作的方法之外，大众文学的新闻化印记还体现在对新鲜的新闻元素的加工与整合上。这种加工与整合或是依托于现代数字媒介酝酿出新的文体形式，或是为小说文本营造全新的时空话语，或是用流行度极高的网络语言，为小说明确受众的范围。它强调时效性和刺激性，在出版之后的一段时间内能引人注目，但却会随着其他流行因素的取代而逐渐失去生命力。在新闻元素加工与整合的书写法则下，大众文学作品既使用新闻，也创造新闻。从文体上来看，微博文学、手机文学、微信文学等新的文学在不断拓展自己的版图，极可能改变畅销文学作品的面貌，使得以短小精悍、快速阅读为审美指向的小小说、文学段子成为读者的新宠。Wattpad 是国外著名的社群网络写作平台，国内已经出现"知乎"系列图书等以社群网络平台为组稿资源的出版图书，但是在大众文学出版领域方兴未艾，但个别的尝试一直都在进行，例如 2011 年出版的《围脖时期的爱情》①。在时空话语上，顾漫的《微微一笑很倾城》以借网游空间讲纯爱故事的大胆尝试，开创了网游小说的先河，一时间成为社会瞩目的焦点和大众文学出版的创新模式，带动了同类作品出版的高峰。据出版方悦读纪的统计，该书的首印量为 20 万册，实际销量则在 30 万册至 50 万册之间，在 2009 年的文学畅销书市场中占据了一席之地。从产生的背景来看，这类网游小说毫无疑问是数字时代网络游戏和虚拟空间流行之余的产物，可看作文学对新媒体的一种回应，尽管时尚化的写作往往会招致批评，但

---

① 《围脖时期的爱情》由闻华舰创作，每小节的字数严格控制在 140 字以内，首发于微博。

新鲜的题材和刺激的写作以及异想世界的建构,都迎合了相当一部分年轻的读者。

在文学语言的表达和内容的排列组合上,网络文学的新闻元素的整合与加工痕迹最为明显。在分析台湾网络小说风靡的现状时,有学者指出:大量的对白是网络作品很大的特色,不时地在对白还会出现年轻世代的流行用语,充分反映了年轻族群所处的时代背景。这些小说的主题、内容、叙事手法都直指学生有限的视野与主流的阅读习惯。① 文学的网络写作创造了独特的文学语言,它预设了目标读者群,是以分享和互动为前提的,跳出了传统写作指向内心的创作路径。传统作家从写作本身中获得的满足,如今很大一部分也要被技术和写作软件升级所获取的快感代替。写作这项活动承载的情感体验有了多层次的表达。而在数字化的世界里,文学的呈现形式也不再是线性、单一的,当前的网络文学仍可以将其视为传统出版物的平移,数字媒介对文本本身的影响和改变还不显著。而超文本是数字时代最重要的文学存在形式,依靠点击来完成阅读,从广义上来看,一切发布在网络上的文本都是超文本。它固然为读者提供了与作品相关的一切信息(例如作者信息、评论信息、附录信息),有效地延伸了作品的宽度与深度,但在融合文字、图像、声音、视频等多种媒介上还处在浅层的尝试上。当然这也受制于技术条件,在当前还不能够进行较大范围的推广。而超文本作品的存在,是离不开网络平台的,没有了超链接技术,信息和媒介之间的切换就无从谈起,也就是说它无法纳入线下出版的范畴中。也因此,超文本的写作会让作家转移作品发布的阵地,从线下全面转到线上,这已初见端倪。

(4)新闻化书写的反思

新闻化的书写可以为作品带来直接的销售增加,但是文学毕竟不同于新闻,新闻和新闻化书写的过度"植入",也会造成文学作品审美与价值上的局限。进入数字媒体时代,传媒自身的力量得到加强,在文学生产过程中的影响逐步扩大,"传媒以文学的原生意义为基础,对文学产品中存在的、可能存在和可被虚拟化存在的,进行重生式、合乎传媒目的性的复数生产,它昭显了传媒对文学

---

① 陈秀贞:《台湾网络小说之文学社会学考察——生产、传播、消费与社群的相互关联》,《网络社会学通讯》第 70 期。

的可塑性、话语权力及自身主体性"①。甚至有研究者将现代传媒纳入文学活动的要素之中，将原有的艾布拉姆斯首创的"四要素"发展成了"五要素"。② 与前一时期不同的是，数字媒体相比于传统媒体，对文学带来不小的负面效应，威胁到当下文学的生存地位。也有研究者将当代文学的尴尬境遇归咎于大众传媒，直言"现代传媒的发展和多元化，特别是与科技手段相关的消费文化的兴起，是文学不断走向式微的原因和条件"③。在文学产业化、文化工业化的消费时代，传媒对文学的渗透效应全面化，大众文学出版物中的传媒化特质也愈加明显地表现出来。从积极的因素上讲，传媒在带给作家"影响的焦虑"的同时，也赋予了他们新的机会和另一种文学写作尝试。这在新一代作家身上体现得尤为明显，正是他们的积极推动和不断尝试，使得数字化媒介语境下的大众文学有了丰富的表达形式，媒介与文学的结合也就有了更为普遍的实践。

　　融新闻于文学的做法虽然是一种有益的尝试，但它毕竟不是用于报告文学、纪实文学和新闻文学的写作，会加速作家想象力和创作力的枯竭，即使是直面现实的需要，也未必太过于倚重生活经验本身而更加模糊了文学与新闻以及其他传媒手段之间的界限。新闻素材在文本中所起到的作用是增加信息量、引起读者的注意，形式价值大过意义，还是成为小说反映现实的一个推手，来体现作家和作品的社会关怀，是至关重要的。一些畅销的文学作品不能很好地做到适度采用，也会产生负面的影响。小说《第七天》推出后虽然迅速引发热销，但也遭受了不少的批评。其不论是医患纠纷、市民与警察之间的冲突还是卖肾等话题，都直接影射了当下的新闻现实。网友评论说"书里的一半内容完全是今年的微博热点"，使得书中的新闻事件显得比小说本身更引人注目。从评论家和读者的反响来看，余华这次的新闻"植入"并不很讨喜，小说的畅销很大程度上也源于余华本人的市场号召力。评论家雷达认为这是作家为小说文本增加阅读意义的一种方式，"社会新闻与小说叙事元素过于快速、直接的黏合，既是作家缺乏直接连接地气的、可持续资源的一种表现，又是作家不得不将叙事焦

---

　　① 李志艳：《文学主体性与边界：当代文学生产的"传媒化"病症研究》，《浙江社会科学》2011 年第 10 期。

　　② 单小曦：《现代传媒：文学活动的第五要素》，《文艺报》2007 年 3 月 29 日 03 版。

　　③ 孟繁华：《新世纪：文学经典的终结》，《文艺争鸣》2005 年第 5 期。

点对准普通读者所关注的热点话题的一种叙事动机"①。由此可见,这种将新闻元素植入小说的写法,在近几年的大众文学写作中已经有不少的个案,确实像《第七天》那样饱受质疑却销量斐然。在一味追求销量之外,大众文学作品在创作与出版时应当注意到,文学文本对当下现实的反映和批判,也越发显得浅层化和表面化。如果不能将现实的元素以艺术性的表达方式进行呈现,那么在追求阅读性的同时,文本自身的艺术感染力不可避免地会有所降低。毕竟《第七天》的巨大关注度一定程度上源于作家余华既有的个人影响力,换在一般"草根"网络文学作家身上,多半是无人问津的。

二、娱乐化书写

娱乐化书写是"草根"作家将大众文学作品快速而有效地打入读者市场的又一个重要途径,它通过视觉、猎奇、世俗、游戏等方式,为读者创造阅读的"快感"。与关注社会问题、反映民间疾苦,或是追求文学自由和人性深度的那类严肃主题文学不同,市场经济环境下,数字化时代的大众文学,很多都本着轻松休闲、娱乐大众的目的被创作出来。正如古罗马诗人贺拉斯主张诗歌"寓教于乐"的观点那样,文学艺术的娱乐性功能尽管在中国文学的历史上长期被忽视,但也少有人否认其存在的合理性。在经济快速发展、工作节奏不断加快的今天,人们越来越感受到来自生活的巨大压力,亟须各种解压方式,因此休闲娱乐的文学作品广受欢迎。网络文学的兴起,与其内容和文风的直白易懂、节奏轻快有很大程度的关联。读者通过类型各异的网络文学达到消遣娱乐的目的,或是冒险升仙,或是情爱探秘,而不需要接触沉重的话题。

(1)侧重作品的视觉快感

眼球经济时代中,图像成为内容传播的主要介质,"根本上说世界成为图像"②。大众文学喜欢利用镜头语言,直接将故事推到读者面前,尽量减少读者从文字阅读到画面想象和理解的距离,降低读者阅读的难度,增强阅读的视觉快感和影像体验,提高作品转化为剧本搬上荧幕的可操作性。语言与图像并非

---

① 雷达:《对现实发言的努力及其问题》,《人民日报》2014年1月21日14版。
② 孙周兴选编:《海德格尔选集(下卷)》,上海:上海三联书店1996年版,第899页。

决然对立，语言符号向图像符号的转化需要借助影视化手段，增强作品的画面感。李碧华的小说基本直接服务于电影，她非常擅用镜头语言讲故事，小说转化为电影剧本几乎零障碍。她注重小说结构的起承转合，强调写作语言的视觉造型，多采用简短的句子、生活化的意象、鲜明的色彩描述画面，现场感明显。在人物塑造上，她经常用细腻的空间场景叙事为人物出场铺垫，注重人物服装、表情的细节展示，通过简明个性的语言、具体的动作揭示人物的心理情感。而在场景转换上，借用蒙太奇的表现方式完成情节的时空转化，例如《生死桥》中志高的一个梦完成七年的时间推移，抑或《秦俑》中的一场雪跨越了古今历史长河，既能够使得行文过渡更为自然，又增添了时代变迁的沧桑之感。那靠回忆的节奏、情感的勃发、意象的流转串联起来的文本，因为叙述者看似漫不经心的姿态显得如流水般穿梭自如、起伏回环，充满诗一样的韵律和张力。不同类型的大众文学，在视觉快感的表达上，也呈现着不同的方式。都市书写为读者提供了一种作为他者的"偷窥"之快感。对两性隐秘的性爱体验的描写、对权钱交易的腐败现实的揭露、对光鲜外表下不堪入目的丑陋的撕裂等等，都为读者撕开了一条窥探灯红酒绿的都市生活中不为人知的黑暗的缝隙，满足了读者的猎奇之心，而文字阅读的私人性又增强了窥探的私密感。慕容雪村的作品多将笔触伸向生活重压下的权色诱惑、人性异化、权钱交易，对于大众熟悉又陌生的职场领域的黑暗揭露，更让读者充满新鲜感。《原谅我红尘颠倒》借着一场红尘大梦将司法界的腐朽糜烂、黑白颠倒、人格堕落极尽叙事之能事，人的身体沦为谋利的工具。虽有堆砌黑暗、刻意丑化的嫌疑，但并不影响作品的畅销，反能推波助澜。对于侦探小说而言，视觉快感主要来自读者视角的有限性。作者为了吊足读者胃口，使用限知视角，不断"抖包袱"，一步一景，读者为了一探究竟只能跟随着主人公的脚步，层层剥开迷雾寻找答案。海岩的侦探小说铺就了一条类型化的写作路子，即在公安追拿犯罪嫌疑人的常规模式中，引入自我牺牲与爱情承诺、事业与家庭等纠缠，使悬疑与感动并存。丁墨的《他来了，请闭眼》则在海岩模式基础上借用柯南·道尔的写作套路，在犯罪心理学家薄靳言、合作搭档傅子遇、亲密爱人简瑶三人之间展开与高智商犯罪分子的紧密周旋。其中不乏诡异恐怖的杀人镜头、鲜血淋漓的自杀场面、专业严谨的犯罪推理、神秘精准的微表情分析，让读者一直保持着高度紧张和恐惧兴奋的情绪。

（2）追求内容的猎奇另类

猎奇与另类，是娱乐化书写中常用的手段，高明的作者总是能够从平凡生活中发现不平凡，并借此打造大众文学出版营销热点。20世纪90年代移民到美国的严歌苓，原有文化身份的断裂和新文化身份的接续，使她成为"他者"语境下的大众文学高产作家。东方伦理面对西方伦理时的隔阂，以及西方社会对于东方文明的神秘想象，种种文化裂层为严歌苓的小说提供了异常丰富的叙事空间。她的写作十分具有距离感，跻身美国社会的同时把目光投向遥远的中国，把更多的笔墨给予了那些身处社会主流文化边缘的群体，在对非常态伦理的关注中承载了关于普世性价值的追问。

弗洛伊德认为，童年时期的恋母或恋父情结很可能激发潜意识层面的"性倒错"，选择同性作为自己的爱人。而严歌苓以为，非正常行为同样来自"非常环境"，在非常态环境下，"所有行为都折射出人格最深处不可看透的秘密"①。《白蛇》是一部颇值得玩味的小说。小说以"白蛇"为题，但并不是讲述白蛇神话，与这个民间故事相关的元素在小说中出现得十分吝啬，它仅仅是孙丽坤出演白蛇的一则戏剧，直到故事结束，这部戏也没有上演。② 徐群珊年少时对孙丽坤的爱慕，"诱导"她成年后化妆成男性对孙丽坤进行追求。徐群珊还原女性性别身份后，孙丽坤竟默认了她们的同性恋关系。吊诡的是，最后两人并没有在一起。结尾处孙丽坤送给徐群珊一个玉雕：白蛇与青蛇怒斥许仙。严歌苓此处安排青蛇出场，为文本带来诸多深意：青蛇一直以来是隐藏于文本中的形象，青蛇从一开始就在爱着白蛇，她成全了白蛇对许仙的感情，并以化身为女性的方式与白蛇相伴终身。这让对白蛇传说谙熟于心的读者意想不到。但徐群珊和孙丽坤是否是真正的同性恋？"她们之间从没摆脱一种轻微恶心，即使在最亲密的时刻。"③两者的同性恋情或许是在缺乏正常的人性温暖和关怀的情况下产生的情感异化，一旦回归正常生活，她们便不由自主地想要纠正这种非常态关系，这种"恶心"感也可能是源于社会正常伦理对非常态伦理的拒绝。在模

---

① 严歌苓：《波西米亚楼》，西安：陕西师范大学出版社2009年版，第117页。

② 陈思和：《严歌苓从精致走向大气》，庄园编：《女作家严歌苓研究》，汕头：汕头大学出版社2006年版，第26页。

③ 严歌苓：《严歌苓自选集》，济南：山东文艺出版社2006年版，第111页。

糊性叙事中,严歌苓为小说营造了无限的想象空间。

对于同性恋题材写作,严歌苓并不为写性而写性,不以"性"为噱头吸引读者。她始终保持着笔下的节制,注重一种性的氛围的呈现,正如她在《性与文学》中引用的一位美国女作家的话:"我希望我自己能写出性的氛围、气味、质感、触觉。"以氛围的营造,在动人心灵的场面描写中还原人性的真实,成为严歌苓非常态伦理表达的最终走向。对于徐群珊抚摸孙丽坤,严歌苓这样写道:"徐群珊清凉的手指把她整个人体当成细薄的瓷器来抚摸。指尖的轻侮和烦躁没了。每个椭圆剔透的指甲仔细地掠过她的肌肤,生怕从她绢一样的质地上钩出丝头。"[①]精妙的比喻、唯美的语言让性行为本身褪去了欲望和浮躁,在诗意的呈现中解放了伦理束缚,在直面人之本性的同时获得对性自由的尊重。

网络文学的草根性、自由性极大地解放了作者的想象力,古怪另类的题材内容不断涌现,如盗墓类小说《鬼吹灯》《盗墓笔记》,将离奇的事件、可怖的传说安放在漆黑阴森的地下古墓中。高潮迭起的情节、亦真亦假的历史故事、扑朔迷离的线索加深了阅读的刺激感,使小说超越了俗常的人间之事,获得了想象的腾飞。历史穿越小说的畅销也是基于读者的猎奇心态,借穿越的荒诞,以历史为名,讲述现代人的迷惘纠葛。它将历史架空,对历史人物与事件进行创造性的改写与编造。历史被解构为一堆可以任意拼贴的符号,现代社会的游戏规则、现代人的思想观念被带入古代。爱情、权利、智慧、美貌等现实中失落的东西都可以在穿越后得到,满足了人们让时光倒流、命运改变的期待。桐华的穿越小说《步步惊心》于 2005 年发表在晋江文学网站,很快浏览点击量破亿,并分别由民族出版社、花山文艺出版社、湖南文艺出版社出版。无论是图书销量还是电视剧收视率,皆有可观的成绩。

(3)强调主题的世俗特性

大众文学的创作主题始终紧贴着大众生活,脱离不了人情伦常的世俗社会,这是娱乐化书写的又一重要表现。但也正是因为这份世俗性,为读者带来一份珍贵的亲近感,产生这既是"我"的生活,又并非"我"的生活,却是"我"想象中的生活的心理期待。在现代都市社会中,传统道德伦理面临断层,而新都市

① 严歌苓:《严歌苓自选集》,济南:山东文艺出版社 2006 年版,第 102 页。

伦理日渐显现出影响力。在性爱观念方面，人们一方面向往灵肉合一的爱情，另一方面又在利益至上、身体至上还是情感至上之间做着选择题；一方面背叛传统道德伦理，另一方面又不断用新的伦常规范来为自己正名。《蜗居》中的海藻对宋思明的爱很难说没有"拜金主义"倾向。海藻用某种联系回应宋思明的爱，期望通过这种联系掩盖与宋思明感情中的物质因素，以说服自己真正爱的是宋思明，但又无法放弃小贝，明确对宋思明说："我爱小贝。"两份感情在海藻这里产生裂变。深陷都市欲望旋涡的人们往往身不由己，这便是最真实的世俗生活。出版商也巧妙地迎合读者阅读心理，在《蜗居》的腰封上写道："人生几件事：家事婚事儿女事；心中几许情：亲情爱情不了情。"

慕容雪村的小说彻底地世俗化，以主人公低到尘埃中的姿态反衬物欲横流中高尚人格、公平公正的不可求，带给人一种深层的绝望感。《原谅我红尘颠倒》的编辑推荐语如是说："一部关于堕落与救赎的江湖秘史。"出版商所看中的正是风平浪静的红尘之下的癫狂人生带给读者的心理冲击。与慕容雪村相反，阎真于的《沧浪之水》则在世俗中试图保留一份传统知识分子的精神气节。小说讲述的是一位刚毕业的研究生池大为如何在波谲云诡的官场中经历成长的阵痛，如何从不谙世事的学生一步步与世俗妥协。但小说并未止步于此，在这场迫不得已的蜕变过程中，池大为始终逃离不了心灵的拷问。当最后他反腐有功、在官场如鱼得水时，他感觉到在精神上、灵魂上缺失了些什么，但却无可奈何也无能为力。渔父对屈原说："圣人不凝滞于物，而能与世推移。"沧浪之水时清时浊，做人似乎也应随波逐流、与世沉浮。但古代传统士大夫敬屈原而轻渔父，敬的是其气节与风骨。可在现代社会中，品性过于刚正者反容易被淘汰，人们处处尊崇厚黑之道与拜物之学，迷失了精神信仰与做人之根本。阎真于没有为知识分子的矛盾寻找到答案，他在批判人性异化、精神沉沦、价值失衡的同时，更多的是对知识分子困境的理解、同情与反思。

即使是面对历史题材写作，作者也会尽力把历史大众化，从庙堂之上拉回民间世界，与读者的日常生活接轨，既尊重史实，又适当添加野史传说，在通俗化的讲述中将历史重新铺展，在描述风云变幻的时代大事时同样关注琐碎的世俗生活。二月河的"帝王系列"、熊召政的《张居正》等皆以人物刻画为主，用一种平民化的视角来看待历史，还原人物的日常生活场景、琐碎细节、喜怒哀乐，给予读者一定的代入感。

（4）重视作品的游戏功能

娱乐化的书写，还表现在将文学视为一种游戏，过程与结果都可以是游戏的一部分。康德将文学艺术的本质看作游戏；席勒认为，在人的"感性冲动"与"形式冲动"之外，还有"游戏冲动"。人的自由在本质上体现为游戏的自由，"只有当人在充分意义上是人的时候，他才游戏；只有当人游戏的时候，他才是完整的人"①。

游戏既是人性之本能，又与文学密不可分。如果说纯文学更像是作者一个人的文学游戏，那么大众文学则是集体的游戏狂欢。大众文学的读者定位是普通市民阶层，他们最关心的是柴米油盐的世俗生活。他们的阅读也更多的是为了在繁忙的生活之余放松头脑、愉悦身心，文学只是生活轨迹之外的心理慰藉品，不需要承载太多的哲学与人性思考。顾漫的都市言情小说《杉杉来吃》《何以笙箫默》延续着霸道总裁爱上灰姑娘的传统模式，语言浅显易懂，内容通俗有趣。因此，大众文学的游戏书写建立在公平地给予每一个读者轻松愉悦的基础上。对于作者，也同样是抱着一种消解严肃与崇高的娱乐精神。文学既有载道功能，又有审美功能。然而在市场经济影响下，意识形态话语隐退，文学被祛魅并解码为无精神深度的符号，载道与审美性遭到解构，严肃性被消解，娱乐、游戏功能浮出地表。20世纪90年代以来，以王朔的"痞子文学"为代表，何顿、朱文等新生代作家，高举着"玩文学"的旗帜，将文学的游戏娱乐性发挥到极致。他们用玩世不恭的心态把弄文学，否定崇高，倡导快乐崇拜，在嬉笑怒骂之中消解一切价值规范。

戏仿是大众文学中常见的一种文学游戏，其依托于经典文学的荫蔽。正因为有了经典文学独一无二的个人标签和价值，戏仿的趣味性才会增加。互联网为戏仿文学快速发展提供了契机，依托互联网的自由精神，人们敢于发声，敢于向主流文学、传统经典发起挑战。如李冯乐《我作为英雄武松的生活片段》解构了武松的英雄形象，借武松之口表达自己对于当英雄的厌恶。对戏仿的喜爱潜意识中表露的是对正统的厌倦以及对冲破规范束缚的渴望，以反叛主流的姿势

① ［德］席勒，徐恒醇译：《美育书简》，北京：中国文联出版公司1984年版，第90页。

构建自己的语义场,颠覆崇高、稀释经典。这场网络的狂欢背后隐含的是主流文化如何与大众文化对话的问题。

更加具有网络文学游戏气质的是协同写作,或称为接龙写作。"乐唯网"是我国首个以协同创作为主题的创作平台,以小说接龙、故事接龙为主,包括奇幻小说、悬疑小说、武侠小说等15个接龙主题。先由一人起头,他人接龙续写,参与写作的人既可以按照自己的想法决定情节走向,加入新的人物,又需要兼顾他人的创作逻辑,不能太偏离轨道。2016年春节来临之际,新媒体《不存在的日报》联手12位科幻写作大家,从2月4日起每日为读者提供一篇以节日为主题的科幻故事。这12篇故事又都以共同的背景串联起来,即2050年外星文明与地球碰撞,外星人到地球考察。这12位作家中,就有畅销书《三体》的作者刘慈欣。

娱乐化的书写方式尽管看起来远离了纯文学的主题,难以保持主流"载道"与精英意识,但作为大众文学出版的一部分,它毕竟契合了部分读者的审美需求,也受到读者的接受,生存至今。世俗不等于低俗,猎奇不等于猎畸,只要把握好度,适度地采用娱乐化书写,对于大众文学出版来说不失为一种选择。

三、影视化书写

当下的大众文学作品中越来越多地出现影视的相关元素,甚至文学作品在阅读时仿佛有观看影视的体验,这种将小说文字写出影视画面感觉的书写方式就是影视化书写。影视化的书写方式并非现在出现,20世纪40年代,张爱玲的小说就表现出很强的影视化气息,成为她个人独特的写作风格。而在此后的很长一段时间内,影视化的书写方式并没有成为文学书写的主流,直到新时期电影和电视剧艺术的突飞猛进,影视化的书写方式才普遍受到文学创作者的重视与运用。究其原因,一方面在于影视语言在被广泛接受中,影响到作者的写作思维,逐渐渗入小说语言之中;另一方面,影视对市场的超强捕捉力,鼓舞着大众文学的作者们以此获得更多的读者。同时,日益增多的小说改编为影视的情形,也在暗中刺激着作者们在小说构思之初便为后来的影视改编铺开道路。

(1)比较小说语言与影视语言

一般来说,小说和影视采用不同的"叙述语言",它们是两种截然不同的艺术表达方式。小说是语言的艺术、文字的艺术,由单纯的表意文字刺激阅读者的大脑,在脑海中形成具有意义的形象。"阅读的过程至少需要两个阶段:'看到'文字,并根据所得知的资讯来'考量'它。"[①]从生理层面上来说,阅读的过程是黑色的印刷符号以不同的排列组合方式,通过视觉感触呈现在人的大脑之中,而大脑的某些部分所要完成的工作即是对这串符号密码进行解码。"语言符号刺激着读者的大脑,读者则迅速地把语言词汇化为一个个心理表象,并进行积极的分解和重组从而形成新的表象,在脑海中形成一种形象感。"[②]文字符号组成的密码需要在大脑中解码两次,第一次是对单个的文字符号解码,将单个出现的文字符号与保存在记忆中的"字典"比较。再是这些字符在特定的排列组合之下所产生的特殊意义,由此唤起读者的记忆,引发读者的联想,形成具体鲜活的形象。正如我们看到"钢琴"二字,首先是认读"钢"字与"琴"字,接着大脑将这二字组合而成的词语"钢琴"与记忆匹配,分析出是某种西洋乐器的概念,最后才引发我们的联想,唤起我们的经验中对钢琴这一事物的印象。如果是"飞天的钢琴","钢琴""飞翔""天空"的形象会在脑中补配,完成对文字符号的意象想象。因此文字阅读即小说语言,是一种间接的感官语言,它一重又一重的解码过程必然导致信息的"损耗"和一定程度的"误解",并且随着知识结构、教育水平和性格经历等因素的不同,词汇比对、记忆唤起与想象的结果也因人而异。作者所希望表达的内容在文字的传输过程中,往往到读者的大脑中时已是天上地下。阅读的这种对文字符号解码带来的结果一方面是文字意义的不确定性、多义性、暧昧性,对抽象事物(如逻辑推理、意境氛围)表达的天然优势,另一方面自然而然地也造成了阅读接受的困难,不仅仅表现在文化背景的制约,从文字符号映射在脑海中再进行对符号的多重解码(匹配和想象),这一过程本身便可以引起大脑的疲倦。这就是为什么书本阅读往往需要安静与专注,我们无法将黑色油印的文字符号直接化作记忆的一部分,虽然"死记硬背"也是背诵的一种方式,但没有经过解码的文字符号可以说毫无意义。

影视则截然相反,影视是纯粹视觉的语言、画面的语言、镜头的语言,图像、声音、音乐等可感元素均是影视语言的一部分,4D、5D影视技术的出现更说明

---

① 　[加]阿尔维托·曼古埃尔,吴昌杰译:《阅读史》,北京:商务印书馆2002年版,第43页。
② 　张冲:《文本与视觉的互动》,上海:复旦大学出版社2010年版,第120页。

了影视语言向人类全感官"进军"以达到真正的身临其境效果的"野心"。影视中的镜头画面通过人的眼睛直接映射在大脑中,此时与文字符号必须进行解码不同,观众既可以对画面直接感受,也可以像解码文字符号那样,调动自己的知识与经验对画面镜头进行意义解读和联想。也就是说,与未解码的文字符号不同,影视画面只要呈现在观众的大脑中,其本身便具有一定的意义价值。解码影视画面的过程与文字符号正好相反,从文字符号到形象靠的是联想,而从形象到概念靠的是辨识,即把画面中的形象与经验中的抽象事物相关联。这种抽象事物的认知能够在不借助文字符号的情形下发生,因此文字解码与画面辨识并非两个相反相对的过程,后者对于人类的感官和记忆而言更为直接。当我们看到影视画面中出现一架钢琴样的物体时,我们可以直接将之辨识为我们经验记忆中同样也是钢琴样物体的知识概念,它是具体形象的,并非必须冠以抽象的"钢琴"二字。当我们辨识出画面中的物体是我们平常所见过的钢琴状的某种物体时,该物体的琴键、琴弦也许早于那"钢琴"二字出现。文字层面上的钢琴可以是汉字"钢琴",也可以是英文"piano",可以是德语"Klavier",可以是日语"ピアノ"等,操着不同语言的读者不一定能够认出由其他民族语言写成的"钢琴"二字,但是他们却一定能在看到画面中的钢琴状物体时,与记忆经验中的钢琴概念相匹配;甚至能够假想,没有学习过任何语言的野蛮人,当他第二次见到影视画面中的钢琴时,会唤起第一次见到这样物体时的记忆,明白"此物便是彼物类"。要呈现"飞天的钢琴"则会直接让观众看到钢琴在天空中飞,只要观众能够辨识出那是钢琴即可。因此比起必须解码的小说文字,影视的镜头画面在被接收时,受众显然要"轻易"得多,所以在生活中我们常常看到彻夜观看影视连续剧的人,而少见拿着书本挑灯夜读的人。同时,从上文的论述出发,文字符号呈现在脑海中本身也是一种画面,然而是一种仅以黑白出现的单调的画面。阅读文字产生的疲倦一定程度上也来源于这种黑与白的单调产生的枯燥,五彩斑斓的影视画面毫无疑问要有趣得多,这种有趣大大地消解了观看时可能存在的疲倦。

声音也是影视语言的组成部分,既可以刺激耳朵这一感官,也可以跨越文化背景的差异。画面与声音配合产生的影视的高潮刺激观众的感官,帮助他们集中精神,告诉他们:"高潮来了!"文字符号却是一成不变的,读者必须紧跟文字剧情的发展，不断进行着解码与思考，才能体会高潮的来临。

（2）影视语言渗入小说语言

尽管小说语言和影视语言是两种各具特色的语言方式，但是进入 20 世纪后，影视语言向小说语言的扩张性渗入却是不容置喙的事实，"影视同期书"就是产生于大众文学出版环境中典型的影视话语进入小说语言的产物。

影像媒介指的是电影、电视、计算机等电子媒介，它们以图像、声音为主要传播内容，已经深入影响到社会政治、经济、文化、生活的方方面面。影像媒介不仅仅是一种认识工具，大规模专业的传播从业人员为影像媒介的运作提供内容与技术支持，这是一个完整的产业。美国学者丹尼尔·贝尔认为，广播、电影、电视等电子传媒引起的通信技术革命，和交通运输工具革命一道促成了大众社会的形成和大众文化的出现，视觉文化也正是大众文化最重要的性质，而不是维持了千年的印刷文化。与抽象的文字理解不同，影像是直接的、可视的。即便不受到大脑的任何加工，图片依然具有意义，它能够直接刺激人的感觉神经放大人的感性体验。如果把人对影视的接受看作一种语言在表达意义，影像接收的特点也是影像语言的内在规律，突出表现在视觉冲击、空间转换、叙事情节等方面。

影像语言与小说语言并不是截然不融的，影视作品借鉴文学艺术的表现手法屡见不鲜，文学创作者也积极地吸收影像语言的特征以丰富自己。现代女作家张爱玲曾参与过不少电影的编剧工作，她的小说作品已经被许多研究者认为充满影像语言风格，例如蒙太奇、场景化等。但是影像语言与小说语言相互借鉴的平衡却在逐渐丧失，一个明显的趋势是：在视觉文化环境下成长的作者，面对受众对影视热衷而对文学冷漠的现实，愈发自觉地在自己的文学创作中加入影像语言的因素。这种从思维到表达的大规模迁移，把文学固有的小说语言特质"逼上了墙角"。文学越来越像影视的描述，影像语言对小说语言的渗入是扩张性的。所以 2000 年美国著名学者 J. 希利斯·米勒在"文学理论的未来：中国与世界"的国际学术研讨会上题为《全球化时代的文学研究还会继续存在吗？》的发言，特别谈到了电影、电视、电话和国际互联网这些电信技术对文学、哲学等的影响。

影像语言对小说语言的渗入，同样是影像语言对消费者审美心理的重构，不仅小说的创作者习惯于用影像语言写作,消费者们也形成对影像的审美偏好。王一川认为影像语言为大众审美带来的是"视觉凸现性美学"特征:"那种视觉画面及其愉悦效果凸现于事物再现和情感表现意图之上从而体现独立审美价值的美学观念,即是视觉镜头的力量和效果远远超出事物刻画和情感表现需要而体现自主性的美学观。"①这种以视觉愉悦性为目的的影像语言扩张,对消费者的文学审美与需求判断产生引导,读者认为有着影像语言的特质——画面强烈震撼、场景快速切换、情节离奇曲折——的小说,才是好的小说。人们更愿意接受直接的意义表达,拒绝文学文字艰涩的思考,于是用影像语言写成的小说迅速充斥了文学出版市场,那些无视文字从影视到小说转化却依然畅销的"剧本小说"便是好的证明。

(3)影视化书写与文学创作独立性

用影视化书写方式写就的作品,不管是形式还是内容,都毫不掩饰地与影视因素挂钩。影视虽然一定程度上能给大众文学带来热度,但是如果一味向影视倾倒,把文学作品变成"影视的文字说明",反过来损害的是文学自身的品质。一方面,图书本应当是以文字为主要内容的出版物,而许多受到影视影响的图书充斥视觉冲击感强的图片,却少有文字。湖南卫视在推出电视选秀节目"超级女声"时,其相关衍生图书也纷纷出现在市场上,这些图书在书店通常有着醒目的海报。包括《我为"超女"狂》《超级女声宝典》《超级女声系列写真》等近7种影视同期书,内容大多是以现场图片、人物写真组成,视觉冲击强烈而真正文字的部分匮乏。但依然有许多读者仅仅因为对偶像的喜爱便将所有衍生图书收入囊中。另一方面,在图书出版的增长点从文字转向图片的同时,文学写作中的影视化书写特质也越来越泛滥。文学创作的主题变得大众化、通俗化,人物类型化、定型化,情节公式化、类同化,几乎每一部小说都在运用蒙太奇拼接、场景描写、声光影互动等影视手法。余华在《第七天》之前创作出版的长篇小说《兄弟》,包含了大量刺激、荒诞、吸引眼球的元素,甚至出现了"处女膜选秀"的内容,尽管评论界对此一片质疑,《兄弟》的市场销量却相当可观。"大众文化的类像化造就了大众审美趣味的感性化,使人们更倾向于追求直观的享受与感

① 王一川:《全球化时代的中国视觉流》,《电影艺术》2003年第2期。

受，传统的阅读心理与习惯被颠覆。"①

正是这种缺乏独立性而收益颇丰的文学创作方式，使不少作家失去了对作品文学价值的追求。作为电影或电视剧的"文字补充"而创作出的大众文学作品，纯然地追求商业利益成了不少作家创作它们的心理姿态。他们根本不把这一类图书视作一部精心构思叙述的文学作品，而只是一件用文字组织的商品，完全不顾影视语言与小说语言之间的巨大差异，丝毫不考虑二者在技巧上的转换，以为把影视作品中的台词、场景照搬全抄下来就可以成为畅销书。其结果是这些用影视化语言写就的大众文学作品，变成"小说不像小说，剧本不像剧本的'四不像'书籍，很少有文学价值和可读性可言"②。

（4）"失独"的影视化小说《手机》

小说《手机》因过于迁就影视化的书写方式，失去了文学创作应有的独立性，成为典型的"失独"小说。在它身上显露出的不足与弊端，是大众文学作者在试图用影视化的书写方式增加作品接受度之时，应当思考的问题。

小说《手机》的作者刘震云，既非网络文学作家，也非青春文学作家，而是曾在严肃文学领域发表过重要作品的传统作家，他的一些用影视化书写方式创作的小说，是当代中国文学受到影视语言影响的典型代表。尽管刘震云本人一再表示："很多人都觉得文学改成影视，文本的价值就降低了，这是特别糊涂的……这就像家里有个萝卜，一直是生拌吃，突然有人说可以炸丸子，就这样做了。这跟我的创作没关系，跟生活有关系。萝卜多卖一道，让人去炸丸子，可多得一点散碎银两，补贴家用。我说这个前提是，我是一个自由作者，我是以写作为生的，这是我跟'专业作家'的区别。'专业作家'月月有工资，在下没有；我没有因为这个职业，拿过纳税人一分钱。生活不至于狼狈，才可以更好地写作呀。正因为此，我在这方面没有道德负担。"③但是小说《手机》无论是从书名、主题到章间结构、章内结构再到语言风格所体现的文本特质无不契合着影视化的表达，也是"为电影"的，特别是作为电影主要故事和小说主体的第二章。手机是

---

①　薛月兵：《"影视同期书"现象的冷思考》，《沧桑》2008 年第 2 期。

②　张文红：《"结盟"中的凯旋与失意——从 90 年代作家"触电"和"影视同期书"现象谈起》，《文艺评论》2004 年第 1 期。

③　佚名：《访刘震云："我知道我笨，这是我聪明的地方"》，《南方都市报》2007 年 11 月 12 日。

自 BP 机、大哥大之后的新型通信工具,以"手机"为名本身就十分新颖。但是就小说的第一章和第三章来看,与手机并无直接关联,第一章提及的通信工具是固定电话,第三章是口信,仅仅第二章是围绕手机发生的故事。刘震云与记者的对话道出了书名为"手机"的目的。

记者:为什么小说书名是《手机》却讲了两个和手机没有任何瓜葛的故事?

刘震云:其实如果不是冯导的电影后期剪辑已经确定在片头打出"本片改编自小说《手机》",冯导倒是建议我把书名改成《说话》,三个时代的故事都围绕着"话语"这个主体而展开。①

连冯小刚都知道"手机"并非很好的书名,然而不是以"手机"为名便无法契合电影,以同名造势,书名"手机"是文学为了电影而做出的让步。小说借费墨之口说出:"近,太近了,近的人喘不过气来!"②手机挤压了私人空间带来了说谎,带来了人际关系紧张,小说的主题本可以是反思现代化通信工具的弊端,但是从小说最终的呈现来看,绝大多数笔墨还是滑到了男女之事中。刘震云自己也说:"手机是手雷,手机本来是用来沟通的,一旦它使人们变得心怀鬼胎,这时手机就不再是手机,变成了手雷。"③手机中确实"藏了多少不可告人的东西"④,我们本揣测着手机谎言背后的社会阴暗,然而这枚"手雷"炸出的只是婚外关系一方面。严守一与伍月的纠葛因为手机被妻子于文娟发现招致离婚,在和沈雪的恋情中,严守一继续和伍月发生性关系又是因为手机被沈雪发现,遂严与沈分手;大学教授费墨和女研究生约会也是因为手机而被妻子李燕发现。但是小说真正围绕发生的是性,手机仅仅只是工具,严守一觉得只有和伍月发生关系才是"解渴"⑤,这令他先后与于文娟、沈雪分手;费墨与女研究生约会是因为"审美疲劳",也是性;伍月给于文娟弄到工作也是通过与出版社社长发生性关系,还是性。有人借此认为,"大众认可的也许是男欢女爱,是一个男人与几个女人的故事,这样的故事在池莉的笔下已经烂俗,在所谓'身体写作'的新兴人

---

① 李瑛:《先于电影问世　刘震云:小说主体不是手机》,《北京娱乐信报》2003 年 11 月 20 日。
② 刘震云:《手机》,北京:人民文学出版社 2009 年版,第 174 页。
③ 焦薇:《刘震云把〈手机〉当手雷扔》,《京华时报》2003 年 11 月 19 日 A24 版。
④ 刘震云:《手机》,北京:人民文学出版社 2009 年版,第 92 页。
⑤ 刘震云:《手机》,北京:人民文学出版社 2009 年版,第 49 页。

类作家笔下,也早已不新鲜,但这样的故事在刘震云的笔下却大有深意"①并非全然是非难。电影需要吸引观众,剧本/小说"从男欢女爱(小说中是'一个男人三个女人')这一通俗具象入手,便具有了走向大众的先决条件"②,错综复杂的关系是电影迎合大众市场的要素,自然"剧本扩充"而来的小说也呈现这般。

小说的章间结构缺乏合理的连贯性,第一、三章仿佛是一前一后拼接到了第二章上,而非连贯的小说章节。有评论者直言:"你也看不到第二章与第三章之间有什么自然的、有机的内在关联⋯⋯第一章和第三章与小说的主题内容完全处于一种游离状态。"③当然这种说法过于绝对了,三章之间是存在一定关联的:第一章吕桂花给矿上的丈夫牛三斤传话用的是固定电话,第二章严守一利用手机发生非婚性关系,第三章严老有托人给在外的儿子严白孩捎口信,通信方式的变迁是三者的联系。但是这种变化的时间顺序本是"口信→公共电话→手机",如果正叙则符合正常时序;刘震云说过"对于小说来讲,第三部分是最重要的"④,如果倒叙则可以突出"口信"时代。但是小说偏偏是"公共电话→手机→口信"的叙事时序,结合小说的创作目的对此做出的最合理解释是,"公共电话→手机→口信"的结构使第二章"手机"作为整部小说的主体突出,符合"电影改编自小说",即改编的是小说的主要部分。有人认为:"(《手机》)不是《一地鸡毛》的纯现实,而是把现实纳入历史中,从纵向观察,历史是渐渐淡出的现实,现实是隆起。所以,《手机》的结构是山形结构。"⑤这种说法显然过于牵强⑥。此外小说的第二、三章可以单独成篇而不需与另外章节连贯,第二章自不用说,第三章"朱严氏"在刘震云的其他小说集⑦中就以"口信"为名单独收录,这种独立

---

① 郭宝亮:《〈手机〉的"说话"主题及其局限》,《理论与创作》2005年第5期。

② 史晓婧:《话语的狂欢和狂欢的背后——从〈手机〉论刘震云近期小说创作》,《盘水师范高等专科学校学报》2006年第2期。

③ 李建军:《尴尬的跟班与小说的末路——刘震云及其〈手机〉批判》,《小说评论》2004年第2期。

④ 张洁:《刘震云:手机的语速》,《人民论坛》2004年第3期。

⑤ 新浪读书:《刘震云〈手机〉研讨会实录》,2004年1月16日,http://www.anhuinews.com/history/system/2004/01/16/000543954.shtml,访问日期:2015年1月22日。

⑥ 此观点提出者郭宝亮在该研讨会上对《手机》充分赞誉,但他后来又有《〈手机〉的"说话"主题及其局限》一文,因此在研讨会上发言的可信度本身就值得怀疑了。研讨会的主办方正是小说《手机》的出版单位长江文艺出版社,受邀而来的王蒙、雷达、李敬泽、陈晓明、白烨、郭宝亮等所做评述作为可供参考的观点而非全然真实的想法,也是合情合理的。

⑦ 刘震云:《刘震云精选集》,北京:燕山出版社2006年版。

特质侧面印证了章间拼接的特征。在章节内部,特别是第二章,空间地点为标志转换的特质鲜明,空间的置换成为行文的推动力。甚至通常只有表述地点的短语为句置于段首,再展开人物行为。例如在第二章的第十七节,第二段开头只有一句"《有一说一》办公室里外间",第三、四段分别是地点短语的单句"《有一说一》编导们的办公室里"、"今天开大会,在大办公室里"①,随后事件在地点中展开。察看小说第二章整体,"街道办事处—严守一车上—严守一家—有一说一演播室—戏剧学院教室—杨树林—庐山—严守一家—火车上—严守一老家—演播室—电视台会客厅—咖啡厅—纺织厂废弃的厂房……这篇小说空间化的特点无疑为它改编成电影提供了方便,它很好地适应了电影空间场景转换的必然要求",读者在阅读的过程中感受到如若一个电影场景到另一个场景的镜头变换。同时我们又已经知道小说"脱胎"于剧本,因此空间结构、场景化并非"为它改编电影提供方便",而是剧本/小说一开始就是"为电影"的。小说第二章大量出现直白简短的句子很多"简短"到通常只有几个字,且多是不加任何修饰的。甚至没有主语只有谓语的"四字句"随处可见,像是剧本中的人物动作,在对电影拍摄时演员动作进行说明。且看以下三个选段:

(1)"……严守一害怕是伍月打来的,以为他还开着车在外面兜圈呢,于是一边掩饰内心的恐慌,一边从兜里掏出手机,看也不看,故意做出烦恼的样子:谁呀,这么晚了。不管是谁,我都不接了。欲直接关手机。这时于文娟镇定地伸过手:我替你接。"②

(2)"这时严守一的手机又响了。严守一接受前两人的教训,打开手机,看也没看,劈头就说:开会呢! 欲关手机。谁知是伍月打来的,而且人已经来到了电视台门口,正在门口给严守一打电话。"③

(3)"众人又鼓掌,大笑。小苏也笑得弯了腰。严守一索性又拐弯发挥了一下:'我听沈雪说,我们小苏,夜里看学生是有一套,抓住就让她们练俯卧撑。我认为,从今天起,苏老师的工作重心应该转移,夜里看好我们的铁后卫就行了,我可以代劳!'众人又笑了。那个铁后卫新郎麦壮,马上过来与严守一笑着碰

---

① 刘震云:《手机》,北京:人民文学出版社 2009 年版,第 87—88 页。
② 刘震云:《手机》,北京:人民文学出版社 2009 年版,第 62 页。
③ 刘震云:《手机》,北京:人民文学出版社 2009 年版,第 91 页。

杯。严守——饮而尽。"①

选文中的"欲直接关手机""欲关手机""众人又笑了""大家又笑了"，及其他文段中频现的"观众大笑""观众又笑了""严守一接过电话"等大量仅一个动作或人物加动作的短句，犹如剧本"科白"，"叙事语言主语大多被省略，而与动作语言相互连接，看之有如在看电影"②。除"关手机""观众笑"这两个动作反复地重复外，像"严守一愣在那里""沈雪愣在那里""于文娟她哥愣在那里"的反复也屡见不鲜。对白台词化是剧本语言的要求，便于拍摄时演员表演发挥，对小说读者来说又一定程度上更容易读懂了。但是作为语言文字艺术的小说，简单重复的语言令刘震云一贯的"拧巴"特色失去，不能不说是小说《手机》艺术特色的一大缺憾，只会剥夺读者的想象能力。既而一些作家会转变自己的写作方式，以完成媒介与作家共同需要的文学文本。许多研究者对于作家迎合市场的写作方式、媒介话语进入的写法已经有了诸多分析论述：包括互文性、荒诞叙事；强调叙事的故事性，用直白易懂的通俗语言；娱乐性因素幻象、幽默、性、解谜、刺激等；在意义上有时深入但不深奥；影视的视觉性、场景性；语言与图像相融，注重形象性的浅表化、无深度感、平面化；网络聊天话语方式、网络的海量信息特点……都深刻地反映在当代文学创作中，这里不重复论述。在小说《手机》的创作中，这种写法的转变正反映在小说文本对影视的天然契合（第二部分内容），此外黄中顺曾对《手机》和《一腔废话》的对白密度进行统计，"《手机》实际字数 117302 字……对话 1458 句，平均每 80 字中包含一句人物对话；而《一腔废话》每 170 字包含一句人物对话。《手机》的人物对话率是《一腔废话》的 2.08 倍"③，这些都是刘震云为了达到拍摄成电影的效果和保持纸质书文本的可读性所做的写法转变。如此，媒介视文学为可利用信息资源主动介入文学创作，对媒介力量、市场价值的认可使作家又愿意与之配合。媒介以计划、目的等方式施以影响，而作家转变写作方式适应媒介与读者市场，二者合力"制造"出符合媒介、符合市场的文学作品。

———————————

① 刘震云：《手机》，北京：人民文学出版社 2009 年版，第 116—117 页。
② 黄昕：《视觉文化语境中小说创作的"影像化"策略——以刘震云小说〈手机〉、〈我叫刘跃进〉为例》，《华中人文论丛》2012 年第 1 期。
③ 黄忠顺：《近年影视剧对文学创作影响调查》，王先需：《新世纪以来文学创作若干情况的调查报告》，沈阳：春风文艺出版社 2006 年版，第 166—167 页。

市场化书写而成的大众文学尽管在反映现实和呈现社会人的生活状态上有着属于它自己的贡献和价值，但颇为令人担忧的却是它往往止步于反映和呈现，很少能够生发出超越现实、触碰矛盾与根源的力量。尤其是一部分大众文学图书沉溺于描写社会和人性的黑暗面，浸润着消极的情绪，在审丑和讲求猎奇的读者群中有着相当的影响力，对郭敬明、六六等畅销书作家的作品的批判往往在于此。而那些依靠想象力和虚拟空间建构能力写成的幻想类作品，庞大的更新量背后鲜有让人耳目一新的作品，只是在文字间肆意地游戏，在很多时候仅仅成为读者释放压力、暂时逃避现实的一种发泄工具，与文学性并无多大关系。大众文学如何从内容上展现出积极昂扬的姿态，为自身赢得良好的口碑。抓住大众文学发生的"作家草根化""书写市场化""主题类型化"的转变特征，是从事大众文学出版的出版者和作者，进一步开展品牌建立、选题策划、营销发行与产业链开发等出版运营活动的依据。

第三章

传播：多元化的文学出版营销策略

古话"酒香不怕巷子深"，越来越不适应当前大众文学的出版市场形势，在数字化时代，如果没有好的传播渠道与营销手段，再优秀的作品也会被铺天盖地的信息埋没。在出版方式市场化与阅读方式数字化的双重背景之下，充分应用大众传媒的优越性，构建与创新大众文学出版传播的完整体系，是大众文学应对复杂竞争的必要措施。这些主要通过树立品牌群落、进行细致的选题策划、开发与整合发行渠道等加以完成。传播是作品从生产到流通、消费的必经环节，从出版的形式和载体来看，传统的纸质期刊和图书曾经一枝独秀，是传播文学作品的主导性平台。进入数字化时代后，互联网和数字技术的普及，带来了新型阅读载体，其及时性、多选择性乃至时尚性都大为提高。文本的传播方式、传播路径乃至传播人群都相应有了全新的变化，这种由流通环节引起的众人狂欢的文学出版和文本阅读的新局面，实际上映射了当下文学生态的改变。从不同方面的传播手段所能发挥的不同价值来看，品牌群落决定着作品能否长销，全方位的选题策划决定着作品能否畅销，多媒体渠道决定着读者对图书的消费意愿到消费行为的转化率。营销成功的大众文学出版物，就会成为畅销书，像滚雪球那样实现三五万册到 10 万册甚至百万册的销售奇迹。一些出版社意图打造新的文学经典，以及一系列"影视同期书"的出版，正是这种大众文学出版市场品牌群落、全方位选题策划与多媒体渠道共同作用于一点的结果。

第一节　作家个人品牌和品牌群落的形成

　　青春文学期刊的成功,很大程度上来源于青春文学作家个人品牌的建立,可见作家个人的知名度、口碑对于作品的传播有着重要的影响。20 世纪八九十年代,金庸的武侠小说广受读者的喜爱,"金庸"之名号俨然成为响当当的品牌,以至于出现许多假借金庸之名出版的小说。例如,《九阴九阳》《大侠风清扬》的作者杨明刚①,曾使用"金庸新"这一笔名,出版的小说封面上"金庸新著"四字让不少读者误以为是作家金庸在近期撰写的新书。这也表明了过去作家个人口碑建立在自己先前大量优秀的作品之上,而这种辛苦积累起来的口碑,能够反过来促进作家书作的销售发行。但是,在纸媒统治、新媒体尚未高度普及的年代,所谓作家及其口碑更接近于一个象征性的符号。正如上述这段逸闻中,读者没有快捷准确的消息渠道知晓金庸是否发售了新书,"金庸"也不过是书本上作为著作者之名的两个汉字,它们的联系是平面的。在数字化媒介高度发达与普及的当下,受众能够通过各种传播渠道获得声光影全面而多样的信息,仅仅只是以图书封面上文字符号形式出现的作者,已经难以引起读者的注意力。聚光灯下各式各样的"星"成为大众瞩目的焦点,明星们通过广告、商演、影视剧、综艺节目、新闻曝光、社交平台、公益活动等方式,不断出现在受众的视野中,其个人形象仿佛商品的品牌一般为自己带来市场和口碑。想要捕获读者市场,作家们也必须让自己从图书封面上的符号变为个人品牌,并进一步形成品牌群落,从而凝聚读者,产生经济效益。值得一提的是,这一趋势不仅仅是出现在网络文学作家、青春文学作家身上,一些老一辈传统作家,也尝试加入聚光灯下。

一、作家知名度与个人品牌的形成

　　大众文学出版领域的竞争同样是品牌的竞争,然而品牌的形成建立从来都

---

　　① 杨明刚,男,笔名"阳朔",1964 年生于吉林,毕业于吉林大学中文系。活跃于 20 世纪 90 年代初期的文坛,与令狐庸、龙骧子合称"三剑客",代表作有《九阴九阳》《大侠风清扬》。

不是一蹴而就的。出版品牌的构建经过历代出版人精耕细作，也是出版的重要文化支撑。随着业内品牌意识的普遍提升，如今"造牌"越来越难。大众文学出版要想从众多出版品牌中突围，就要在秉承传统品牌文化的同时不断创新，积极与读者展开互动。大众文学出版者若想深耕好一方出版天地，就需要具有清晰的品牌定位，并围绕品牌设立选题、策划、组稿等。当前，许多出版社将出版品牌定位到历史领域，并试图开辟出大众喜闻乐见的通俗历史出版之路。毕竟"历史"是一个永远不会过时的题材，任何时代都会创造历史，任何时代也需要历史来对当下进行反观与超越。相对于未来的不可知，人们更愿意从历史中寻找经验。而从现实层面上看，艰涩难读的文言文史书难免远离大众，通俗历史小说更适合大众阅读。河南文艺出版社一直以来都将通俗历史小说作为出版文化追求，形成了另一种专业化或品牌化。从早期的二月河系列，到后来的《大秦帝国》《唐太宗》《越王勾践》《大宋遗事》等，历史情缘不断，出版脉搏不息。

为打造品牌链，一些出版社将其目光放在"丛书"开发上。这些书系卷帙浩繁，覆盖范围广，如黑龙江人民出版社的"中国著名帝王书系"推出"豪华珍藏版"全16卷。此书系由多名作家联袂撰写，在尊重史实的基础上，运用非凡的想象力将正史与野史缠绕，通过浅白而生动的语言再现了中国历史上19位皇帝的传奇经历，同时配以国内书画家特别创作的篆刻、人物画、插图等，文字与美术相互辉映。中国文联出版社推出的杨力长篇历史小说"千古系列"八部《千古王朝》《千古绝恋》《千古传奇》等，每本一个主题，从孔子、秦王朝、汉武帝到光绪与珍妃间的生死爱情，作者特地将其冠以"千古"之名，引人注目。此外还有上海古籍出版社"花非花历史小说系列"、岳麓书社"清宫艳小说系列"，华夏出版社"华夏长篇历史小说丛书"等。这些具有相当规模的丛书以一个品牌构建一个系列，拉动整体图书销售，成为出版社的口碑之作。

品牌的建立需要漫长的耕耘。长江文艺出版社从1991年到1994年出版了《雍正皇帝》全部三卷后，预期销售效果并不尽如人意。1995年，周百义走马上任长江社社长，围绕《雍正皇帝》紧锣密鼓地开展营销，比如推荐入围茅盾文学奖，与中国作家协会及筹备拍摄电视剧《雍正王朝》的四汇文化公司联合举办二月河作品研讨会。业界人士的评价与认可迅速将小说推向主流话语的风口浪尖。同时长江社还组织作家签售，趁着电视剧播出前观众有心理期待，发出

"紧急征订"通知。①《雍正皇帝》终于打破"养在深闺人未识"的状态。

目前大众文学出版品牌的建立，较多的是从作者个人的品牌开始，它作为一种出版资源，具有非凡的市场影响力。现实的情况是，许多非专业的读者并不是非常清楚各个出版社的优势资源，他们所优先承认的，是作者的个人写作水平。

（1）作为出版资源的作者个人品牌

作者首先是一种品牌，是内容链上的重要创新源，留住作者资源、树立作者品牌，也就相当于留下了内容。博客、微博、原创文学网站上点击率高的文学作品，其背后都是值得挖掘的作者资源。曾经以笔名"李寻欢"出名的网络写手路金波转行做了出版人，早期的网络创作经历使他对于大众读者市场异常敏锐。他签约了慕容雪村、安妮宝贝、郭妮等知名网络作家，《山楂树之恋》刚走红，作者艾米就被他收入麾下。此外他还不惜以重金买下王朔新作《我的千岁寒》的版权，并出版11卷的《王朔文集》，成为大众文学出版的经典案例。以《第一次亲密接触》出名的痞子蔡，尽管人气没有过去那么高，但路金波依然看重其读者口碑，并邀请他参加一场名为"大话七游"的活动。与他一同的还有韩寒、饶雪漫、沧月等六位知名作家，他们将分别前往喜马拉雅地区的西藏、印度北部地区和尼泊尔采风，活动之后每人需要写下旅途故事并集结成《七喜》一书。借活动造势，痞子蔡重回大众舆论焦点，而其新作《暖暖》的销量也一路上升。

作家们分化出各具特色的文学标签和寻求多元化身份的过程是他们知名度不断累积、形成稳定的粉丝团体的过程，建立个人品牌内在地要求保持独特性、相关性、一致性，不论品牌是基于明确的品牌意识指导还是无心插柳。独特性表现在作家身上各具特色且无法复制。例如第二章谈到的青春文学作家，他们在写作主题和语言风格等方面形成独特的文学标签，与传统的纯文学作家不同，群体之间也各不相同。文学作品的鲜明个性之外，明星化的包装模式和消费符号的性质产生于特定环境，如新概念作文比赛陆续推出的其他获奖者所引起的话题和关注再也无法超越这些前辈获奖者。他们本身就是不可复制的现象，甚至对比韩寒与郭敬明的代言产品类别也可以看到二者气质与受众群体的

① 汪云霞：《周百义：狼一样敏锐的出版人》，《上海国资》2005年第9期。

差异，尽管他们各自代言的商品也都是年轻人关注的产品。对于传统作家而言，海岩的"影视改编"、莫言的"诺贝尔文学奖得主"、余秋雨的"文化散文"等都是其个人独特的象征。相关性无论表现在作家的文学上还是其他方面的产物上，无不符合目标受众需求。当青春文学出现在世纪之交的文学出版市场中时，介于儿童和成人之间的青少年阅读需求尚未得到满足，他们在新的经济政治背景下成长起来，作为同龄人的青春文学作家对他们的认知水平和阅读偏好具有最真切的体验。因此其作品往往与青少年读者群的需求密切相关，也由此迅速占领了这个市场空白。网络文学则适应了高压力社会生活下快节奏的阅读方式和轻松娱乐的阅读内容，由此发展壮大。一致性表现在作家个体在出场之后的行为较为一致，即便有所变化也是逐渐的演变过程。例如，最初的一批青春文学作家在出场之初即锋芒毕露，具有了极高的辨识度，随后的发展更是在这样的锋芒中继续制造话题，无论是韩寒质疑文坛，还是郭敬明最早成立《岛》工作室，或是张悦然出任新概念评委和人大中文系讲师，他们的发展和分化是自然合理的演变。

（2）个人品牌的影响力

个人品牌的价值在于其影响力，一方面体现在对内容形式的决定力量，另一方面可以通过宣传引起的反响进行量化。同样以青春文学作家创办的青春文学期刊为探讨对象，无论是郭敬明的《最小说》还是韩寒的《独唱团》，尽管一些明星作者产生了去个人化的意识，但人们对这些出版物的认识仍然与创办它们的青春文学作家联系在一起，而明星主编个性与其整体风格的一致，更使之得到加深。青春文学作家个人的社会影响力为这些杂志的宣传和畅销提供了保障，足见他们的个人品牌转化为经济价值的能力。

以《ONE》为例，2012年上线后迅速蹿红，以韩寒作为关键词的宣传效果显著。在IOS系统App Store中《ONE》的介绍是"由韩寒主编和监制，发布不到24小时就登上App Store免费排行榜总榜第一名"，打开App的第一页始终标注着韩寒监制的字样，目前封面上"复杂世界里一个就够了"的题词出自韩寒之手。实际上韩寒本人对于《ONE》的宣传频率并不高，在其所有微博中搜索"ONE"只有5条结果（包括原创和转发），明显低于电影《后会无期》的69条微博。其中与《ONE》杂志紧密相关的是4条，发布的时间节点分别是《ONE》上线、一周年、官网正式启用和两周年,可见作为监制的韩寒只有在杂志的重要时刻才会对其进行宣传。然而这 4 条微博一共有近十万次的转发量,尤其《ONE》正式上线时转发量超过了 4 万。但是,对比《ONE》的官方微博,其在结束了 2010 年《独唱团》的时断时续的宣传之后 2013 年 4 月成为《ONE》的官方微博,比韩寒公布杂志上线晚了半年,开始运营之后微博发布杂志每一期的图片,转发量从最初的 500 左右到现在的 1000～2500,少数关于韩寒签名本图书的抽奖活动或是关于韩寒的图片、文章在杂志上发表的微博转发量超过 1 万。对比微博的发布时间和转发数量,《ONE》最初的知名度很大程度上归功于监制韩寒的宣传。官博的日常转发量可以被视作来自被杂志内容所吸引的较为稳定的核心读者群,而某些和韩寒扯上关系的微博转发量激增,则可被视为韩寒个人号召力的作用。

另一方面,明星作者个人的影响力对于传播方式的选择也产生了关键性的作用,不同出版物的宣传方式因主编个性而各不相同。就拿韩寒来说,《独唱团》出版前韩寒曾高调宣称稿费标准是封面推荐文章千字 2000 元,普通稿件千字 1000 元,插图一张 1000 元①。比当时国内文学期刊普遍千字 60 元的稿费标准甚至高出 20 倍左右,引起一片震惊和关注。有趣的是在《独唱团》提出天价稿费之后,《收获》和《上海文学》也随后提出上调稿费标准 2～5 倍。虽然不能确定这些严肃文学期刊稿费上涨是否与《独唱团》的天价稿费有所关联,但是文学期刊稿费长时期维持 20 年前的标准,显然不符合社会经济发展水平和文学期刊的市场化规律。但是稿费上涨对于文学期刊处境的改善并没有必然的推动作用,严肃文学期刊仍然面对着市场竞争力和文学纯粹性的平衡问题。此外韩寒自称《1988:我想和这个世界谈谈》限量 100 本,并采用碳纤维材质附赠 10 克黄金,定价 998 元。这种图书宣传方式是韩寒的一贯作风。郭敬明则热衷于将自己的作品作为《最小说》的推动,小说连载也根据新杂志创刊而进行调整和转移。相比之下,同样是与韩寒齐名的青春文学作家张悦然本人以及《鲤》的宣传方式则低调许多,截至 2015 年 5 月 28 日,张悦然的新浪微博账号粉丝数量

---

① 《独唱团》第一辑封底上详细列出了稿费标准:封面推荐的原创文章 2000 元/千字,普通稿件 1000 元/千字,已发表过的或摘录的文章 500 元/千字,最差观点和文笔的文章 250 元/千字,普通内插照片 1000 元/张,封面或者重要照片 2000～5000 元/张。

为 122 万，韩寒和郭敬明的粉丝数量分别是 4199 万和 3776 万。在对杂志的宣传上，《最小说》的官方网站即最世官网，郭敬明会在每一期杂志上市之前发表本期简介，《ONE》的官网将电子杂志内容制作成网页版，同时提供周边产品和相关图书的购买链接，《鲤》则选择在文艺青年聚集的豆瓣建立鲤的小站，发布杂志出版的新闻和讲座、沙龙、展览等文艺活动的通知和记录。相比韩寒关于《ONE》的微博有数万条疯狂转发，张悦然关于《鲤》的原创微博转发量普遍徘徊在一两百，非原创微博则基本上保持在 50 以下，但是这并不妨碍《鲤》作为单纯的纸质杂志从 2008 年至今平稳的生命力。

（3）知名度与负面影响

知名度是受众对某一主体的记忆程度[①]，通常来说，它能为作家带来积极的宣传效应，反之，负面消息也会阻碍作品的销售，但是在当今市场化、数字化的时代，负面信息有时也会"服务"于知名度。知名度的累积关键在于建构尽可能多的与受众的接触点，在不断的接触中强化认识、加深印象，从而建立个人品牌。接触是"消费者和潜在顾客接触品牌、产品类别等与厂商的产品或服务相关的市场活动所产生的经验，而且通过这样的经验，消费者可以获得资讯"[②]。曝光次数和机会越多，与消费者的接触机会就越多，而知名度的提升也相应容易。因此知名度的积累与身份多元化有着一定的因果关系，作家以多种社会身份制造出更多样的话题，为他们的曝光提供了更多机会。尽管其中不乏负面信息，但是在引发主流的不屑和批评之外，这些话题不论正面负面，都能够使他们在信息爆炸的网络时代把知名度保持下来并不断提高，而不是名噪一时后迅即被公众遗忘。公众人物能够吸引更多的社会注意力，为他们的个人品牌价值转变为经济价值拓宽市场。

青春文学作家在知名度方面"蹿红"的速度最快，作为"明星"而言他们的影响也最为广泛，相比之下，传统作家、网络作家都更多表现出"作品本位"的形象，而不像前者那样作家本身的符号意义甚至超过了作品意义。因此会出现负

---

① 余明阳、朱纪达、肖俊崧：《品牌传播学》，上海：上海交通大学出版社 2005 年版，第 17 页。

② ［美］唐·舒尔茨、海蒂·舒尔茨著，顾洁、王苗译：《整合营销传播》，北京：中国物价出版社 2002 年版，第 85 页。

面消息"无伤"个人知名度的情况,乃至反成为增加作家人气与图书销量的工具。例如郭敬明在其《梦里花落知多少》被法院判定抄袭庄羽的《圈里圈外》之后拒绝道歉,其《幻城》和《夏至未至》也被指责分别涉嫌抄袭日本动漫《圣传》和《NANA》,却引起其支持者的强烈"声援"。粉丝团体的形成是作家稳定获取市场份额的重要途径,与作家的知名度形成了互利互惠的关系,粉丝团体存在一定的盲目性也是某些作家在负面事件中能够屹立不倒的原因之一。

相似的还有韩寒的"代笔门",与麦田和方舟子的微博论战中许多文艺界名人纷纷加入。"挺韩派"与"倒韩派"各自声势浩大,万榕书业趁势推出韩寒的《光明与磊落》①并限量发售。尽管定价 10 元相比这套书本身的成本来说"卖得越多亏得越大",但是这一事件性营销在带动韩寒其他作品的销售、增加韩寒个人的公众关注度和曝光率、提高网上书店和实体书店的图书销售量和人气、巩固万榕书业与包括韩寒在内的诸多作者之间的关系、笼络既有的支持者等,都颇有益处。尽管"代笔门"最后韩方撤诉而是非并无定论,但在这次论战中,韩寒以另类的图书营销再次聚敛了知名度,"光明与磊落"的标题也对其个人品牌有所增色②。

二、从个人品牌到品牌群落

大众文学出版从个人品牌到品牌群落的转型,是品牌影响力扩大的必然,品牌以群落效应增加产品的消费面,反过来进一步稳固了品牌已有的体系。不同于现代以来文学写作、文学期刊、文学评论的文学生产机制,新型文学生产机制中文学评论的作用弱化,流通和消费成为文学生产的最大目标。主编杂志甚至成立工作室和文化公司的新生代作家越来越多地参与到出版营销的环节中,组织各自的合作团队并使他们各自聚拢起一批读者,以他们的个人品牌为核心形成了品牌群落。

---

① 《光明与磊落》由万榕书业策划,于 2012 年 4 月由湖南文艺出版社出版,分为《光明》和《磊落》两册,前者为韩寒的几篇未发表的诗作和空白笔记本,后者为《三重门》全版手稿,定价 10 元,限量销售30 万册。这套似乎意欲"以证清白"的书韩寒并未收取版税,对于出版社来说是 60 万元的亏损,但考虑到对韩寒个人、出版商、图书销售商和读者等一系列出版产业链参与者的影响,可谓是成功的营销策略。

② 车兰兰:《一本"亏本书"的营销之道》,《中国市场》2012 年第 25 期。

（1）品牌群落的形成

生态学中群落是指一定环境中有直接或间接关系的生物种群按自然规律形成的组合,品牌群落则是一定环境中有关联的品牌的总和,品牌群落的形成是一个由点到面的过程。从文学写作者到文学经理人,作家创办杂志、组建工作室、成立文化出版公司不仅为自己的文章发表提供了更加便利和自由的环境,也为其他写作者提供了集中展示的平台。以青春文学作家创办的青春文学期刊为例,他们书写符合年轻读者群体阅读喜好的作品,他们的话语体系与严肃文学期刊显然不同,其登上纯文学期刊希望渺茫。此外,网络发表大多以长篇连载小说为主,对写作的速度要求极高。青春文学作家所办的杂志以刊发短篇小说与散文随笔为主,写作难度和发行周期相对从容。在主编的市场号召力之下形成了数量可观的杂志最初的读者群,经过主编挑选评鉴的新作者在杂志上发表作品并得到主编推荐和运作团队的包装经营。像郭敬明团队要求旗下签约作者保持光鲜的形象和柔弱的气质以博取读者的喜爱。一批特色鲜明、满足特定读者需求的作者迅速脱颖而出,陆续策划推出个人作品,通过签售会、发布会以及微博等新媒体与读者互动。这些作者的个人品牌不断强化,具有了一定的独立性,同时受到作为核心的主编个人品牌的辐射。与之类似,在准确定位、精心制作和主编个人品牌的带动下,杂志自身的品牌逐渐形成,从而形成了一系列相互联结的品牌群落。

对于作家自办杂志、自设工作室或者自建文化公司来说,文学写作、编辑、宣传、出版发行以及文学阅读形成了完整的生态链条。各环节的参与者在这个文学生态圈中生存,在文学评论环节相对缺失的条件下依然周转顺畅,甚至粉丝的追随和狂欢式的反馈取代了文学评论的位置。而在这个生态圈中,一些作家通过杂志平台汇聚起个人、作者群体、杂志的系列品牌,在市场这一资源丰富的大环境中形成小的生态群落。这些年轻的写作者以前辈们不曾有过的坦然面对市场,在他们的视野中市场和文学、市场和文学场中的象征资本并不存在矛盾。读者阅读的选择依据是当下的自我心态契合程度,而非主流文学的评判标准或推荐书目。无论主流文坛接纳与否,他们及其读者仍然保持着自给自足的生存形态。

存在于文坛和市场的大生态之中,资源的流动是自然界和人类社会的必然。就像大众文学的生态圈并不完全封闭,存在部分向文学生态圈中心的严肃文学靠拢的趋势。以《鲤》和《文艺风赏》为代表的标榜文学性和思想性的杂志,一方面以严肃的姿态着意追求深度和代言,即宇宙性和永恒性的意识,另一方面将国内外一些主流作家纳入杂志文本,试图重建为年轻读者所广泛接受的严肃文学。网络文学、青春文学生态圈与精英文学圈、主流文学重合,还包括了一些青春文学作家和网络作家得以被文学期刊和文学组织接纳。在这过程中主流文学同样具有主动性。

正如黄发有所说,"在生态学的视野当中,文学固有的等级关系应该被深刻质疑,我们不能用单一标准来判断复杂多样的文学价值,我们必须把共同历史时空中的所有文学存在当成有机的生命系统,平等地看待它们的存在价值"[①]。新生代作家办刊是以严肃文学为主流的文学期刊生态环境中年轻一代的话语权诉求,尽管存在时间尚短且不可避免地存在隐患,却为许多年轻的作者和读者提供了追求文学较为正式的平台。事实上80后、90后、00后必将进入文学生态中来,文学的长青依靠一代代的青年,而保持文学的优质需要的不是排斥,而是平等的关怀和引导。

作家办刊并以著名作家为核心形成创作群体的形式,使人想起民国时期新文学办刊热潮。尽管市场化与改革开放以前的文学环境存在巨大的差异,改革开放前后文学期刊的生存情况因此也形成了鲜明的对比。但是将青春文学作家办杂志与五四时期办刊进行对照,可以发现其中存在一些形式上的相似性。文学革命的参与者普遍年轻、作家和主编身份的复合、主编和写作者普遍以青年为主、杂志拥有鲜明的气质和宗旨、大部分杂志维持的时间并不长久,以及市场竞争的激烈都与当下青春文学作家主办杂志的现状相类似。

但是,北洋政府时期羸弱的政府无力插手文化领域,因此当时出版制度、新闻制度和大学制度都在混乱和缺乏管制中具有较高的开放性,五四时期的杂志带着启蒙和救亡图存的目标使命,理想主义和社会责任因此也具有了开阔的精神气质。这正是民国文学期刊与当下青春文学作家办刊的本质的不同,从前"启蒙时代"和如今"非启蒙时代"存在着社会批判、文化启蒙和拜金主义、消费

---

① 黄发有:《媒体制造》,济南:山东文艺出版社2005年版,第7页。

主义的不同社会基调,青春文学作家办刊的个性自由、理想抱负与经济利益追求交融在一起。至少在杂志所倚靠的出版社看来,借助他们的个人品牌推出以他们为主编的杂志,商业目的较之文化理想更为明显,而这些支持他们办刊的出版商也成了真正的利益集团①。

(2)品牌的资产价值

不论对于商品还是企业还是个人,品牌都是一种无形资产,在一定的条件下,作为无形资产的品牌可以转化为有形资产,创造经济利益。品牌本身就具有区别他人的作用,现代品牌则试图在区别的基础上增加自身产品的市场竞争力。从这一角度出发品牌实际上是一种用以保证产品质量的信誉,作家的个人品牌使读者对他们的杂志以及其他的作品和行为抱有预期和信任,预期的实现不断增强信任从而使个人品牌更加有价值。由此可见,建立品牌的思路对于作家、文学期刊和出版社都具有一定的借鉴意义,在文学生产中也已经有了一些实践。

事实上一些作家已经有意无意地建构起自己的个人品牌,品牌为他们作品的畅销和自身稿酬的优厚打下了良好的基础,余秋雨和王朔是其中影响力和知名度较高的案例。《文化苦旅》《山居笔记》《霜冷长河》《千年一叹》《行者无疆》等散文集陆续出版,余秋雨以学者坚实的知识基础,描绘所见之景和关于历史、文化、人情的感叹思考,逐渐形成了风格鲜明的文化散文和作品阅读热潮。在担任青歌赛评审、开通新浪博客等媒体活动助推下形成了余秋雨巅峰时期儒雅博学的学者作家的个人品牌,也使得他的作品能够持续畅销,他个人也一度登上作家富豪榜首位。王朔则是较为特立独行的一个,从幽默不羁调侃反讽的写作风格,大量作品被成功改编成影视剧而被更多的人熟知。到 1992 年《王朔文集》实现中国改革开放后第一次版税付酬,数次参与影视剧的编剧制作,因与冯小刚、姜文、徐静蕾等知名导演的合作而频繁出现在公众视线内。尽管王朔的写作与行为被主流接纳与否尚存疑虑,但其个人品牌特色鲜明,同样是作家富豪榜上的常客。

正如第二章论述青春文学作家办刊时所提到的,个性品牌与读者口味之间

① 傅小平、谢泳、洪治纲等:《"80 后"作家办杂志》,《江南》2010 年第 4 期。

的矛盾统一：一味迎合大众读者的审美必然导致作品的千篇一律、相互雷同,无法树立起个人个性化的文学品牌。反之,个性十足的作品不见得能够受到大众读者的青睐。即使标签显著,也可能落得受众寥寥。理想的状态是,作家充满个性气息的作品受到广大读者的追捧,冲着他的个人品牌,往往能够出现大众文学畅销书和长销书。显然,达到这种理想状态绝非易事。对于年轻的作家来说,网络写作的便利和开放已经习以为常,在写作过程中不乏读者的讨论和反馈影响作品的案例。在写作时考虑读者的期待和接受也是市场化背景下作者思维的转变。因此在重视读者和保持文学写作的独立性之间采取怎样的姿态成为需要斟酌的问题。另一方面,文学写作在写作题材、文本结构、语言风格等方面新的尝试促使作家不断成熟甚至有所转变。这与保持一致性似乎存在着某种矛盾。所谓一致性更应当是原则理念或者文学指导思想方面的一致性。余秋雨的文化散文能够成为品牌,其中深入浅出地把对文化的思考娓娓道来的品质始终一致,成为品牌的突出特色。

回顾现代文学时期,作家办刊的现象是一个显在的事实。我们所熟悉的作家们几乎都办有各自的刊物以表达自己的思想和文学主张,往往一个人既是作家又是编辑,甚至兼具了文艺理论家、文学评论家、文学翻译家、教育者等多重身份。因他们的文学主张不尽相同,现代文学在特殊历史语境中呈现出多样化的生态。新中国成立之后这些文学活动参与者各自趋于专职,在这一层面上作家身份单一,到新时期乃至今日这种"单薄和局限"仍未变化[①]。而所谓作家身份的多元化则更多地体现在以青年为主的一些作家成为高度商业化的消费符号,具有了诸多实际上与文学写作关系并不紧密的社会身份。青春文学作家办刊,从某种程度上来说,以主创人兼作者和编辑的方式尝试解决这一问题。

青春文学作家自办的文学期刊,选择在特定的读者群体中树立个性化品牌,而非面向所有大众读者。对于文学期刊来说,形成期刊品牌的首要步骤是明确自身定位,将市场进行细分之后,选择具有一定规模和潜力并且不会转瞬即逝的目标受众群体。青春文学作家办杂志一度形成热潮,能够生存至今的杂志正是清晰地把握了特定读者群体的需求。尽管这些读者群体大小不一,杂志

---

① 张晓峰:《中国当代文学中的作家身份问题》,《福建师范大学学报(哲学社会科学版)》2013 年第 1 期。

的销量也在一定程度上因此存在差距，但是它们各不相同的市场定位和保持一贯风格特色的经验值得传统文学期刊借鉴。

但是，把握目标受众与文学性是否存在矛盾？我们必须承认，随着传播媒介和娱乐方式的不断丰富，文学的受众不断分化，严肃文学正是文学整体的一个细分市场。欣赏严肃文学需要一定的文学修养和思想深度，必然无法做到"低门槛"的微博的全民性。相比影视、游戏、流行音乐等大众文化，严肃文学阅读本质上是小众的和具有准入条件的。事实上20世纪80年代初期文学期刊热潮才是异常的现象，是特定的历史和政策以及文化资源长期匮乏之下形成的产物，而受众向各种文化产品分化是文化发展成熟的必然。当我们认识到文学生态保持多样性的必要，就会理解纯文学的阅读正是文学阅读中的一个细分市场。纯文学期刊与这一市场中读者群体的需求是契合的，因此在这一领域中把握目标受众与保持文学性是统一的。不少纯文学期刊在90年代的改版潮中随意变更自身定位，向通俗读物转变的刊物较多而获得成功的甚少，反而在盲目随意的改版中失去了长期积累的优势，期刊品牌一旦因此受到破坏，再次建立起来往往难度巨大。

精英与主流文学期刊品牌作为象征资本对于读者来说确保了刊载内容的文学水准，另一方面对于作者来说则是对个人文学写作水平的认可。即便网络文学、青春文学形成自给自足的生态圈，其中的大部分写作者仍然对传统文学期刊尤其是文学大刊抱持着向往和崇敬的心态。

出版社品牌的建立最为直接有效的方式是持续推出优质的出版物，从而在读者和作者以及潜在作者中形成权威，吸引到更多知名的作者和优秀的作品与出版社进行合作。这样对读者的购买行为具有强大的说服力，使出版社所获得的信任不断累积，出版社的品牌也不断得到巩固。无形资本持续转变为有形资本用以保持出版社的运营和发展，形成良性循环。当前许多出版社形成了自己的品牌并且保持着口碑和利润的共赢，国内市场中三联书店、广西师范大学出版社等出版品牌早已成为读者考虑购买图书的重要因素，北京大学出版社等著名高校出版社品牌则是对于学术专著的质量保证。

《文化工业：作为大众欺骗的启蒙》一文批判文化工业将艺术转变为商品类型，资本在文学工业中成为生产主体烙下深刻的印迹，文化工业具有的复制性使个性成为虚妄,娱乐性则是对"最后一丝反抗观念"的逃避,文化工业产品使统治者权力和意识形态不容怀疑,而成为统治工具①。法兰克福学派对大众文化的批判强调了大众文化成为资本追逐利益的工具,文化产品的大规模复制和标准化生产消解了文化的艺术性,娱乐消遣为大众营造出虚假的幸福而放弃反抗,统治者利用大众文化对人们实施全方位的控制。尽管这些观点存在过于夸大意识形态控制和过于无视大众对文化的辨识选择的局限,但是对照今天的出版市场我们仍然能够从中反思出版社应该在文化传播中承担的一些责任。

在今天市场化已经成为既定事实的情况下,经济与文学、资本与文化生产之间确实存在着某些矛盾,反映到出版产业中便是出版物品质与市场效益的协调问题。数字化时代自出版不断得到实践,然而在数字出版管理机制尚未成熟的当下,更需要出版社及其编辑承担起把关人的角色,避免大众文化彻底滑向法兰克福学派所批判的极端状态。诚然,坚持出版物的品质可能需要面对一定的市场竞争能力不足的风险,在政府扶持政策不明朗的条件下对于出版社的生存运营更是挑战。现实与理想的冲突必然需要有理想的出版社去担负起责任,更何况三联书店、广西师范大学出版社等出版社品牌的成功足以体现出版物品质与经济效益并不矛盾,近来越来越多的严肃文学作品登上畅销排行榜也应使出版社有更多的信心。

三、品牌过度膨胀的负面影响

由于市场经济的自发性,以及作家个人和出版社经验的有限性,品牌也会走向过度膨胀的局面,对品牌核心人物和粉丝的过分依赖,势必导致文学团体、出版社、杂志社和作品本身的弱化,从而不利于品牌和作品的长远发展。在大众文学出版的多元化策划营销中,作家和出版社都需要极力避免品牌过度膨胀带来的负面影响,使文学出版品牌真正作为一种正面品牌,而非遭人非议的负面品牌。近年来,作家办刊的迅速兴起,又在同质化的市场竞争中很快消退,似乎就是个人品牌膨胀过度的最好体现。

---

① [德]马克斯·霍克海默、[德]西奥多·阿道尔诺:《文化工业:作为大众欺骗的启蒙》,[德]马克斯·霍克海默、[德]西奥多·阿道尔诺著,渠敬东、曹卫东译:《启蒙辩证法——哲学断片》,上海:上海人民出版社 2006 年版,第 107—152 页。

（1）文学杂志对主编的依赖

以明星作家主编的个人品牌吸引社会关注是杂志运作的重要策略，因此编辑团队时常受到忽略，尽管杂志是合作经营的产物，但它们往往被习惯性地称为郭敬明的《最小说》，张悦然的《鲤》，韩寒的《独唱团》和《ONE》，就像这是他们本人独立创作的书一样[1]。青春文学作家个人品牌对杂志内部文本和外部运作的巨大影响力反过来形成了杂志对主编强烈的依赖性，杂志以主编为核心，所形成的品牌也与主编个人品牌不可分割，杂志品牌的实际价值和独立性值得怀疑。可以想象的是，以目前的运行模式，一旦杂志主编产生了变动，或是社会变化之下主编的支持者流失，必然会对杂志的销售产生巨大打击。而"去郭敬明化""去韩寒化"，也正是这些其他青春文学作家主编正在思考的问题。随着韩寒个人色彩有所弱化，《ONE》App近期开发出的点赞功能显示每天文章的点赞人数稳定在数十万，系列图书销量也呈现出下滑趋势，这是尝试弱化依赖明星主编的过程中必然要面对的阵痛。《鲤》在2014年开始改版，改版后的两期杂志在栏目设置的种类方面有所回缩，对主题的紧扣程度通过访谈纪实性质的栏目得到加强，力求消除此前主题体现不足的弊病。最新一期杂志除了卷首语更是没有出现张悦然和周嘉宁的身影，而开篇对韩寒的采访谈及《ONE》杂志，似乎可以看到风格差异显著的杂志主编开始互通有无。

（2）其他作家对主编的依赖

为作家尤其是文学新人提供平台是杂志一贯的功能和责任，无论是推出具有特定的文学主张和写作风格的作家作品或是一视同仁兼容并包形成开放多元的局面。作为主编作家同样致力于发掘与自己风格相似，又具有文学和市场潜力的作家力量。杂志为一些尚无法进入严肃文学期刊的作者先行提供接触读者的机会，也使一些已经从事文学写作的作者得到更多读者的认可，形成各自的创作团队。

然而由于青春文学作家个人品牌影响力过于巨大，这使得在杂志的生产过程中团队中的其他人员受到忽略，而其他作家作品的出版也不得不依赖于作为

---

[1]　岳雯：《新的文学法则的生成——青春文学杂志书的运行态势与作家形象建构》，《南方文坛》2011年第4期。

团队核心的主编个人。早年 Hansey、落落等人的出走和回归,到近期所谓《ONE》人气作者推出的新书封面上无不印着"韩寒监制"的字样,这些年轻作者仍然无法轻易离开明星主编个人品牌的扶持。相比于传统文学期刊培养的作家,这些年轻写作者已经陆续形成了自己的粉丝团体,他们的成长方式和文学性差距决定了短期内无法摆脱对于主编与杂志的依赖。尤其是在郭敬明团队中,最世旗下作者的个人形象、写作风格甚至小说选题等商业化的操作,对于年轻作者文学写作的自由和探索无疑具有不利影响。因此七堇年、苏小懒等人在培养了稳定的读者群之后纷纷选择离开,签约磨铁图书以寻求更大的发展空间。

(3)个人品牌下粉丝经济的盲目性

按照约翰·费斯克的粉丝文化理论,"粉丝"产生于官方和非官方文化资本的对立。粉丝文化"提供了填补文化匮乏(Cultural Lack)的方式,以及文化资本所带来的社会名望和自尊意识"。年轻粉丝的自信往往构成对政策社会价值观和规训的故意挑战,从而引起成人世界的不满,"这种不满已成为粉丝快感不可分割的一部分"。作为"过度的读者"(Excessive Reader)即工业化社会中大众文化的强化形式,不但能从阅读中创造出与自身社会情境相关的意义及快感,更能主动参与相关文化符号的生产。他们的辨识力和挑剔,为文化工业创造了额外的市场,提供了诸多关于市场趋势和偏好的反馈①。

寄托自我投射的偶像崇拜心理②使得粉丝以包括买书在内的行为支持偶像的一切活动和产品,以此方式表达自己的忠心他们难以容忍外界对偶像的批评质疑,在偶像出现负面新闻时接纳偶像,以激烈的说辞捍卫、保护偶像甚至不惜对事实进行粉饰歪曲。这种盲目性在年龄层次相对较低的郭敬明的粉丝群体中尤为显著,因此郭敬明等人的作品几乎每一部都能畅销。在经历了抄袭案、团队成员出走等种种不利情形之后,他的人气依然居高不下。《最小说》也仍然是国内期刊市场上销量最大的文学杂志之一。

---

① [美]约翰·费斯克:《粉丝的文化经济》,陶东风主编:《粉丝文化读本》,北京:北京大学出版社2009年版,第7—17页。

② 邵燕君:《传统文学生产机制的危机和新型机制的生成》,《文艺争鸣》2009年第12期。

但是，粉丝群体对于作家个人品牌的狂热实际上无须太多忧虑，随着时代背景的变化，大众文化的热点从别处转移到这些作家身上也必将再转向别处。社会阅历的增长也会使粉丝的兴趣喜好和表达喜好的方式发生转变且趋于成熟，因此个人的盲目性不足为惧。然而粉丝为文化产业创造了市场并提供了市场趋势和爱好的反馈，把握这些市场需求面向受众是文化产品商业竞争的必然。更需要我们提高警惕的是，在粉丝文化及其市场指导之下的文化产业走向无差别的大众化后，对文学生态有着多样性的破坏。

第二节　文学出版的选题策划

　　大众文学想要在竞争激烈的出版市场中站稳脚跟，光靠建立文学品牌是远远不够的，为了降低文学出版物市场的极大"不确定性"——即文学作品是否符合当下读者的口味，还必须在作品出版，甚至是作者下笔创作之前，对目前的文学阅读市场进行仔细的调查研究。因此，20 世纪 90 年代后根据市场调查、销量数据、以往经验等进行预判式、全方位的选题策划大规模地被出版社、期刊社采用。选题策划是出版流程的第一个环节，是编辑和出版社在结合自身定位、充分考虑市场情况的基础之上，对下一个阶段将要运作的图书和期刊进行总体构思和设计的出版常规工作，以期开发出具有高度可行性同时能创造较好效益的出版物。

　　选题涵盖了图书的题目、内容、装帧、印制、营销等诸多环节的设计与构思。我国的《出版管理条例》对出版单位的选题策划提出了根本性的要求，即从事出版活动，应当将社会效益放在首位，实现社会效益与经济效益相结合。而在计划经济体制时期，图书的出版工作带有强烈的政治意识色彩，只考虑社会效益，往往忽视经济效益。它不是编辑和出版单位根据市场导向与读者需求而做出的选择，而是政治使命和国家需要的结果，没有真正意义上的选题策划环节。选题是选题策划的结果，是对图书方向和种类的把握，体现了出版社对出版资源的调动和分配。大众文学出版的选题策划，包括文学图书选题策划、文学期刊选题策划和数字出版选题策划。作为出版工作的起点，选题策划既包括了读者的需求和市场的反映，又灌注着编辑的智慧与创造。

一、文学图书选题策划

自主策划并开发选题，是市场化环境下大众文学图书能够成为畅销书的先决条件，大众文学在中国的选题策划体现了文化思潮与出版策略的高度契合，是两者博弈的结果。作为国内第一个产生广泛影响力的文学畅销书品牌，"布老虎丛书"的出版推动了文学畅销书在中国的出版热潮，策划人安波舜以"创造永恒、书写崇高，还大众一个梦想"为总体理念，决心在中国本土推出一批高雅文学畅销书。其在选题设计上，以都市爱情题材为核心，既要满足大众对于通俗文学的阅读要求，又必须保留图书的文学性和审美意义，协调雅俗二者的关系。这一系列自 1993 年至 2005 年，一共出版了长篇小说 40 多部，累积发行了600 多万册，目前仍在不断地拓展新的图书主题和图书类型。有研究者认为，"布老虎丛书"的成功就在于它并未完全放弃图书的文学性追求，鉴于当时的社会心态，读者中间的文学热潮持续，对于文学审美性获取的需求超过了时尚性和趣味性。"布老虎丛书"的产生是中国文学畅销书运作的里程碑事件，一方面证明了用选题策划的方式出版大众文学的行为在国内图书市场的可行性，另一方面也宣告了优秀的大众文学的成功是建立在优质选题的基础之上，这是出版活动和文学生产的起点。从"布老虎丛书"的成功营销和其策划人的出版思路中，我们可以得到文学图书策划的宝贵经验启示。

(1)生动鲜明的图书标志

独特的图书标志与出版品牌一样，读者往往在看到它的第一眼，就被深深吸引。例如企鹅集团出版图书上的可爱企鹅形象就受到读者的青睐，类似的还有凤凰出版、天马文化、海豚出版、麒麟文化等。"布老虎丛书"的图书标志，是一只剪纸形式的老虎，其鲜明的色彩和生动的造型具有让人过目不忘的效果。策划人安波舜表示，选择"布老虎"这一形象作为图书的标志时，受到了民间大众的启发，认为其非常通俗有趣，也符合该丛书的定位。在具体的设计上，当时安波舜与包括铁凝在内的一些作家商议，决定用 CI 的设计理念，统一设计一个醒目的虎头图案。春风文艺出版社向辽宁省工商管理局商标管理处申请注册了"布老虎"标志物，成为我国出版界的首个"注册商标"。此后，"布老虎"丛书的各类图书上的封面、书脊、封底、勒口上都印有剪纸画虎头这一生动鲜明的图案标志，使其与市场上的其他文学出版图书区分开来，给当时以及后来的读者留下了深刻印象。后来武汉出版社的"金黄鹤"、江苏教育出版社的"金苹果"等都是"布老虎"标志的效仿者。"布老虎"系列丛书在此后的产品类型拓展中也沿用了"布老虎"的形象，例如"金布老虎"系列、"小布老虎图书"、布老虎童书系列以及布老虎青春文学系列。在 1993 年到 2002 年的第一个运营阶段中，从业绩结果来看，"布老虎"图书收获了读者、作者和同行的信任和肯定。

（2）主题文体的选择调整

丛书主题和文体根据读者和市场意向进行弹性的调整扩展，是"布老虎"丛书品牌持续多年，并且经营范围愈发广泛的重要原因。经典主题的类型化写作是"布老虎"的主题策略，爱情题材是人类永恒的写作主题，"布老虎"系列丛书出现时的口号就是"创造永恒，书写崇高"。安波舜将"布老虎"图书的选题标准定为书写理想主义的城市生活，而爱情主题正是跳板，他说："从技术层面上讲，没有比浪漫和爱情这只筐，更古老而又广大了，只要你想，什么都能装。"[1]安波舜对这种主题选择很有自信："当社会腐败的时候，人们对廉政、公正和正义的呼声越高，尤其是市场经济的冲击下人们更需要这些，并把这种坚持看作一种道德追求和市场保障，即保障至少 3 万册的发行量。"[2]因此，在春风文艺出版社滑铁卢之后重新起航时，"金布老虎"巧妙地选择专门书写爱情题材。此外，"布老虎"图书一直致力于出版禾林小说，例如在 2000 年，春风文艺出版社的"布老虎"图书编辑部与加拿大禾林公司合作，共同出版了 1 套 5 本的禾林小说《情人节惊喜》。禾林公司也是世界出版商中唯一以爱情小说为主的专业出版公司，在 20 世纪末国内尚无出版社敢于专门出版某一题材的小说图书。

尽管"布老虎"爱情小说是春风文艺出版社的核心文学图书出版物，其图书标志"布老虎"已经有了自己相应的品牌积淀，但是策划人安波舜打破惯例，积极延伸产品的类型。多元并存是市场化环境的最大特征，"布老虎"中篇小说相

① 安波舜：《"金布老虎爱情小说"征稿启事》，《中华读书报》1999 年 12 月 27 日。
② 王月：《新世纪媒介文化的变迁》，上海：上海交通大学出版社 2015 年版，第 56 页。

对于"布老虎"图书在文章篇幅上由长篇变成中篇,文章的主题没有发生变化,"布老虎"青春文学以及"布老虎"儿童文学则是针对底层年龄读者的口味做出的内容调整。由此,"布老虎"系列丛书涵盖了中篇长篇小说、散文、诗歌、童话等类型文学的全部。我们现在反观这种调整,是需要很大的眼光与勇气的:长篇小说出版是"布老虎"在最初的定位和核心业务,特别是长篇爱情小说,但是在之后中国当代文学的发展中,长篇小说受到了一定程度的桎梏,一味钻营于爱情小说是无法长久的。作家阎连科曾谈及他在长篇小说创作过程中遇到的三种尴尬:"当我们把关注的目光投向这个混乱的社会背景时,我们的写作,会因为这个背景如狗咬的乱麻样的混乱而只可触及却无法真正地把握⋯⋯面对历史的尴尬,当我们真的去泛桨在历史的长河中,在历史的河道中演绎人和人生的故事时,自己会忽然感到,历史在自己的头脑中几乎一片空白⋯⋯认识生活方式的重复,或者说,是长篇小说表达的重复。"①在长篇小说的创作中,作家必须付出更多的努力以实现语言组织精炼和思想传达透彻,这面临相当大的困难,读者在文本接受时也不得不长时间与作者保持同步。随着消费社会的到来,长篇小说的创作质量更加良莠不齐,读者的阅读耐心被消耗殆尽。虽然新世纪后我国长篇小说出版的数量急剧增加,但是由于这种激增一定程度上是出版门槛降低的结果,质量良莠不齐。于是"布老虎"适时地进行了品牌扩张,拓宽经营领域:在1998年走出第一步"小布老虎"系列丛书后,"布老虎"青春文学、"布老虎"中篇小说、"布老虎"散文相继问世。"布老虎"的这种弹性扩张,契合了市场的需求,又不会顿失自己的文学品质,做到了市场与文化的双收益。以中篇小说为例,中篇小说既能够在艺术性上处于高端发展,又能够与市场亲近。新世纪十年,中篇小说书写不同阶层的理想与焦虑,欲望与生活,无所不在地传达着社会心理。因此,在保证文学作品的美学要求的前提下,中篇小说是一个可供选择的答案。

(3)全局化的出版策略

无论是畅销书或是畅销系列的打造,都需要全局化的出版意识,包括文学图书的各种文体、品牌标志、版权贸易等。出版人安波舜的图书出版,就秉持着

---

① 阎连科:《长篇小说创作的几种尴尬》,《当代作家评论》2006年第1期。

这种全局化的出版策略。2004 年 4 月出版的《狼图腾》的策划者，就是由春风文艺出版社"跳槽"到长江文艺出版社的安波舜，全局化策略被应用于《狼图腾》。《狼图腾》单行本出版后的 9 个月内售出 50 万册，9 次登上全国文学畅销书排行榜。此外，《狼图腾》还积极发展版权对外贸易，到 2014 年已再版 150 多次，总发行量超 150 万册，2015 年电影上映。可以说："《狼图腾》已经覆盖了几乎所有的发达国家和发展中国家。"[①]《狼图腾》的"全球热"是文学畅销书理念"内容为王、营销为翼、团队为本"的实践运作，安波舜携手出版人金黎，成功地将单行本营销发展为品牌图书。"布老虎"的面世显得更为成熟，它一经问世就注册商标，起印数 5 万册以上且不断重印，所以其市场覆盖率和运营都更加完整。

当前，出版的内涵和外延都大大地拓展，出版资源前所未有的丰富和聚集，这给选题策划注入了全新的生命力，由此，策划编辑的选题资源整合与开发能力也成为衡量编辑职业素质的重要指标。市场和技术两方面的因素作用于这一时期的大众文学图书，除了市场化之外，文学的技术化、工业化、融合性等均是需要一并考虑的特征。尽管这主要体现在内容的生产环节上，但在确定图书主题和方向的时候也需要有所体现。当大众获取信息的渠道从传统的电视、报纸杂志转移到网络，当一大部分阅读行为和写作行为也转移到网络，个人话语权的获取，新技术对旧传统的冲击，新阅读群体和作者群体的涌现，都促使文学出版去适应这些变化，去利用不同平台和渠道的资源，以顺应新的社会文化思潮。

当下的大众文学选题，有了更为广阔和丰富的出版资源，因而在生产和运作上呈现出巨大的包容性。基本可以分为两种操作思路，一种是以网络文学为依托，充分开发网络的出版资源，结合市场热点与读者需求，通过受众细分和精准定位的方式，推动类型文学的图书出版。另一种则是以塑造经典为己任，整合多种出版资源，结合不同的出版选题运作形式，试图在俗文化消费市场中开拓一条高雅的道路，以在创造不菲的经济效益的同时更能收获一定的社会效益，实现大众文学的文化承担。后一种运作思路比较接近于"布老虎"丛书时期

---

①　裴永刚：《〈狼图腾〉是如何"图腾"的——〈狼图腾〉编辑出版案例分析》，《编辑学刊》2007 年第 6期。

的产生与生产。其中,从图书的来源来看,有引进版和本土版两种形式。引进版图书尽管在每年的文学图书畅销排行榜上都有所体现,但其并不是国内大众文学的主流。随着国内大众文学出版机制的日渐成熟,一些新奇选题的出现也在情理之中。穿越题材、职场题材、架空题材、玄幻题材等小说的出现与风靡,都极大地拓展了大众文学出版的选题和表现形式,并且在一定时期内产生了明显的效应。在网络的普及与数字革命的演进中,一方面,出版环境复杂化、出版手段多样化、出版平台多元化。面对一个捉摸不定的读者群体和瞬息万变的市场环境,在选题开发的环节,编辑和出版社需对数字媒介进行较好的把握和利用,对整个出版生态环境进行观察,这些都是必不可少的。另一方面,相关文学图书的开发,也会间接影响文学思潮和社会文化生活的走向,这也说明文学图书天然具备了舆论场的发酵作用。比如麦家的《暗算》《风声》《解密》等谍战类小说的热销及改编之后的电视剧,极大地推动了国内特情类文艺作品和影视剧的创作。直至今日,这类题材的写作和改编还占据着相当一部分的比例。

二、文学期刊选题策划

选题策划对于文学出版物具有重要价值,其除了适用于文学图书市场外,还体现在文学期刊的组稿发行上。相比传统文学期刊,青春文学作家创办的青春文学期刊,在市场化的选题策划方面,走了一条不同于以往期刊选题策划的独特道路。它们一方面要最大限度满足读者的阅读需求,另一方面还要凸显刊物主创人或是主创团队这一青春文学团体或流派的个性特色,即回答上文所提到的个性品牌与读者口味的矛盾问题,青春文学期刊的成功就是最好的回答:因人而异的选题、杂志策划与主编个人倾向的契合、受众预期的选择性满足。青春文学在期刊选题策划上的成功,对于国内其他文学期刊的改版转型,有着重要的借鉴作用。

(1)因人而异的选题

选题策划的因人而异,指的是期刊的选题与策划,依托于市场调查与报告分析,根据受众读者的需求变化调整主题,使期刊表现出与读者紧密的贴合性。前期策划中选题为出版物提供方向性的指引,只有有社会共性的选题才能收获优秀的稿件并且吸引更多的读者。杂志连续出版的特性决定了整体的选题必须在创刊之前进行,除了针对特殊事件制作特刊增刊之外,根据最初的策划运行,或在此框架下策划小的项目。例如《最小说》从最初就确定为青春唯美温暖的风格,因此校园爱情和幻想一直是杂志的主打。《最小说》也时常推出特别企划,2014年1月为"the next·文学之新"造势的项目,记录赛程,采访选手和评委,2014年12月围绕笛安新作《南方有令秧》制作专辑,呈现小说相关背景知识和最世集团作者们的读后感。比较特殊的是一些杂志每一期都制定了不同的主题,围绕主题展开内容,正如张悦然所说:"一旦决定一个主题,我们就成功了一半,我们决定了这一期的方向,也就好丈量一步一步上路,路边的风景怎么收入我们的视野。"①因此选择主题也就成为每一期杂志策划中讨论最多也最为重要的环节。

在青春文学作家主办的杂志中,《鲤》和《文艺风赏》是主题杂志,也是整体较为相似的两本,它们都注重和标榜杂志的文学性,通过思考社会和探索年轻一代的内心世界引起读者共鸣,同时努力避免距离感,保持杂志的可读性。二者每一期都会围绕一个有一定广泛性和能够深入挖掘的主题进行组稿,然而二者选择的主题存在着一些区别,见表3。

表3 《鲤》(2012年1月至2015年1月)与《文艺风赏》(2014年7月至2015年2月)的主题对比

《鲤》系列的主题	出版时间	《文艺风赏》的主题	出版时间
不上班的理想生活	2015-1	伤口	2015-2
一间不属于自己的房间	2014-6	第一日	2015-1
宿命	2014-3	狂欢	2014-12
旅馆	2013-7	流言	2014-11
与书私奔	2013-1	盲从	2014-10
文艺青年	2012-8	规则	2014-9
变老	2012-6	难	2014-8
写信	2012-1	遗忘	2014-7

《鲤》的选题往往含有具体的意象,可以落实到一个人或事物上。2014年改版后的两期更是回归物质生活,开诚布公地讨论年轻人在工作、住房等现实

---

① 盛韵、石剑峰:《张悦然谈八〇后作家办刊》,《东方早报》2011年2月13日B02版。

压力下的生活状态。《文艺风赏》则多采用宏观抽象的词作为主题,始终保持着朦胧的状态。前者意在影响一个群体使他们思考共鸣自己的日常生活,后者隐约可见洞悉复杂世界的野心。但是《文艺风赏》每个月定时发行因而制作时间紧迫,对于这些暖昧主题的阐释不免难以深入。《文艺风赏》往往邀请作者围绕主题写作短篇小说发表在"封面故事"栏目中。如2015年3月以"入殓师"为主题探讨这一职业,除了小说《妈妈是我妈妈,但那个人不是我爸爸》涉及主题且笔触克制压抑之外,再无相关文章。而这期杂志新增了一个固定栏目"白银时代",以书写"旧时代"的集体记忆。第一篇文章《是我的青春,还是北京的?》是一篇访谈,回忆BBS(网络论坛)时代的北京。"青梅煮酒"栏目专访廖一梅畅聊写作背后日常生活的痛苦和趋于平和的自我,与本期主题毫无关联。与之相反,《鲤》对主题的阐释主要集中于"态度""面孔"等非虚构类的栏目,如《鲤·旅馆》探讨身处异乡对旅馆房间的片刻占有,在陌生疏离的环境中的情感体会。"沙龙"栏目采访了陈丹燕写作《成为和平饭店》的感受,通过旅馆的经历慨叹海明威的生平,"镜子"栏目以一组照片展现生活空间的孤寂。"小电影"栏目同样是一组照片,每一张都是《圣经》摆在旅馆房间的床头柜上。本期杂志中所有非虚构类栏目都围绕着主题展开,较为难得的是"小说"栏目中每一篇文章或多或少都以旅馆酒店为故事发生地,因此使得主题的凸显达到前所未有的程度。

(2)杂志策划与主编个人倾向的契合

杂志的选题和策划是主创团队灵感碰撞的共同成果,其中主编具有更大的决定权,他们自己创办杂志,而非受聘管理已经成形的杂志。因此与文本呈现相类似,杂志的产生过程能够表现主编个人的习惯和思想倾向,他们所关心的和回避的话题都体现在其中。

《ONE》成形的决定力量是主编韩寒,"什么都太繁多了,什么都太短暂了。恰好正在设想一本文学杂志的内容,回去我就和朋友们说,我们做简单点吧……于是就有了你所看见的《ONE》。"形式的讨论、栏目的删改都涵盖在这个"于是"之中,似乎正是那一时刻的灵感决定了杂志最终呈现的样貌。而一个月后《ONE》App打开页面,韩寒的名字从画面中央被移到下方写成"韩寒监制",也是源于韩寒认为"文化作品必须有很重的个人化烙印,但文化产品只有去个人化才能走得更远"①，因而刻意在《ONE》中淡化自己的痕迹。

《最小说》在结束了《小时代》的五年连载后，郭敬明的小说作品在杂志中也存在淡化的趋势。2014 年郭敬明在杂志中写作"导演日记"专栏，而现阶段郭敬明出现在杂志中主要是以主编的身份写作卷首语，对本期内容进行推介，或是在 I Want（我要）栏目对主创之间嬉笑怒骂的记录，郭敬明的身份更多地向最世文化的董事长倾斜。其近期出版的几部作品均是此前十年的散文集和拍摄《小时代》电影的记录，鲜见新的小说作品。其后 2015 年恢复了中断数年的《爵迹》连载，是为了已经定档 2016 年的同名电影而追赶进度的举措，伴随着演员阵容不断公布的小说连载也是文学写作中少有的现象。《最小说》因此成了作为董事长的郭敬明保持文学生产参与者身份、不断推出和培养新人、保持最世文化的影响力的平台。

《鲤》以杂志书的方式出版与张悦然"懒散惯了"和精益求精不无关系，没有定期出版的压力，《鲤》的出版周期从 2 个月到 8 个月不等，有充裕的时间为每一期做精细的准备。张悦然自述成长带来的转变，由偏执极端只关心自己到逐渐眼界开阔牵挂周围人的生活。因此有了《鲤》的诞生，也有了从最初的探讨人性情感的阴暗面到 2014 年下半年改版后开始关注更多与年轻人现实物质生活息息相关的问题。改版后的《一间不属于自己的房间》讨论租房问题，展示一批年轻人在各自的出租房中对生活和爱的热情。《不上班的理想生活》探讨自由职业但是并不盲目宣扬理想主义构建乌托邦，它展现了顺从本性带来的甘苦和自由所需的勇敢，同时也中立地呈现其中存在的问题，为读者提供借鉴和自我观照。② 主编个人的观念在杂志中充分展露，避免了读者对他们的印象长期停留在出场之初稚嫩封闭的青春期状态，弱化了曾经尖锐、矫情、偏执的负面色彩而变得更为积极，而其由读者印象构成的个人品牌也得以不断更新。

（3）受众预期的选择性满足

选择性地满足受众的预期，是大众文学期刊在选题和策划时需要考虑的因

---

① 韩寒：《让大家扫兴了》，http://blog.sina.com.cn/s/blog_4701280b0102ecxd.html，访问日期：2012 年 11 月 28 日。

② 张悦然：《鲤·不上班的理想生活》，2015 年 1 月 24 日，http://music.163.com/#/share/2313954/45889753，访问日期：2016 年 7 月 15 日。

素。像青春文学作家主办杂志自然会因为他们明星化的号召力吸引，包括稳定粉丝团体在内的诸多关注。粉丝们希望通过杂志更多地了解自己的偶像，甚至希望偶像把杂志做成个人的应用或粉丝团内刊。个人色彩被认为是理所应当，读者期待自己喜欢的某一因素在杂志中充分体现。目标读者明确并且满足他们的需求，是杂志成功的必要条件。这些青春文学作家身份多元，并不是所有因素都适合文学杂志，都有利于杂志的生存，主编在策划杂志时需要对这些因素进行规避，而非一味满足受众所有的预期。

韩寒从新概念出场之后以其抨击教育体制言辞尖利塑造了叛逆少年的形象，2005 年开通博客后把评论的范围扩大到社会生活的各方面，社会的一些不公正直言不讳地进行讽刺，阅读和评论数量始终居高不下，博客评论在最鼎盛时期每篇均保持在 2 万至 4 万之多。

2010 年《独唱团》上市之前就因为刊号、审核等问题数次搁浅，原标题《文艺复兴》来自网友征集但是因为无法通过审查不得不放弃。杂志本身的合作方也由聚星天华经由一系列关联转到盛大文学，经过十余家出版社的辗转审稿后形成第一期。在印刷期间被强行叫停，出版日期数度延误，出版后被认为是以书代刊受到调查，《独唱团》试图转为正规刊物无果，最后也只出版一期就无限期停刊。①

两年之后《ONE》App 上线，韩寒和他的团队有意编辑起温情清新的电子杂志。一方面是无法绕开的审核问题，电子杂志的市场准入较之纸质杂志有待完善因此空间较大。但是 App 的下架也非常容易，一旦下架，运营应用所需的少则数万多则数百万元的成本无法收回，远不及免费注册的微博传播的性价比。另一方面是韩寒等人针砭时弊未必起效，反而可能引起逆反心理。电子杂志《ONE》运作平稳，从 2012 年上线至今虽然早已退出 App 下载排行榜，仍然拥有着相当稳定可观的阅读量。兰蔻、Swatch、CK、Armani、Levi's 等经过挑选的品牌广告也给杂志带来了平稳运作的资金保障。

从当代文学思潮的角度来看数字化时期的大众文学出版物的选题策划，20世纪 90 年代延续下来的对精英和权威的反叛、对主流意识形态叙事的远离依

---

① 韩寒：《让大家扫兴了》，http://blog.sina.cn/s/blog_4701280b0102ecxd.html，访问日期：2012 年 11 月 28 日。

旧,个性化和多元化的需求有了更丰富和彻底的表达。书写宏大转向书写日常、表现群体转向表现个人,文字表达功能让位于图像与其他新鲜刺激的媒介形式,在文学消费领域则主要反映为文学审美教化功能的弱化与游戏娱乐心态的追逐。同时要指出的是,数字化技术实际上也传递了人人都可以进行文化消费的理念。纸质出版物的能指与所指产生了错位与分离,人们关心的不仅是出版物的内容,还有其内在的象征符号。买书与看书也成了现代人装点生活的一种途径。大众文学图书、期刊、影视与服装一样,成为日常生活方式的一种表达和呈现形式。因此,大众文学出版物在主题上普遍显现出时尚化和生活化的特点。出版商也有意地为其冠上各类名号来吸引读者的注意,引导读者去消费它的符号价值。

报纸、图书和杂志是社会生活的风向标,在一定程度上扮演着社会舆情表的角色。随着文学出版市场竞争的加剧和现代多媒体技术对出版活动的导向,大众文学出版物在选题上会更精准地去把握和定位读者的精神文化需要。它们更加细致地了解市场,更主动地贴近大众的日常生活实践,善于从当下选择题材而较少地以历史的眼光或未来的视角去书写,倾向于采用直观的、易引起共鸣的和容易进行后续运作的题材。需要说明的是,这并不意味着文学就自觉放弃了审美性和艺术性的承担,一味地去博取大众的眼球,单纯地为读者营造舒适的心理区域。可以说,商品化和文学性在文学作品中的权衡与斗争,并不是一道简单的选择题,而是摆在作者、读者和出版商面前的一个现实难题。大众文学出版尤其需要谨慎处理两者的关系。

三、文学数字出版选题策划

除了传统的图书和期刊出版物,在数字化时代,以网络文学为代表的文学数字出版也成为大众文学出版的重要组成部分,它打破了以往"组稿—编辑—印刷"的文学出版流程,在线创作、网络编辑、多媒体产品、线上发行等元素,使数字出版与传统出版呈现巨大差异,对大众文学的选题策划提出了新的要求。数字化的大众文学出版,不像传统图书或期刊出版那样,对具体的媒介载体有依赖性,当文学出版活动与互联网和新媒体接轨后,作品的形式、参与的人员和出版的流程都发生了变化。文学出版物不再局限于纸媒,电子数字形式的文学作品存在格式多样的电子书、网页文本、文本图片、虚拟环境呈现等表现形式，对于出版者而言，最终出版作品的形态决定了前期策划的方向。参与文学创作的人员不再像从前那样，作者的名声、稿酬、水平、数量等金字塔般逐层增减，而是在一片海蓝之中竖起高塔，优秀的作家和作品次第开花，传统出版中狭小的约稿空间面临淘汰。另一方面，数字编辑不只是会操作计算机的传统编辑，他们对于作者、作品的发现、选拔、编辑、营销都必须贯穿数字时代的思维。出版流程的数字化，正如第一章所论述的，呈现出非线性的特征，不管是作者、读者、编辑三者之间的交互，还是作品从草稿到正式出版物，都更像一张多种元素交织的网络而"不按流程走"。在这些特质之下，大众文学的数字出版策划显出一种逆向式策划思维，突出表现为从针对某一选题策划到培养作者和发现类型，多媒体出版与营销规划。

（1）以激励机制培养作者群体

在数字化时代，以网络文学的兴起与发展为代表，作家和作品从默默无闻到路人皆知的速度空前加快，同样地，新旧作家和作品的更新换代也更为频繁。出版商和编辑有指向性地栽培某个文学新人，不遗余力地发掘他的作品——显然出版社和编辑们在精神上不能缺少提携后辈的品质，否则无法适应日新月异的文学出版市场。对于某一作品的精心策划，很有可能因为"黑马"作品的出现，而错失读者市场，网络空间内作者群体和作品数量的庞大基数，使得"黑马"作品的出现概率和数量大大增加。也许黑马的比喻显得不那么恰当，但是不可否认，在既有文学类型的框架体系内，专门出版某一特定主题文学图书的风险比以往任何时候都大，读者对网络文学（这里广义的指所有产生于网络空间的文学）的自由选择，"击碎"了文学出版策划的预设。出版商与读者博弈的结果是，前者与其自己指定作者，再由作者吸引读者，不如让读者们自己挑选作者，自己牢牢地把握着作者，就能抓住读者。

落实到具体的操作中，便是出版商用激励机制刺激作者进行文学创作，形成庞大的初级作者群体，当他们的某些作品受到读者青睐，获得超高人气时，出版商便能从作品出版中取得丰厚的利润回报。网络文学大多采用这种作者激励机制的培养方式，阅文集团旗下起点中文按照 1 分/千字的比例向作者支付稿费，并且还有各种额外激励措施，例如设有全勤奖（1 个月内每天更新 5000

字以上就能够获得 500 元的奖励,每天更新 10000 字以上则会获得 1000 元的奖励)、月票收入等,由此吸引了大批"草根"作者从事网文创作。据统计,大约20％的作者通过在线创作每月的收入在上万元,70％的作者都是白天上班,空余时间从事创作工作,"他们之中绝大部分都与各大网络文学平台正式签约,能够享受到正规的平台福利和版权保护"①。《鬼吹灯》《盗墓笔记》《甄嬛传》《琅琊榜》等近年来超人气的文学作品,均出自网络平台,这些网络文学平台通过版权合作和衍生开发获利颇丰。目前许多自出版平台、社交网络平台、众筹平台也采用相似的手段,以激励机制培养作者群体,充分激发网络文学作者的创作力,又通过与作者的签约关系抓住读者。文学数字出版策划中以激励机制培养作者群体的方式,本质上是规避了互联网信息不可控的风险,把资源投入相对可控的作者身上,同时又调动网民参与性的策略。

(2)用类型涵盖主题

不严格约束文学内容的创作,并不代表数字出版商们完全不顾网络文学作品的选题,而是以类代题:用类型去涵盖特定的主题。在漫长的中国现当代文学发展历史上,大众文学类型的扩张与收缩往往反映着大众文学的繁荣与衰弱:20 世纪 30 年代不胜枚举的通俗文类,例如光言情小说就可以分为苦情、奇情、艳情、伤情、虚情、美情、魔情等。正是当时通俗小说市场庞大的表现,为了契合不同读者的审美需求,才出现了千万种小说类型。改革开放至今,不仅是武侠、科幻、都市这类传统通俗文类得到恢复,并在网络文学的发展历程中裂变出穿越、仙侠、悬疑、游戏、玄幻、盗墓、惊悚、青春成长等类型。

从中国网络文学发展的历程看,某一部网络文学作品的"火爆"带动的是某一类型小说的兴盛,《鬼吹灯》带动了《盗墓笔记》《茅山后裔》《盗墓之王》等一系列盗墓小说的出现,《杜拉拉升职记》之于职场小说、《梦回大清》之于穿越小说、《甄嬛传》之于后宫小说、《地狱十九层》之于悬疑小说等等。种种现实表明,当前网络文学环境中,当一部小说受到读者的广泛青睐之后,它的特定主题的背

---

① 佚名:《阅文 2016 年发了十亿稿酬,码字这么好赚?》,2017 年 1 月 16 日,http://www. toutiao. com/i6376118193160716802/? tt_from＝android_share&iid＝7390413818&app＝news_article&utm_medium＝toutiao_android&utm_campaign＝client_share,访问日期:2017 年 4 月 27 日。

后也许是一种新型类型的崛起。正如第二章所论述的,文学以类型化手段满足分众阅读就是当前网络文学的重要特征之一,文学数字出版策划首先要考虑到类型与作品主题的关系:作品是否是以类的形式出现,又该属于哪一子类型?类的所属决定了作品中含有的"吸睛"元素,比如起点中文网的奇幻频道下设的"现代魔法"子频道,就表明作品的背景设定是现代生活与魔法元素的结合。用类型涵盖主题,就是要在文学数字出版策划时,不仅关注到特定主题的内容能否被读者广泛接受,更应该把握主题背后的潜在文类市场。它们不是某一特定主题的策划,而是某一文类的策划,明确有价值的文类使得资源的投入更有方向性、针对性,比如对某一文类的创作提供更高的稿酬回报,由此抢占市场先机。

传统文学出版的优势在于精于一部或是一套图书,却在类型的道路上受制于现实,能够为类型文学提供的条件极其有限,而互联网的虚拟空间则有效地解决了这一问题。起点中文的奇幻频道下,还有"史诗奇幻""剑与魔法""黑暗幻想""历史神话""另类幻想",其他文类频道也有着众多的子频道,另外一些网络文学平台亦同样拥有名目繁多的文学分类。相比之下,我们在实体书店中看到的,通常是在某一大文类书柜上多家出版社的图书竞争"同一块蛋糕"的局面。此外,传统文学出版漫长的出版流程也注定了它的类型文学数量无法与网络文学相比较。但是,在专业编辑与优秀作者资源方面,传统文学出版有着以"草根"作者为主要创作群体的网络文学所没有的优势,它的图书往往"十年磨一剑",销售周期更长。因此,用类型涵盖主题,也是文学数字出版策划在与传统文学出版市场竞争中扬长避短的必然选择。

(3)注重多媒体出版与营销规划

正因为网络文学作品的出版很多时候并不落实到具体的图书或是期刊,没有了纸质的依托,数字化文学作品不能够只是简单的一部电子书、一个页面,它本质上是一项版权,以多媒体载体形式网络状地存在于互联网空间。所以,文学数字出版策划更注重多媒体出版与营销规划。

尽管数字出版如火如荼,电子书很长一段时间内不会完全代替纸质书,相反，美国 2015 年出版图书增量的主要推力来自纸质书回暖①，国内图书市场纸质书也占了多数份额。与厚重的纸质书相比，电子书必须发挥自己属于互联网络的特有优势，才能在和纸质书以及同类电子出版物的竞争中赢得一席之地。近年来，出版业常用的"内容产业""版权运营"等名词某种程度上反映了互联网中文学作品的本质：作为一种不固定于任何媒体形式的抽象的具有版权效力的内容。相对应地，一种内容版权以多媒体载体的形式出版，以电子书、手机阅读、电子阅读器文件等形式的文件为主体，有时还包括相关的视频、音频、图集等元素，如同纸质图书附带的光盘、海报一般，网络状地存在于网络空间与用户终端里。2008 年，冯小刚的长篇小说《非诚勿扰》以传统纸质书、网上在线阅读、手持电子阅读器出版物、手机出版等四种形式同步出版发行，采用的就是多媒体出版的策划方式。出版商在文学数字出版策划时，需要为内容设计好各式媒介载体形式的作品出版物，这一方面是诞生于互联网中的网络文学的本质属性要求，另一方面也是适应读者阅读接受方式多元化的必然结果，因为新媒体分化了读者人群，有的人选择阅读纸质书籍，有的人喜欢手机阅读，有的人倾向于在个人电脑上浏览内容。

在这一情形下，文学数字出版策划也更关注作品的营销规划。在信息爆炸的网络平台上，内容虽然以多种媒介载体形式存在，但在读者终端的屏幕上，一部电子书也许只是一个带有超链接的"方块"图案。没有出版商精心的营销规划，网络文学出版作品很容易被读者忽视，营销规划的作用在于引导、鼓励读者发现、阅读作品。其主要手段包括与其他艺术形式的互动，多媒体作品的内容互补，线上传播发展到线下出版，作品衍生产品开发等。总而言之，目前传统图书出版策划都融入全局化的视野，在文学数字出版策划中，必然更加强调作品在媒体与媒体、终端与终端、内容与内容之间的跨越与关联，甚至打破文字对于内容的框架。第四章将要论述的衍生产品开发、IP 产业、跨媒体叙事，从此角度来看，都是业界对内容非文字化呈现与开发的实践。

---

① 李欣人、陶庆娟：《2015 年美国自出版发展概述》，《出版发行研究》2016 年第 5 期。

第三节　发行渠道的开发与整合

除了出版品牌与选题策划,发行渠道的好坏也是影响大众文学出版物销量的重要因素,如果读者无法了解作品的相关资讯,或是无从购买作品,惨淡经营所得的文学品牌和选题策划都将付之东流。数字出版和电子阅读背景的形成,使得利用多媒体进行渠道的开发与整合,成为当下大众文学出版几乎必然的选择。

我国出版体制的转型改革和市场经济制度的确立,形成了图书发行"主渠道+二渠道"相互配合的格局,期刊销售也突破了仅邮局订购的单一途径,大型民营书业、小型独立书店、报刊亭等组成了遍布全国的出版发行网络。随着市场化程度的逐渐提高,文化商品日益丰富而竞争也愈发激烈,"你出我买"已经不符合出版物消费的现实状况,消费者面对书籍"买不买""买什么"的选择空间的扩大,促使出版者在选题策划时,就要考虑到出版物的发行渠道,如何鼓动消费者购买出版物。数字化时代下,随着媒介方式的扩大和娱乐氛围的增强,出版者不得不进一步开发与整合发行渠道,以媒介融合的视角创设新的文学出版发行路径,充分发挥网络、电视、电影、手机等各个媒介的优势,形成有利于出版销售的舆论环境,尤其要重视自媒体对于信息流动、消费行为的独特影响。

一、文学出版的发行新路径

相比纸媒的、平面的传播渠道,多媒体的、立体的发行新路径是不少出版社、杂志社在发行大众文学出版物时的首选。从被动的接受到主动的选择,从直线性的单一流通到环形的双向传播,数字媒体解放了文学的生产力,打破了文学作品从生产到传播的传统顺序机制,互动、沟通成为新型传播路径的核心特征,出版商、作家和读者三者的关系有了新的变化。其中,数字媒体大幅提高了读者群的地位,与此同时,出版商和作者的地位较之前有所下降。借助于各类网络平台,读者的阅读喜好、阅读需求有了直接而充分的表达,当这种喜好与需求达到较高的凝聚度时,符合读者期待视野的文学图书才会应运而生。

（1）媒介融合与作品传播

作品传播的速度和广度，与相应的媒介特质的速度息息相关，媒介融合则大大加速了这一过程。20 世纪 80 年代，出版产业、通信产业、广播电视产业、移动互联网产业等相关产业之间的联系就日益紧密，融合成为一种共识性的选择。这些原本独立承担了文化传播和教育功能的领域，以数字技术为实现手段，将各自的信息整合到一个平台上，以完成更大范围的资源共享。从低阶段的媒介组织之间由外部力量主导的人为性质的合作到高阶段的不同媒介形态之间的融会贯通，甚至衍生出全新的媒介样式。就出版而言，媒介融合主要是指书籍、报刊等传统媒体和网络、手机等新型媒体交织在一起，呈现出功能一体化的趋势，最终出版业与其他行业会逐步走向融合，移动阅读、网络出版就是媒介融合之后的产物。

通过微博、微信、网络社区等网民大量聚集的平台来宣传和营销畅销书作品，吸引潜在读者的注意力，为大众文学出版物的上市和热卖造势；通过搭建出版社自营网络书店，进驻当当网、京东商城、天猫等大型网上图书超市的方式，弥补实体书店在图书铺货量上的欠缺和滞后性，为读者提供及时的购买服务。这两种传播的路径充分体现了数字媒体对传统媒体的补充，也是数字化时期畅销书传播的必由之路。此外，图书、期刊等传统媒体在深度上的延展，在口碑上的营销，也与数字媒体形成了互补，避免负面作用的扩大与无限制传播。融合之后的出版传播链条，彻底颠覆了以往"你说我听"的单向传播模式，弥补了传统传播媒介不可避免的及时性低、反馈性差、忽视受众等缺点。不仅能够更好地将内容推送到目标读者的面前，而且赋予了读者发言的权利，在搜集读者反馈信息、跟踪并调查读者阅读感受和阅读趣味上有了实质性的进步和提升。以微博传播平台为例，不论是出版单位、作者还是文学畅销书作品本身，对其的依赖程度都在逐渐加大。在新浪微博，人民文学出版社、浙江文艺出版社、新星出版社、湖南文艺出版社等国内文学类图书运作最为成功的出版单位不仅开设了官方认证的微博，而且大力推荐新书，以抽奖、读者问答、有奖竞猜等多种形式与读者进行互动。其一方面吸纳读者对新书的评价，一方面也尽可能扩大图书的知名度和影响力。

透过媒介融合的视角来审视当下文学作品的传播，是非常必要的。尤其是在大众文学生产机制中,传播渠道是否高效畅通,传播方式是否全面可行,直接决定着读者的覆盖面和最终的销量。由此,原本横亘在出版商、作者和读者之间,尤其是前两者与读者之间的障碍也逐步被移除。作者和出版商由传播环节的主导者成了服务者与倾听者,会主动地向读者群体靠拢,试图为读者呈现最好看的内容。得益于传播渠道的拓展和传播空间的延伸,作者也试图呈现多样化的内容。"它(数字媒体)让接收者越来越摆脱被动获得传播接受的状态,成为可以互动的介入者直至主动的参与者;它让传播者越来越拥有传播空间与内容表述的无局限性。"在起点、晋江的原创文学网站上,作者以连载更新的方式发布作品,读者阅读章节之后跟帖表达观点,对情节发展的期待、对故事结局的走向以及对角色好恶的表述,很大程度上会影响作者后续的写作。也有学者将这种基于群体性的信息加工定义为"开放的编辑"。这种原本由专门的从业人员对书稿进行的指导和建议,在网络时代可以交由更多普通读者来完成,并且取得更佳的传播效果。对于草根作家而言,读者的点击率是直接的写作动力,与广大读者贴近,相比传统的出版环节更容易获得满足与成就。与此同时,在众人的注视和正反两极的评论中完成写作,网络作家们也势必会承载不小的压力,需要不断权衡读者反馈与自我要求之间的关系。

(2)青春文学作家"以书代刊"的办刊策略

在文学期刊的传播发行时,由于我国期刊市场准入制度的限制,新的杂志难以获得期刊号而成为正式的杂志,青春文学作家创办文学杂志大多有意模糊了图书与杂志的界限,采取"以书代刊"的形式,率先突破了媒介之间森严的壁垒。杂志书(MOOK)最早出现于日本,在当时杂志内容繁杂而不深入的背景下,根据读者的兴趣选择特定内容,制作了细致深入的特殊刊物。可见杂志书最初诞生便是分众理念的自觉运用。融合了杂志(magazine)和图书(book)的"以书代刊"的出版形式,兼具图书的专业性、厚重感和杂志的时效性,图文并茂,避免了图书的长篇累牍,更符合当前快速生活节奏和浅阅读的趋势。1996年山东画报出版社出版的《老照片》被认为是中国第一本杂志书,2000年开始山东人民出版社陆续推出学人"茶座"系列杂志书获得好评。其中《经济学家茶座》满足了市场化中读者尤其是白领阶层了解经济学知识的需要,其在创刊后的几年内时常在各类书店的销售排行榜上名列前茅，每一辑的销量在 2 万册以上[①]。中国的杂志书在不断发展中，但是由于出版环境和运作理念的成熟需要一定的过程，当时的传播渠道和营销手段较为单薄零碎，尚未形成轰动社会的热点现象。直到 2006 年底郭敬明的《最小说》以杂志书的形式试刊取得巨大反响，面向青少年读者的各类杂志书竞相出版形成热潮，杂志书这一形式才开始逐渐受到关注[②]。

政策是决定这批青春文学作家办刊方式的首要原因，期刊号在我国期刊出版制度下属于稀缺资源。根据《期刊出版管理规定》，"期刊出版单位出版期刊，必须经新闻出版总署批准，持有国内统一连续出版物号，领取《期刊出版许可证》"。面对期刊创办出版的审批难度和复杂程序，青春文学作家转向相对较为便捷的图书出版。然而"以书代刊"的形式事实上违反了《图书出版管理条例》"图书出版单位不得以中国标准书号或者全国统一书号出版期刊"的规定。而获得了期刊号的杂志往往使用了已经发行的杂志的刊号。例如《最小说》由杂志书转而成为正式的杂志，正是取代了长江文艺出版社原有的杂志《白桦林》。

杂志书在制作上自由度更高。杂志书以系列书的形式出版，以制作杂志的思路来制作图书，无论是内容安排或是组织方式实质上与杂志并无太大区别。杂志书一定程度上避免了杂志定期出版的压力，往往拥有更充裕的时间精力进行细致成熟的选题策划和内容组织，也因此在各方面能够更为精品化。例如《鲤》系列自 2008 年创办以来出版间隔为 2 个月至 8 个月不等，从容的筹备时间使得《鲤》表现出超越同龄其他作家主编杂志的深度和思想性。装帧设计、纸张选择等外部细节也更经打磨，而 35 元的定价和 26.3 元的网络售价相比《最小说》与《最漫画》捆绑销售的 16.8 元标价和 12.6 元网络售价高出了一倍多。但不可否认杂志书较长的制作周期，在信息高速更替的市场竞争中同样存在不利。一旦无法保持高超的制作水准，加之价格往往趋向于图书的定价，难以培养读者的购买惯性，容易昙花一现而为读者所放弃。因此明星主编的固定粉丝

---

① 卢云：《茶能醉人何必酒——〈经济学家茶座〉的选题定位及营销策略》，《出版广角》2002 年第 11 期。

② 以"杂志书"和"MOOK"分别为关键词在知网上进行主题搜索，尽管搜索结果总量并不大，但是可以看到 2007 年以来的研究成果数量显著提升。而相比学术界的关注，杂志书更多的是在青年学生中得到追捧，获得市场营销的巨大成功。

群对于杂志书来说具有重要的意义。

（3）电子杂志与多元化产品

在数字化时代，新媒体技术给了大众文学出版的介质与平台更多可能的选择。青春文学作家们的"以书代刊"进一步发展为电子杂志，电子杂志也似乎成了杂志未来的必然形态。根据数字阅读普及的现象及其表现出的显著便利性，人们预测纸本图书杂志的实用价值将逐渐被收藏价值取代，文学期刊面临着又一个转型时期。然而在经历了将纸质杂志简单数字化、多媒体网页电子杂志平台和电子杂志 App 的发展历程之后，电子杂志并没有像预想的那样席卷而来。如同电子书存在版权、定价、盈利、自出版、阅读体验等诸多问题，电子杂志同样面临着类似的问题，其中盈利模式成为最主要的困惑。

以单纯发行电子版杂志的《ONE》为例，2012 年上线以来以韩寒监制作为宣传招牌迅速蹿升至 App store 下载排行榜，杂志内容免费下载，主要依靠广告收入维持运营。杂志运作成本包括员工工资、作者稿酬、开发成本、技术维护成本等内容，合计大约为一年 250 万元[1]，广告收入不得而知。在电子杂志基础上制作系列书系并将其制作成畅销书是拓展单一盈利模式的有效方法。从 2013 年 8 月至 2014 年 7 月，《ONE》书系的第一个系列四本图书《很高兴见到你》《去你家玩好吗》《想得美》《不散的宴席》已经完成，每一本图书一经出版均能迅速登上畅销书榜单[2]，2014 年 12 月的《ONE》精选集《在这复杂世界里》出版，同样进入畅销书排行榜。

观察第一个系列的四本图书的上榜情况可以发现，无论是上榜期数还是名次均出现了一定的下滑趋势。截至 2014 年 12 月，《很高兴见到你》《去你家玩好吗》《想得美》《不散的宴席》上榜次数分别为 8 次、4 次、3 次、2 次，在排行榜上的最高名次分别为第 2 名、第 3 名、第 9 名、第 6 名，《在这复杂世界里》首次上榜位列第 7。一方面是作为监制的韩寒在《ONE》及其书系中的淡化，另一方面是作为文学平台使许多写作者为读者所认识并各自形成一定数量的粉丝团

---

[1]　韩寒：《让大家扫兴了》，http://blog.sina.com.cn/s/blog_4701280b0102ecxd.html，访问日期：2012 年 11 月 28 日。

[2]　开卷 2013 年 8 月和 2014 年 1 月、3 月、4 月、5 月、8 月非虚构类畅销书排行榜均可见到一本或一本以上的《一个》系列作品。

体。《ONE》书系的热潮消退趋势一定程度上"是主创团队主动'去韩寒化'带来的副作用，但换言之，'一个'书系所承载的平台效应正在发挥越来越重要的作用"[①]。仅仅依靠主编的个人号召力和粉丝经济也许可以获得一定时期内的市场效益，但对于杂志本身来说并非长远之计，"去韩寒化"的《ONE》及其书系所取得的成绩才是杂志的真实水平。因此，《ONE》以电子杂志为基础到出版纸质畅销书的过程，不仅是电子杂志盈利模式的拓展，更具有作为创刊者的青春文学作家探索杂志运作中淡化个人色彩、突破粉丝经济的意义。

同时《ONE》以电子杂志为平台使一批年轻的文学写作者进入更多读者的视野，他们以《ONE》人气作者的身份推出作品，冠上"韩寒监制"的宣传语，形成了一批畅销书作者。相比最世签约的作者，他们更为独立和松散，但同样受到各自杂志主编核心影响力的辐射。时至今日，文学杂志的发行出版早已不限于单纯的杂志或杂志书本身。纸本与电子杂志并存，图书与期刊联动，在杂志文本的版权交易中，青春文学作家甚至跨界亲自将自己的文字作品制作成影视作品。各种衍生产品日趋多元化，与他们的多重身份相对应，以杂志作为基础不断枝繁叶茂的文化产业链，对青春文学作家的经济利益和个人品牌传播的巨大推动早已远远超过了杂志本身的影响力。

新型传播路径的形成与确定，毫无疑问为大众文学的出版和消费带来了深刻的变革，不仅仅是电子杂志，其他包括各种形式的电子书和网页，以及影视、动画、游戏、音乐等文字之外的艺术形式，都将成为大众文学出版传播的路径。除了纸质图书和期刊以外，以网络状分布存在的多媒体形式产品也是未来大众文学出版物的常见形态。它构建了新型的"生产—传播"关系，塑造了新的传播内容，更为深层次的影响则在于重新定义了传播的信息来源、实现形式、更新速度，乃至培养了新时期大众文化消费的心态和模式。

二、制造舆论效应

使用多媒体渠道进行大众文学的传播，不仅仅是用多媒体为大众文学图书

[①] 开卷网：《开卷 2014 年 12 月非虚构类畅销书排行榜分析》，2015 年 1 月 26 日，http://www.openbook.com.cn/Information/2120/3375_0.html，访问日期：2015 年 2 月 1 日。

消费打通障碍,也在于运用多媒体为大众文学传播图书讯息,即各个媒体配合之下形成立体的图书舆论,告诉读者"有什么好书""要买什么图书"。文学图书的特殊属性,对如何制造图书消费的舆论提出了很高的要求——恰如其分而不过于浮华,否则文学图书完全沦为商品反而降低了文学图书在读者心中的地位。其结果是,相比广告,制造"话题"成为多数出版者的选择。

由于成本、利润与品种等条件的限制,图书并不是适合营销的产品。绝大多数大众文学也往往不是通过广告宣传的巨资投入才产生的。例如,《达·芬奇密码》的传播策略是在图书正式出版之前,向书商、评论家、同类型的作家等寄送了 10000 份书稿,为图书营造公共讨论的氛围。通过这些能在社会上产生影响力的人之口,小说不仅已经全民皆知,而且民众对它的期待值和好奇感也上升到了最高。丹·布朗的这本图书在第一周的销量就超过了此前他所有已出版图书的销量总和。① 策划、制造"话题"以引导社会舆论的走向来为图书争取注意力,营造良好的阅读氛围,是畅销书在推广过程中必不可少的环节。相比于 20 世纪 80 年代图书畅销热潮,古典文学著作和现代文学名著销量屡屡突破几百万册,当下的文学出版和图书市场处于供过于求的状态,读者对于文学类书籍的需求远低于一般的消费品。畅销书排行榜的定期发布,除了对一段时期内的图书市场进行梳理和统计之外,也在潜移默化中制造了舆论,影响了读者在消费时的选择,为上榜图书争取到了更多读者。从表面上看,大众(包括读者)的注意力从图书转移到了其他媒介,且呈现出分散的趋势。当微博、微信等平台从单纯的信息交换和社会联络的功能平台发展为社会舆论的发酵地和流通阵地时,个人虽身处信息的洪流却极容易丧失对信息的甄别能力,从而成为跟风者。数字媒介以其强大的制造话题和传播话题的特性成为畅销书市场推广过程中新的助推力量。

契合社会话题、顺应时代的趋势去创造话题或者引发观点截然相反的双方去争论一个话题,有利于将分散的大众注意力聚焦到某一本确定的图书上来,扩大图书的销售,甚至是带动市场上同类图书的销量。畅销书由此也成了社会的风向标,染上浓重的时代印记和鲜明的话题色彩。《蜗居》的畅销背后是大众

---

① John B. Thompson. Merchants of Culture [M]. Cambridge:Polity Press,2010,pp. 47-48.

对于房奴和小三现象的思考。这部2006年就在网络上连载的小说，早已引发过网友关于价值观念和个人追求关系的探讨，影视剧的播出使得它从小范围的网友互动发酵成全社会的热议话题。两者合力之下，2007年底就出版但成绩非常一般、与畅销无缘的《蜗居》，在2009年创下了销量的奇迹，蜗居也成了专有名词。《致我们终将逝去的青春》亦是如此，在电影上映之前，辛夷坞的这部成名之作已经是言情小说领域的经典作品，在畅销书的行列。经由电影的推广，"致青春""怀念青春""重温青春"成为当年最流行的话题之一，它及时地迎合了现代人怀旧的情绪和在都市里略显落寞与孤寂的感伤情怀，借由回忆的力量来营造话题。由此，在开卷2013年上半年度的虚构类畅销书排行榜上，《致我们终将逝去的青春》以及《致我们终将逝去的青春》（全新修订本）分别位列第5和第6。在直击当下的生活、表达大众的喜怒哀乐情绪上，文学畅销书扮演了正面的角色，获得了读者的共鸣与支持。正是由于它毫无保留地将自身置于鲜活生动的社会广场之中，融入广大民众的日常生活，才能够与时代产生强烈的共振。

也有相当一部分文学畅销书是带着巨大的争议出世的。从传播的角度讲，争议本身就是吸引大众注意力的磁石，迎合了大众的好奇心和跟风心理，意味着关注和读者的期待视野。越是争议越有销路，这在文学类图书市场上近乎真理。郭敬明《小时代》系列小说的畅销，离不开他本人作为社会话题人物的直接性的宣传动力。特别是在新浪微博上，反对者撰文批评、毫不客气地指出作品过度宣扬物质的弊端，而支持者则与之针锋相对、寸步不让。两方的论战让原本一个普通的文学作品评价问题愈演愈热，相关文章与评论得到几万次甚至十几万次的转发，都让郭敬明以及《小时代》系列成为2013年夏天最热门的话题。《第七天》上市时，出版社冠之以"余华迄今以来最好的小说"的名号，另一方面，"余华最差的作品""小说中的《天机·富春山居图》"等评论很快也接踵而来。两级的评价背后，是《第七天》不断领跑文学畅销书排行榜的成绩，有评论者将其称为符合读者的"逆反心理"。负面的评论成为作者和出版商为作品制造话题的手段，当这些评论随着网络在社会中实现无障碍的广泛传播时，关注的人群会扩大化，由此造成潜在读者群体越来越大。尤其是在专家的权威不断消解弱化的时代，这部分读者倾向于通过文本的阅读自主获得对作品的认识。

在新的传播环境里,话题就是一种生产力,不论是大众文学图书的畅销引发了热点话题,还是因话题效应推动产生了畅销图书,只要在法律和道德许可的范围内制造与借力话题,都是宣传大众文学的一种可行方法。

三、自媒体与互动式传播

在各种多媒体渠道的应用中,自媒体对大众文学出版物的传播功效不可小视。因为单方面的营销宣传有时并不能完全达到预期的效果,自媒体的快速发展使得作者与读者的互动、读者与读者之间的交互推广变为不可忽视的传播途径。如何利用自媒体的互动式传播模式为大众文学出版传播打开新的空间,是作者与出版者都应重视之处。

数字出版不仅仅在于出版物呈现形式的数字化,如手机阅读或其他的移动阅读终端,更在于数字技术和互联网思维在出版过程中的应用。数字化不仅是技术层面的变革,更是出版物运作理念的转变,为读者互动提供了更具操作可能的环境。尤其是自媒体的流行把内容、作者与读者的关系推向了前所未有的密切程度,不仅使作家的曝光率得到显著提高,也使读者成为内容传播过程的主动参与者。年轻一代运用网络和自媒体接收信息的比例,早已超过了传统的报纸、电视等媒介。以他们为目标读者的杂志选择自媒体的传播方式,显然有助于提高效率。在自媒体上形成热点、在网络上广泛传播、得到电视报刊等媒体的报道,这已经成为产生新闻的常见路径。如今个人品牌的相关性不仅要求提供满足受众需求的内容,同时还要求选择符合受众接受习惯的传播媒介。

比较典型的是,网络作家、青春文学作家在自媒体中频繁与受众形成接触从而加深印象,塑造他们所需要的个人形象,甚至可以由网络进入传统媒介,随着曝光率强化他们的个人品牌。

(1)自媒体的传播价值

美国学者谢因波曼与克里斯威理斯在研究报告《自媒体》(*We Media*)中提出:"自媒体是普通大众经由数字科技强化、与全球知识体系相连之后,一种开始理解普通大众如何提供与分享他们本身的事实和新闻的途径。"自媒体是数字媒介技术发展与普通人追求话语权和社会参与感的产物,除了直接发表个人的情绪观点，用户也能够通过转发分享他人的信息显示个人倾向。虽然网络的审查监督机制在不断建立并趋于严格规范，但是个人言论的权利与自由在自媒体中得到前所未有的实现。

自媒体的传播建立在使用者关注信息传播者账号的基础上，这种关注是自主行为，用户往往通过检索或他人的分享甚至系统根据数据分析之后的推荐来选择自己感兴趣或与自身具有同质性的其他用户，建立单向或双向的关注关系。在这样的模式下，信息传播的接受度和精准度地一对多的大众传播模式更具有显著的优势。从早期BBS的板块分类、博客的社区圈子开始，分众理念早已融会在自媒体发展中。种类繁多的自媒体之间也存在着信息流动的上下游关系。随着博客热潮的消退和人人网的落幕，微博尽管被微信削弱了部分社交功能，但是对比主要经营熟人圈子的各类社交网站和微信平台，其具有高效广泛的传播、庞大的用户数量和居于信息流上游的地位。微博仍然是当前青春文学作家自我宣传最活跃的平台。公众人物的身份使他们在经营自媒体之初就拥有出众的关注度，自我宣传也因此具有庞大的接受基础。目前韩寒和郭敬明的微博关注量分别达到4178万和3703万，而他们的博客尽管都已停用，但仍然分别保持着170万和39万的关注人气。

自媒体的网络化传播中，年轻作家与受众的接触机会大量增加。作为信息的源头，他们是传播网络的核心节点。围绕在他们周围的关注者在直接接收、评价源头信息之后将其扩散出去成为桥节点，更多的离核心节点距离较远但集起来规模巨大的长尾节点用户通过这些桥梁的作用接触到源头信息，他们可能由此开始关注信息源的年轻作家而转变为桥节点去制造更多长尾节点。由此"讯息的传播呈现出核心向边缘传播整体趋势下的多向性、扩散性和无序性"[1]。大量的转发分享使得年轻作家个人品牌的传播效率和传播范围指数增长，加上桥节点即转发者的评论使得信息在关注桥节点的长尾节点用户中的可读性得以提高，年轻作家的曝光率随之提高。曝光率的提高是获得社会注意力的前提条件，微博的评论、转发、点赞数量以及新增加的阅读量统计功能量化了社会注意力，如果转发者中出现知名微博用户，对于源头信息的传播会产生推

---

① 代玉梅：《自媒体的传播学解读》，《新闻与传播研究》2011年第5期。

波助澜的作用。如1月14日落落发表微博表明即将作为导演翻拍自己的小说作品《剩者为王》,这条微博截至2015年2月4日得到了13089次转发,其中有4690次是在郭敬明转发该微博后的再次转发,而郭敬明的转发更是得到了29456次的点赞①。

同时,微博为作家们全方位塑造个人形象提供了便捷的途径。对于微博使用者来说,没有人愿意关注毫无信息量和趣味性的微博账号,年轻的用户热衷于通过微博得到娱乐放松而不是一本正经的内容。人们愿意看到郭敬明在微博上与一众好友嬉笑怒骂,他不时地"自黑",可见情商出众。韩寒表现出对公益和社会的关注,不改讽刺和文艺,又不介意粉丝的玩笑。张悦然和笛安在微博上探讨文学和生活,分别对《鲤》和《文艺风赏》以及其他优秀文学作品进行推介,表现纯粹的文学爱好。但是相比韩寒、郭敬明数千万的关注量,张悦然和笛安均为122万的关注量显然与前两者存在巨大的差距,其中包含了粉丝群体的差异。同时韩、郭微博的娱乐性对于粉丝范畴之外的用户显然具有更大的吸引力。无论如何,作家的个人形象在微博的使用中不断丰满,这一过程表现出的幽默风趣、友好互助、关注社会、情商出众、勤勉努力等个人品质,在图书或杂志的出版中无法真切周详地感受到,却无不是有助于强化个人品牌和巩固粉丝忠诚度。

(2)受众互动式反馈的狂欢

无论是对于传统的大众传播或是如今方兴未艾的自媒体传播,受众都具有至关重要的地位。受众反馈的方式包括书信、电话、邮件、论坛、贴吧、官网等不断发展的途径。网络时代受众拥有了高度自主性,对传播活动的参与再也不仅局限于接受者的角色。相比反馈在大众传播时期受到技术层面的限制,自媒体为受众参与互动和传播者了解受众需求提供了前所未有的便利,尤其以微博互动最为频繁,表现出狂欢化的倾向。

狂欢化理论源自巴赫金狂欢化诗学理论,所谓狂欢化是现实生活中狂欢节及其种种形式和象征转化为文学语言,即狂欢节向文学语言的移位,而狂欢化

---

① 微博的转发数量统计会把源信息的直接转发与间接转发的数量都计算在内。数据获取时间为2015年2月4日15:30,网址:http://weibo.com/1708309817/BFxgUhvLl? type=comment#_rnd1423035078697。

的最初渊源就是狂欢节本身。狂欢节表现出人们之间自由的狎昵交往，人与人之间新型的相互关系，狂欢式不对等婚姻和亵渎，投射到文学作品和作品体裁中，形成特定的文学发展路数①。随着网络空间的发展，网络传播领域具有了更直观的狂欢节的映照。微博形成众声喧哗的虚拟民间广场，模糊了大众与精英的区别。一方面人们参与社会公共事件形成多元话语，打破传统媒体建构的信息传播中心化结构。另一方面插科打诨戏谑反讽，极尽所能地进行娱乐和宣泄，这场对抗主流意识形态、颠覆话语单向传播秩序的狂欢盛宴，从十余年前的BBS（网络论坛）时代到仍然缺乏监管的今天，表现出趋于个人主义的"消极自由"（Passive Freedom）②，在历来"克己复礼"、缺乏情绪发泄途径的中国民众中形成了一场虚拟世界的真实狂欢。

狂欢的全民性体现在当前作家使用微博的普遍性，他们的微博关注者、评论转发数量庞大。关注者发表言论自由和主动，同时存在某些非理性的倾向。尤其是在类似方韩之争的一些事件发生时，更是把一批知名微博用户卷入其中。但是，受众互动的狂欢化在作家的微博互动中最为突出的是娱乐、恶搞的现象，其中以韩寒的微博粉丝最为活跃。2013年韩寒在微博上发布了一组女儿小野的近照，引发网友排队回复"岳父"，2014年2月微博出现话题"国民岳父韩寒"，阅读量迅速超过28万，登上热门话题排行榜，韩寒也发表微博作为回复："怎么会有这么个话题。以前看月亮的时候，人家都叫我韩少，现在新人胜旧人，在片场大家都叫我岳父。我的青春也太短暂了……"不仅如此，韩寒的大多数微博都被关注者发掘出取乐的因素，评论和转发中充满了五花八门的玩笑和对韩寒式幽默讽刺的仿写，这种带着狂欢的笑谑色彩的互动具有"使时空象征发生易位和变化"的力量，能够把居于关注核心的焦点对象纳入趋于粗俗的交往中，从各种方面打趣、亲昵，消解时空距离③。韩寒的微博大热的另一个原因在于除了寻求娱乐和宣泄之外，韩寒本身的特质天然地能够满足关注者在狂欢化中反主流反体制的心理需求，从出场之初的叛逆少年逐渐建构起今天"公

① ［俄］米哈伊尔·巴赫金，刘虎译：《陀思妥耶夫斯基诗学问题》，北京：中央编译出版社2010年版，第116—119页，第135—137页。
② 黄健：《网络时代文化传播的潜伏危机》，《新闻传播与研究》2000年第4期。
③ 夏忠宪：《巴赫金狂欢化诗学研究》，北京：北京师范大学出版社2000年版，第71页。

共知识分子"的形象。韩寒自称"对世界的抵抗跟以前不一样"①,方式改变而"抵抗"的本质并未改变,而这种"抵抗"正是狂欢化诗学理论在文化层面上揭示的中心化与边缘化、向心力与离心力的相互抗衡中的一股力量,是对单一文化的垄断地位的动摇。与欣赏者和追随者相对应,韩寒的微博也吸引了一批具有"围观"心态的用户,既有突发性爆料如韩寒出轨事件等引起的围观,也有对日常的微博评论内容的关注,即经常在评论中出现的"我是来看评论的"。

对于个人微博大热但是宣传杂志力度并不大的韩寒等人来说,受众互动的狂欢化对于杂志的影响更多是间接的方式:通过影响他们本身在受众心目中的形象,在玩笑中消除距离感使偶像切实可感通过个人品牌来影响受众对杂志的接受。而这种通过微博等自媒体塑造形象的方式,其本质与此前媒体对韩寒等人个性、思维的刻画从而产生"明星"的身份和效益是一致的②。

然而同样是自媒体的微信,虽然被视为对微博的冲击,但是受众互动的狂欢却并没有在微信中得到延续。双向关注和熟人圈子的特征决定了作家个人无法在微信上与数量庞大的读者进行互动,但是微信的这种私密性使得公众号的主动订阅和阅读量能够更真实地体现杂志受关注的程度。与微博传播相似,微信公众号首先向已经订阅的读者传播信息,由他们将内容转发给他人或者分享到朋友圈进行第二次传播,区别在于推送之后读者无法看到清晰链式转发关系,转发之后系统也不会把具体内容反馈给公众号,形成了读者主动订阅之后的单向度传播。目前像《ONE》《鲤》《最小说》《文艺风赏》这样的青春文学刊物均已创办了微信公众号,推送内容大多是转载文章,《鲤》和《ONE》的推送阅读量相近,均保持在2万至4万,远不及《ONE》App每期文章20万至50万的阅读量,这似乎体现了文学类型之间的差距,对于读者来说小说阅读比杂文和评论更有吸引力和可读性。《ONE》的公众号在每日推送最末端贴出杂志最新一期的文章标题和问题,然而在此对杂志进行宣传似乎意义不大。因为尽管无法得知公众号的订阅量,但是根据杂志的发行和公众号公布的先后顺序,可以推测公众号的读者群包含在杂志读者群中,这也是全媒体时代加深读者印象的必要手段。

---

① 韩寒个人微博,2014年7月24日,http://weibo.com/1191258123/Bf345tTwz? type = comment,访问日期:2017年2月21日。

② 斯炎伟:《媒体行为与当前文艺的运作》,《社会科学战线》2004年第5期。

第四节 重塑经典与影视同期书

建立作家品牌和品牌群落，全方位的选题策划，多媒体渠道的开发和整合，这些推动大众文学出版物传播的有效手段，往往不是单独运用的。在实际的出版生产活动中，它们以相互配合的方式共同发生，会带来更加出众的传播效果。一本书、一部杂志、一套丛书的发行畅销，既需要好的品牌，也需要好策划、好渠道，既有累积起来的作家口碑、长期的主题、稳定的发行网络，也有临时的作家推广、新近的内容、专辟的渠道。在作家品牌、选题策划、发行渠道的合力作用下，出现了许多我们耳熟能详的图书、书系或是丛书，重塑经典和影视同期书，便是由此出现的不可忽视的文学出版现象。它们是原本不存在于文学类型之中，受到文学出版营销影响催生出的典型出版物。无论是重塑经典还是影视同期书，少有是作家自发创作出来的。

一、文学新经典的出版式打造

文学新经典是前些年影响较大的文学和出版现象，对经典的认知不同，导致了读者、出版界、学界对它的议论纷纷。对于读者来说经典永远是优先的消费对象，但是经典终究是人为塑造的。经典代表着一定的文化地位——"什么才称得上经典"，出版社冀望以经典为品牌，实现出版上的突破，需要考虑选题策划、舆论制造、发行渠道的同时，还不得不考虑到文化的影响。因此，如何用数字化、市场化的传播方式，推动经典走向读者，走向世界，成了文学新经典突出的典范意义。

（1）文学出版的重重危机

读者对经典的认可，使得文学经典一直是文学出版物中的长销书，为出版社带来源源不断的利益。文学经典的确立并不仅仅是一个文学评价的问题，它受到读者反复的阅读接受与出版机制的影响，从某种程度上说也是一个出版问题。在信息爆炸，"何谓经典"却愈发模糊的当下，出版社打造文学新经典，是希望以"经典"这一概念为品牌实现图书的畅销大胆尝试,它需要发行路径、选题策划、营销宣传、传播渠道,甚至是评论界等各个方面的配合,可以视为一次积极主动的文学出版"品牌"创造行为。

著名学者朱大可在接受《财经时报》采访时曾经直言:"当下的文学生态,就像一个'工业化'的垃圾生产流程……出版物很多,看起来琳琅满目,可以拿来吃,但却大多是问题食品。现在也丧失了基本的检验标准。文学的核心价值究竟在哪里?它人间蒸发了,完全不能支撑作家灵魂的内在超越,作家书写的目标只是基础价值,也就是市场和版税,而不是终极价值,甚至不是中间价值。"①尽管文学出版总体上呈现出繁荣的景象,但数量的急剧膨胀与质量的急剧下降往往相伴而生,隐藏着各种乱象与危机。每年新出版的图书数量和种类呈井喷之势,从表面上看确实预示着当年文学图书市场的繁荣,但单册销量的下滑、图书印次的减少以及在架周期的缩短,仍让文学出版颓势难掩。出版社追求短期的利润与商业回报,注重畅销书的品种与数量,盲目跟风热门的题材,导致同类图书的雷同出版现象严重,造成了出版资源的浪费。诗歌、散文等文学体裁的衰落,唯长篇小说一枝独秀。各种缘由除了国家对长篇小说的扶持之外,还在于新媒体与数字阅读终端的影响,长篇小说具有其他文学体裁不可比拟的重塑性,也因此成为最具有市场前景的文学体裁。

文学出版的另一重危机还表现在读者群体上。从当下的形势来看,读者群体的低龄化和低智化现象仍然比较突出,纯文学在普通民众中间的影响力有限。实用主义之风盛行,导致大众将文学图书与财经类、生活类读物画上等号,迫切地从书中寻找狭隘的生存"智慧"和消遣的愉悦,这间接影响了图书出版的选题策划,从功利和实用的角度去打造图书成为不少出版单位的思路。面对读者各种各样的阅读需求和低俗化的阅读趋势,作家和出版社也面临抉择,是主动地满足、盲目地跟风还是有选择地去改变现状,总体来看,倾向于前者的无疑占据着主要比例。自 20 世纪 80 年代末多种文学思潮的退潮,文学生产呈现出分散化和多元化的状态,难以由一种统一性的观念主导它的发展,而伴随着其他大众消费形式的兴盛,大众对于文学的关注度一降再降,对于大部分读者而

---

① 朱大可:《中国文坛是个垃圾场》,2008 年 4 月 28 日,http://www.ifeng.com/fcd/200804/0428_3040_511868.shtml,访问日期:2013 年 7 月 10 日。

言,过去精心建构的文学作品已经逐渐失去了吸引力,"文学青年""文艺青年"等名词也沦落为哗众取宠的身份象征。

(2)重构文学经典的选题策划

"中国当代文学正面临着一个反思与重建的良好契机,这契机却是通过危机与焦虑表现出来的。"①在大众文学图书运作的乱象与危机之中,在文学性和商业性的调和之中,在类型文学之外,重新去建构文学经典,是大众文学出版值得尝试的选题思路。

以打造文学经典为目标的选题策划,相较于类型文学畅销书而言,并没有形成流水线式的生产模式。经典与畅销的组合具有矛盾的特质,操作与实现的难度远比类型文学来得大,尤其是要改变评论家只见经典不见畅销、读者只见畅销而不见经典的接受定式。在重新建构文学经典时,读者需要更多地参与进来,黄书泉认为,"大众读者是文学接受的主体,不仅直接参与了对文学价值的建构,从一定程度上讲,文学经典主要也是大众读者制造出来的"②。从文学畅销书排行榜的情况来看,文学经典不但时有上榜,而且在榜时间比一般的畅销书更为长久,钱钟书的《围城》、陈忠实的《白鹿原》、余华的《活着》等图书都是长盛不衰的畅销佳作。从销量上来看,这部分图书不仅能在上市初期就形成一个高峰,迅即进入畅销书的行列,而且重印和再版的需求很大,能不间断地引起不错的社会反响,保持稳定的销售数量。

从选题策划的角度来说,开发出一批既具有高度的审美价值和文学意义,又适合普通读者阅读的文学图书作品,更多的是以读者的角度而非评论家的角度去完成对一部作品的经典化塑造。正如董丽敏所言:"出版社选择的图书不一定是最优秀的,这其实是出版社对于畅销书在文学性上的基本定位,这一定位的合理性在于,最优秀的文学作品往往会以其高标独格的个人创造性形成大众接受层面的障碍,从而影响其畅销程度。"③在大众消费文化占据社会思潮主导地位的当下,它体现了出版社的文化承担,以经典和精品的力量来引导大众,

---

① 夏烈:《文学未来学:观念再造与想象力重建》,《南方文坛》2013 年第 1 期。

② 黄书泉:《文学消费与当代文学经典建构——以〈平凡的世界〉为例》,《扬子江评论》2013 年第 1 期。

③ 董丽敏:《当代文学生产中的〈兄弟〉》,《文学评论》2007 年第 2 期。

让高雅的文学在市场中仍有一席之地,因此亦可看作文化追求和市场利润耦合后的产物。

（3）文学经典出版三种思路

数字时代,经典何为? 当前的文学出版呈现出两极的矛盾局面,一方面是出版资源的井喷式增长,类型文学成为畅销书运作的主流,类型文学具有内容海量和高更新换代速度的特点和优势,自然也带有淘汰速度快的弊端,另一方面则是文学经典作品的稀缺,以及各家出版单位对优秀作品的争抢。这种缺失一方面表现在对已有文学经典的传承和发扬上,另一方面则表现在新经典的创作和出版数量的不足上。为了在纷繁的文学出版市场打造具有持久生命力的优秀畅销书,势必要求出版社对已有的出版资源进行整合和优化,善于从多种平台和多条渠道去挖掘丰富的选题。对经典文学作品题材的把握和开发,可以分为以下三种策划与生产思路。

a. 引进国外优秀出版资源

图书引进模式——引进国外优秀出版资源。在引进类文学图书市场,畅销的经典作品是重要的一个组成部分,除了作品本身的内涵和精神价值之外,国内原创文学图书市场的变幻莫测也让不少出版社倾向于通过版权引进的方式来开发合适的选题,推出风险度较低的作品。而随着消费环境与读者心态的变化,传统的西方文学名著不再是引进的重点,这部分市场已经饱和,而且消费人群越来越少,出版社会更青睐于带有鲜明个人风格的名家经典以及具有获奖(主要是诺贝尔文学奖)潜质的作品。从近几年的榜单统计来看,村上春树的《挪威的森林》《1Q84》,马尔克斯的《百年孤独》、卡勒德·胡塞尼的《追风筝的人》、帕慕克的《我的名字叫红》等是最受读者欢迎的文学经典作品。其中,帕慕克的作品是在其获诺奖之前就已经引进,而畅销则是在获奖的带动刺激之下才得以实现,艾丽丝·门罗的小说在 2013 年的热销也是基于此。图书引进对出版社的综合实力尤其是经济能力具有很高的要求,对于文学经典的引进来说,出版社自身的知名度和在文学出版领域的实力都至关重要。因此,这部分图书都集中于大型的文学、文艺出版社,以人民文学出版社、上海译文出版社、译林出版社为主,也有像新经典文化有限公司这样实力雄厚的后起出版机构致力于引进国外经典文学作品。国内读者所熟知的村上春树、黑柳彻子、马尔克斯等国外知名作家在中国的火热，很大一部分就得益于新经典的版权引进工作。

b.再造本土出版资源

传统作家与作品——再造本土出版资源。成名于20世纪80年代的作家，仍有不少从事文学创作，相比于网络写手而言，他们的写作更容易让作品获得长久的生命力，但罕有引起较大轰动和市场效益的作品产生。一方面是作家本人试图找到一个突破口实现转型，另一方面则是出版社看重这部分作家的文学实力以继续挖掘优质作品。由此，传统作家依然是文学出版市场的一支不容忽视的力量，在出版社有意识地选题运作之下，他们的作品仍具有不小的号召力，刘震云和余华便是最成功的两位作家。从写作风格来说，刘震云是很接地气的作家，对生活不遗余力的细致剖析和黑色幽默式的调侃乐观，让他的作品在评论界和市场中都广受好评，将经典与畅销这对矛盾调和得很好。他在长江文艺出版社出版的《一句顶一万句》《我不是潘金莲》两书的首印量都超过40万册，进入畅销书排行榜，而且前者还获得第八届茅盾文学奖。除了刘震云之外，长江文艺出版社还出版过叶兆言、苏童、毕飞宇、阎连科等纯文学作家的最新作品，市场反响都很好，是当下难得的文学佳作。余华从先锋作家转向大众写作以来，饱受争议的同时，也成了当之无愧的畅销书作家，且不论《活着》每年都在畅销书排行榜内，2005年和2006年先后出版的《兄弟》上、下两部，总销量逼近100万册，而2013年6月上市的《第七天》，预订量就达到70万册，足见出版社对余华作家品牌的认可、市场对余华作品的认可，这在销量日益萎缩的文学出版市场不得不说是一个奇迹。

c.发掘与培养新的出版资源

新作家群体与新作品——发掘与培养新的出版资源。培育文学新人，发掘新的经典之作，是文学出版的重要使命所在。从出版社的角度来说，新作家群体和新作品的开发是必然的选择，是维系生存的前提条件所在。与图书引进或是传统作家的作品不同，新作家群体毕竟缺少市场的检验和读者的基础，这就致使图书在策划出版过程中自然带有高风险与诸多不确定因素，需要出版社和策划编辑有高度敏锐的市场嗅觉和判断力。从风格来说，这部分作品既然承载着经典的使命，就势必要适当地与写作模式较为固定的类型文学拉开距离。其有别具一格的审美价值和艺术可塑性，既充分考虑到市场的需求，又不能轻易被市场所绑架,实质是在创造读者的需求。姜戎《狼图腾》的出版与引发的出版热潮很好地印证了这一点,从写作手法和语言风格来看,其都与类型小说和传统文学经典大相径庭,学术意味较为浓重。策划人安波舜基于图书强大的生命力和追求自由的精神依然决定冒险一试。事实证明,这部 2004 年出版的小说至今还延续着神话般的销量,2008 年至 2012 年,分别位于开卷年度虚构类作品畅销书排行榜的第 2、8、11、8、4 位,市场效益可见一斑。而评论家对于这部史诗之作也颇多赞誉,该书自出版以来赢得了不少国内外的奖项,毫无疑问是畅销的文学经典作品。

对于经典的追求也导致了泛经典化现象的产生,为了吸引读者的注意,制造市场卖点,出版社随意将图书冠之以经典的名号,一时间经典丛生,反而降低了经典作品之于读者的吸引力,这种行为应当引起出版界的重视。

二、影视同期书的"冷"与"热"

影视同期书是另一种影响巨大的文学出版现象。影视同期书的出现,应对的是新世纪以来作家与出版社希望借助影视的超高人气,在图书出版领域获得巨大市场。与文学新经典的塑造相比,影视同期书需要作者、出版者与影视制片方形成合作关系,有时是电影为图书做了宣传,有时是两者相互"造势",它体现了数字时代,文学出版无论是选题策划,还是发行路径,都面临与其他媒体形式的艺术作品互动交融的趋势。同时,影视同期书的"起落"也预示着这种跨媒体的联合行动,必须由简单的"借势跟风"向更多向度的合作模式发展。

(1)界定影视同期书

影视同期书这一名称来源于影视术语"影视同期声",指的是拍电影电视剧时,演员边拍戏边录音,而不是后期在录音棚里配音来完成。在实际的图书市场中,被认作影视同期书性质的书籍通常有两类:第一类出现在影视作品播映前后,与影视作品完全同名或是近乎同名的图书,这类图书不管是在图书的装帧设计和发行宣传上,还是在图书的内容方面,都与影视作品紧密相关,例如一些图书封面是影视作品的剧照而内容是影视作品的拍摄脚本和拍摄花絮;第二类是原先已经出版过的图书,后来被改编为影视作品,或影视作品与之密切关联，由于影视作品的某种带动而重新出版，以及重新设计书本形式、重新编排书本内容的再版图书。然而这种对影视同期书范围的广泛认识也许并不符合其本义，从影视同期书的名称看，必须满足两个条件：第一是"影视"，它的内容必须直接或间接地与电影电视所播映的内容有关；第二是"同期"，影视上映时同时出版纸质印刷书籍。于是就影视同期书的构成条件看，它是出版单位制作出版的，在出现时间上紧贴电影或电视节目的播放，与电影电视所播映内容直接或间接相关的拥有版权的（大多数）纸质印刷书籍。这样的定义是非常宽泛的，几乎所有能够与影视相关，并且在影视播出上映时段发行的图书，都成了影视同期书，包括因为影视改编或影视相关而"梅开二度"的重版书、再版书。那么这些早已出版的图书，只是因为与影视作品密切相关而重新出版，是否符合紧贴电影或电视节目播放而出现的时间要求？例如1990年电视剧《围城》的热播促使钱钟书的小说《围城》的再版发行，小说《围城》初版于1947年，因为再版的图书与初版图书的差异仅存在于装帧排版，我们是否把《围城》划定为"影视期同期书"，还是更直接地认为它是电视剧的原著？

　　这里我们在论述的事实上是图书内容种类和图书版次的关系问题，前者指的是著作权意义上作者创作的内容总括，一书一种，后者指的是在此著作权版权基础上图书出版公司编辑发行的图书版本和印刷次数，两者是"一"与"多"、"源"与"流"的关系。2015年电影《小王子》在国内的上映，带动了图书市场中《小王子》一书的热销，各大出版社纷纷出版中文版《小王子》或是重新设计再版之前发行的《小王子》。同样地，这些出现在市场上的《小王子》是否属于影视同期书呢？《小王子》由作家埃克苏佩里创作，1979年10月由商务印书馆首次出版发行法汉对照译本，根据之前所下的定义，埃克苏佩里所创作的《小王子》的文本是全球发行和外文翻译中始终不变的，它是所有《小王子》图书得以再版的源头，埃克苏佩里享受其人身著作权，即著作权意义上的内容总括，而商务印书馆1979年首次出版的《小王子》和随着电影上映出现的各种版本的《小王子》皆出自这一内容总括，每一本图书单独属于所有《小王子》的一个版次。例如，中国青年出版社的《小王子》(2009)，译林出版社的《译林经典：小王子》(2010)，武汉出版社的《小王子》(2012)，天津人民出版社(2013)、上海文艺出版社(2014)、中国华侨出版社(2015)、新蕾出版社(2015)、中国宇航出版社(2015)也均再版过《小王子》等等。

我们对于影视同期书概念的追问即究竟图书的内容种类和图书版次何者是影视同期书的本质。典型的影视同期书自然是内容种类与图书版次的统一，在影视播出上映期间首次出版的图书，毫无疑问满足了影视同期书的首要条件。但是当二者并不统一时，以图书的内容种类为影视同期书的定义标准，显然比起以图书版次为标准更符合本文的要求。当我们以图书版次作为影视同期书的界定标准时，我们所说的某某图书是影视同期书，就应当表述为某某图书的某某（某年）版本是影视同期书，只有当该版本的印刷发行时间紧贴影视播出上映的时间段才是符合图书版次本质意义上的影视同期书。2015年下半年发行销售的《小王子》版本才是影视同期书，而此前、此后的版本均不属于，那么影视同期书便仅仅成为一个出版社发行策略的问题，与图书的内容显出极小的相关性，所有的讨论都将以"某某图书的某某（某年）版本"为限定。

但是我们清楚地了解到，无论是把影视同期书作为一种出版现象，还是从内容价值层面进行探讨，这种定义都将会造成很大的桎梏，一部图书不单单是发行时间上的策略和某一版本的排版装帧，唯有内容是深刻的，会产生出意义久远的价值，内容凝结在所有可见的图书版本之中。由此推断，影视同期书不只是某一时段出现的图书某一版本，它应当是以内容种类为基础的所有已发行的版本的总和，是不变的文本。所以，因电视剧热播而热销的重版再版的钱钟书的小说《围城》，以及因电影在国内上映引发多家出版社竞相出版或再版的埃克苏佩里的小说《小王子》，其实都不属于影视同期书的范畴。与其说是影视同期书，不如说是跟风出版。

影视同期书与一般图书的区别不仅在于时间和内容与影视的相关性，更在于其创新性，即影视同期书的内容应当全部或部分是由于影视作品的播映而首次面见于读者的，满足"没有影视就没有图书"的要求。在内容种类上被排除在影视同期书定义之外的原著图书，也可能因为编者的创意，加入了原著所没有的内容成分，而成为影视同期书的一员。同样是原先已经出版过的图书，后来被改编为影视作品的《温故一九四二：经典小说和经典电影的天作之合》（包含小说《温故一九四二》）却毫无疑问属于影视同期书。小说《温故一九四二》由作家刘震云创作，初次发表于1993年，后来导演冯小刚以此为基础改编拍摄了电影《一九四二》并于 2012 年公映，同年由长江文艺出版社出版的《温故一九四二：经典小说和经典电影的天作之合》也随着电影同步出现在各大书店。《温故一九四二：经典小说和经典电影的天作之合》（下文简称《温故：经典》）并非小说《温故一九四二》的简单再版，书中"小说：一九四二"部分与小说《温故一九四二》是相同的。但是"电影：一九四二"部分是电影的剧本，并添加了电影《一九四二》的若干剧照，是因为电影《一九四二》的拍摄才有的新内容，没有电影《一九四二》也不可能有《温故：经典》，所以《温故：经典》是影视同期书。所以，图书的内容全部或部分是根据影视作品而全新创作，成为时间紧跟、内容紧贴之外，影视同期书的关键要素。

因此，我们可以这样给影视同期书下定义：以影视作品为基础而产生，具有新的原创内容，时间上紧跟影视作品播映的时间，内容上与影视作品直接或间接相关，由出版单位首次出版发行的印刷书籍。其可能的形式有电影电视剧的脚本、拍摄花絮、剧照合集，根据电影或电视剧故事改编而成的小说，电视节目的书面解说词，电影或电视剧的原著小说与影视拍摄所产生的新内容的合本等。那些被改编成电影和电视剧的原著作品，趁着影视热映的关注度而被出版社仅仅是在装帧设计和排版插图上重版、再版的图书，显然不能视作影视同期书。例如，姜文导演的电影《让子弹飞》改编自马识途小说《夜谭十记》中的《盗官记》，2010 年底电影上映后其票房在短短一个月内达到 6.6 亿元，电影的热映让此前无人问津的原著受到空前关注。1983 年四川文艺出版社初版，一直高悬在中国文学书架上的《夜谭十记》一时洛阳纸贵，"重印后，一个星期内又加印了三次，并且两天内被抢购一万册"①。尽管《夜谭十记》是在电影《让子弹飞》的影响下突然名声大噪，但是归根究底，它不是因为电影才创作出的作品，马识途在 1982 年就创作完成了《盗官记》，如果小说给了电影灵感，那么电影给小说的仅仅是暴增的发行量。电影的确展现了它推动文学图书销售的巨大力量，但《夜谭十记》终究不是"没有影视就没有图书"的影视同期书。

根据图书发行的时间与影视作品播映时间的关联度，又可将其分为影视播出后观众反响强烈，出版社趁热打铁推出的同名小说、剧本改写、故事续写等和

① 欧阳沛：《影视给力图书观影视同期书的销售之道》，《今传媒》2011 年第 4 期。

与影视作品同时推向市场发行销售的图书。前者一般是电影或电视剧已经通过荧幕播映后,短时间内聚集了巨大的人气,出版社希望利用这一现成的关注度促成图书消费的商机,将影视作品改编或续写成小说出版,比如湖南人民出版社在电视剧《恰同学少年》热播后推出的同名小说、湖南出版社出版的《中国式离婚》、作家出版社的《金婚》、浙江文艺出版社的《媳妇的美好时代》等。这时影视作品单方面地推动了印刷图书的销售,尽管图书阅读或许会反过来影响读者对影视作品的接受,但总体而言是单向的影响关系。后者的显著特征是影视作品和图书的同时性,比如中国华侨出版社的《夫妻那些事儿》、现代出版社的《大腕》、朝华出版社的《命中注定我爱你》等,这些图书的内容与影视作品的播映关系密切,影视促进了图书的销售,图书也是在为影视造势或补充,二者为双向关系。像新世界出版社的图书《电影风声传奇》,与电影《风声》同时出现在消费市场,书中包含了电影《风声》的基本剧情、人物介绍、精彩剧情和最终悬疑,喜爱电影的观众观影后会购买图书纪念,谜题没有在图书中揭晓,没有看过电影的读者看了书后会激起对电影结局的兴趣,从而推动电影票房的升高。

(2)影视同期书创作模式先行者:《手机》

在中国图书市场上开创"影视同期书"创作模式先例的,莫过于刘震云的小说《手机》了。2003 年 12 月 5 日,刘震云的最新一部长篇小说《手机》在全国各大书店向公众发售,同月 18 日,由冯小刚导演、刘震云编剧的贺岁片《手机》也于各大院线上映。电影《手机》开头打出字幕"影片改编自刘震云同名小说《手机》",电影明确地告诉观众,这部电影是根据小说改编而来。从小说《手机》的内容来看,小说分成"吕桂花""伍月于文娟沈雪""严朱氏"三章,第一章说的是主人公严守一和吕桂花到镇上打电话给长治煤矿上的牛三斤;第二章"伍月于文娟沈雪"讲述的是严守一与伍月出轨,被妻子于文娟发现后离婚,后严守一与沈雪成为男女朋友,又因与伍月出轨之事而和沈雪分手;第三章讲的是没有电话的时代,相隔异地的亲人通过捎口信的方式传递讯息的故事。电影《手机》的剧情基本与小说的第一章、第二章一致,除了一些细节上的区别,电影没有"传口信"的故事结尾(即小说第三章),换之以手机商找严守一做广告代言,严守一表示放弃使用手机的结局。在读者/观众眼中,小说《手机》先于电影被创作出来,冯小刚将小说的第一章、第二章改编为电影《手机》,并邀请原著作者刘震云作为电影剧本的编剧之一。所以，小说《手机》是一部由刘震云创作的文学作品，它本身与电影并无关联，是导演冯小刚相中了它并改编成了电影《手机》，其与影视同期书的定义相去甚远。

但是事实并非如此，小说《手机》正如上文对影视同期书所定义的那样，是为了配合电影《手机》的上映而被创作出来的文本。《手机》的创意来源于一次导演冯小刚、作家刘震云、王朔和其他一些电影学院教授一起参与的关于拍摄电影《1942》的讨论，刘震云敏锐地发现与会的人都时不时地拿出手机窃窃私语，遂提议先拍"手机"。对此他的描述是："在冯小刚工作室讨论'向生活要艺术'还是'向艺术要艺术'时，好几个人在用手机，冯小刚提议拍个电影，我当场就决定写这个剧本。如果不拍我也要写小说，大家一拍即合。"[①]于是在接下来的时间里，刘震云和冯小刚共同商定了电影故事的基本走向，撰写了电影剧本，这之后刘震云再依据电影剧本创作了小说《手机》。对此，在访谈中刘震云直言不讳："像《手机》是先有电影剧本，后有小说，电影剧本里面体现了许多冯老师的智慧。这些智慧在写小说的时候，他能够比一开始着手写小说写得更好，正确的理论应该是这样的。刚开始先小说再有电影，只是往里面注水，是扩充，是借助冯老师的机会构筑成小说，这小说会走得更深一些。"[②]因此，小说《手机》从一开始就存在和电影《手机》"合拍"的目的，小说的故事走向也基本离不了两人所确定的电影剧本剧情。在创作时间上，小说《手机》其实早于电影半年完成，为了与电影产生相互呼应的效果，特意推迟发售至电影上映。小说和电影进入市场前后，刘震云多次参与关于《手机》的媒体访谈，并不断强调小说与电影是不同的，这显然吸引着观看了电影《手机》的人购买小说《手机》，阅读了小说《手机》的人进影院一睹电影《手机》。

最终的结果是令冯小刚和刘震云满意的，电影自然产生了巨大的反响，小说《手机》发行不到两个月销售已经突破 30 万册，"创下了刘震云作品销售最高纪录"[③]，当年的新浪网年度文学奖也由《手机》摘得。与此前刘震云《故乡面和

---

① 文张：《〈手机〉和〈手机〉背后的故事》，《青年参考》2004 年 2 月 17 日。

② 佚名：《刘震云冯小刚新浪访谈》，2003 年 12 月 19 日，http://book.sina.com.cn/2004-04-28/3/64160.shtml，访问日期：2015 年 1 月 20 日。

③ 张英：《刘震云："废话"说完"手机"响起》，《南方周末》2004 年 2 月 5 日。

花朵》《一腔废话》的低迷发行量相比,《手机》俨然是他在读者市场上的"翻身仗"。在此之前,刘震云的小说《一地鸡毛》曾被冯小刚改编成电视连续剧《一地鸡毛》,冯小刚还改编王朔的《狼狈不堪》为电影《一声叹息》,两人都有着文学与影视合作的经历。无论是冯小刚,还是刘震云,都深谙小说文本对于影视改编的巨大作用,拥有原著小说的改编电影往往会让人觉得在深刻性上较之一般的电影有优势,正如冯小刚和刘震云之前的合作一样。这也就是为何分明是先有剧本后有小说的电影《手机》,仍要打出"影片改编自刘震云同名小说《手机》"字幕的原因。冯刘此举在当时的文化消费市场,也堪称"一鸣惊人",至少在《手机》之前,优秀小说改编成电视剧、电影的成功案例较普遍,而直接将影视剧本扩写成小说与电影一同出现制造轰动的发行方式尚无先例。在本质上,小说《手机》已经符合了我们对影视同期书的定义,小说《手机》正是由于电影拍摄的契机才被创作出来,其在内容主题上依据刘震云和冯小刚一起探讨决定的剧情大纲发展,又有不用于电影的小说自创部分(这一特点仅用于与已经出版的作品因为改编的电影上映再版的图书相区分),两者在相接近的时间先后脚发行,形成相互渲染之势,使得电影和小说均获得巨大的市场份额。

但是在当时,多数人仍然将小说创作视作与影视截然独立的部分,图书市场上尚无影视同期书的说法,更不用说作家根据影视的需要创作小说的行为。刘震云此举自然是遭到了不少质疑,许多人认为先有电影后有小说的顺序会使小说很大程度上受到电影的影响,甚至有"这个小说的味道像是冯小刚的,不是刘震云的"的阅读感受。对此,刘震云本人极力表示反对道:"从根本上来说,电影不会对小说文白话造成伤害,因为小说是小说,电影是电影。并没有因为电影会抵消小说本身的魅力。我看电影《手机》,也觉得它不过是换一种方式,可能在小说里是哭泣、悲伤、沉重的,在电影里是含着泪笑着说出来,它还是方式上的不同……我跟影视界没有什么关系,我在写作上,肯定不会受到他人左右。我跟冯导演合作,仅仅是因为像《一地鸡毛》《温故一九四二》《手机》都是我自己写的小说,我自己改编我自己的作品。"在他看来,《手机》的主要内容均是自己思想的成果,他说:"我当时说了《手机》。是因为我当时就想好了这个小说,而且结构、怎么写我完全都想好了,我就跟小刚聊,那小刚很感兴趣,他说要把第二部分改编成为电影，那我就说，这个很容易，不是特别难的事情。"①

　　但是在其他场合，刘震云也透露："《手机》创意出来以后，我和冯导演一块儿去了宁夏，在宁夏一边走一边聊，因为当时《手机》有许多发展的方向，像冯老师说的东西南北，《手机》第一个发展方向可以围绕手机写悲欢离合的故事，这是一个发展方向。还有一个发展方向，可以写一个非常荒诞和非常幽默的作品，《手机》里出现了各种稀奇古怪的事。第三个发展方向，写《手机》又不是写手机，是写关于人们说话的事。最后和冯老师商量，第三种方式可能会更渗透一些，跟大家会更贴近一些。手机是人们的随身携带物，人对它会有一定的感悟。写人的说话，我和冯老师商量，可能会找几个以说话为生的人在一块儿，更能够把人物关系的改变体现好。"②这也就表明，《手机》的主要剧情脉络最后是和冯小刚商量决定的，并不完全是刘震云一人"当时就想好了"的。另一方面，刘震云认为冯小刚的参与使他好的思想、灵感进入小说中，对小说来说不仅无害，而且有益："在剧本原创阶段，冯小刚的一些点子开阔了我的思路。在我写小说的时候，吸收了剧本阶段冯小刚的智慧，从这个角度说，我占了冯老师的便宜。小说虽然由剧本改编而成，但并不是剧本的简单扩充，也绝不是电影的附庸。如果把电影当作素材，把剧本当作一次实验，小说就会在一个更高的台阶上。"③不过刘震云仍然委婉地承认了社会上对《手机》的质疑，以及电影可能对小说产生的不利影响，他说："对我来说，电影造成的伤害是短期的，因为电影上市的一周内，小说可能会受影响，但是，电影很快会过去的，而小说还存在，可以继续长时间流传下去，在任何地方都可以看……这里有一个拧巴的事情，就是说，大家都认为小说肯定会成为电影的附庸，大家都认为小说在改编成为影视剧的时候，会受制于人。我写《手机》吧，大家会有成见，因为先写的电影剧本，后写的小说，那一定是为电影搞成小说。如果没有这部电影，或者说这个电影在一年以后拍出来播放，大家还会有这样的印象吗？肯定是这样。"

　　也许小说《手机》早于电影《手机》一年半载出现在图书市场，读者观众们会

<hr />

①　张英：《刘震云："废话"说完"手机"响起》，《南方周末》2004 年 2 月 5 日。

②　佚名：《刘震云冯小刚新浪访谈》，2003 年 12 月 19 日，http://book.sina.com.cn/2004-04-28/3/64160.shtml，访问日期：2015 年 1 月 20 日。

③　张英：《刘震云："废话"说完"手机"响起》，《南方周末》2004 年 2 月 5 日。

少一些质疑,而认为电影只是与以往相同的改编了知名作家的小说,但是可想而知,这样小说与电影互动制造轰动的效果就难以实现。因此,从客观的角度说,小说《手机》为后来影视同期书的大规模出现创造了可行的模式。

(3)影视同期书市场的繁荣

以刘震云的小说《手机》为代表,影视在21世纪初的快速发展,造就了一片影视同期书市场的繁荣,出版社真真切切地"搭"着其他媒体的"顺风车"尝到了甜头,影视自身的广泛影响力为图书创造了先天的品牌效力、舆论环境和多媒体渠道。1993年,张艺谋曾邀请苏童、北村、格非、赵玫、须兰、钮海燕等六位作家为电影《武则天》撰写长篇小说,声明同题作文,相互竞争,以便于电影改编。后来作家们的小说《武则天》陆陆续续出版了,电影《武则天》却始终没有拍成,否则《武则天》将成为中国第一部正式意义上的影视同期书。不过可以肯定的是,张艺谋在当时就看到了小说与影视合作的巨大潜力,作家们也可以奔着影视的主题进行文学创作。尽管知道了小说与影视相互配合能够产生巨大反响这一事实,但在很长一段时间内,作家和导演仍然小心翼翼,努力分清小说与影视的界限,即便是作家在导演授意下特地为影视撰写了小说,也要声称是影视改编自小说,正如电影《手机》片头宣称改编自小说《手机》那样。新世纪以来,影视同期书像雨后春笋般出现在国内图书市场,人民文学出版社以小说《牵手》开影视同期书之先河(但是对市场的影响力远不及后来的《手机》,所以视《手机》为市场的先导),《手机》则使影视同期书的影响力达到了高峰。几乎国内所有知名的出版社,都参与到了影视同期书的生产之中。

人民文学出版社出版了《牵手》《大宅门》《橘子红了》《五星饭店》《猎豹出击》等。作家出版社出版了《绝对权力》《中国制造》《至高利益》《一场风花雪月的事》《拿什么拯救你,我的爱人》《金婚》《暗算》《关中匪事》《贞观之治》《鉴真东渡》《似水年华》《宅门逆子》等。现代出版社出版的有《小莉看时事》《一笑了之》《刮痧》《大腕》《绝对感情》《贻笑大方》《背叛》《就那么回事》《寻枪》《吕布与貂蝉》《东北一家人》等。群众出版社出版的有《黑洞》《黑冰》《清官于成龙》《重案六组》《大宋提刑官》等。山东文艺出版社出版了《车间主任》《大法官》《誓言无声》《大染坊》《闯关东》等。此外,《亮剑》由解放军出版社出版,《天下粮仓》由浙江文艺出版社出版,《恰同学少年》由湖南人民出版社出版,《乔家大院》由上海辞书出版社出版，《狼毒花》由中国友谊出版社出版，《赤壁》由广西师范大学出版社出版，《手机》由长江文艺出版社出版，《武林外传》由东方出版社出版，《士兵突击》由花山文艺出版社出版，《康熙王朝》由中国青年出版社出版……包括动画片热播改编而来的动画书，电视节目解说词整理成的图书，也加入影视同期书的行列，像《快乐星球》《百家讲坛》等。这些图书大多依照《手机》模式，趁着影视热播而凝聚了一大批观众之时，顺势推出同名图书。无论是哪个地区，或是何种定位的出版社，纷纷涉足影视同期书领域，影视同期书在几年内完全成为出版社相互争抢的"香饽饽"。

这些影视同期书一时间产生了巨大的销量，一般的传统小说发行量在2万册左右，而影视同期图书的发行量是这个数的几倍以上。《十面埋伏》6万册首印，一个月内又加印；2006年影视同期书《虹猫蓝兔七侠传》崛起，并在短短的几个月内创1600万册的销售奇迹；小说《无极》首次印刷量就高达13万册；《闯关东》《士兵突击》可以进入图书销售排行榜；根据电影改编的小说《苹果》卖得异常火爆，首印3万册很快销售一空；《大国崛起》上架首日，全国就售出了1000套，上架刚1个月，就狂销了15000套；央视的《百家讲坛》使于丹的《论语》一次印刷数达100万册。不少影视同期书还登上了该年畅销书榜单，为出版社创造了巨大的销售利润。例如，图书《绝对权力》由作家出版社趁着电视剧《绝对权力》热播出版，在短短两个月的时间内售出13万册，登上了文学类销售书的榜首。有研究者以当当网图书销售额为数据对影视同期书销售热度进行了统计，发现2007年前100名畅销书中有4种影视同期书，2008年为2种，2009年前100名中影视同期书有7种之多，2010年则为8种（参见表4）。

表4　"当当图书"2007—2010年"影视同期书"排行情况[①]

年份	书　名	名次	出版社	影视作品上映时间
2007	《哈利波特和死亡圣器》	10	人民文学出版社	2001-11-04
	《追风筝的人》	32	上海人民文学出版	2007-10-05
	《色戒》2007年版	38	北京十月文艺出版社	2007-9-25
	《士兵突击》	74	花山文艺出版社	2006-12-24

①　张文红、叶磊：《影视同期书出版现状调查与分析》，《出版广角》，2012年第1期。

续表

年份	书 名	名次	出版社	影视作品上映时间
2008	《追风筝的人》	17	上海文艺出版社	2007-10-05
	《士兵突击》	93	花山文艺出版社	2006-12-24
2009	《杜拉拉升职记》	4	陕西师范大学出版社	2009-7-20
	《追风筝的人》	30	上海文艺出版社	2007-10-05
	《蜗居》	43	长江文艺出版社	2009-7-29
	《暮光之城》系列	49	接力出版社	2008-11-17
	《杜拉拉升职记》纪念套装	76	陕西师范大学出版社	2009-07-20
	《暮光之城——月食》	90	接力出版社	2008-11-17
	《暮光之城——暮色》	99	接力出版社	2008-11-17
2010	《杜拉拉升职记》	19	陕西师范大学出版社	2009-07-20
	《杜拉拉升职记》第三部	22	江苏文艺出版社	2009-7-20
	《风语》	40	金城出版社	2011-2-09
	《山楂树之恋》	43	江苏文艺出版社	2010-9-15
	《杜拉拉升职记》纪念套装	57	陕西师范大学出版社	2009-7-20
	《追风筝的人》	69	上海文艺出版社	2010-9-15
	《杜拉拉升职记》第二部	85	陕西师范大学出版社	2009-7-20
	《暮光之城》系列	98	接力出版社	2008-11-17

争抢影视资源成为出版社之间争夺影视同期书市场的必要较量。因为影视同期是在影视上映或播放期间,借助观众收看的热度带动图书市场,所以在影视拍摄未完成时,出版社就需要与拍摄者接洽,谈好图书出版事宜,或是像《手机》那样在影视拍摄前小说出版已经和影视一起纳入整体计划之中。例如,2000 年电视剧《大宅门》拍摄期间,作家出版社与人民文学出版社几乎同一时间找到了作者郭宝昌要求签下《大宅门》的出版权,最后在三方协商后,决定人民文学出版社出版郭宝昌根据该剧撰写的小说,作家出版社出版《大宅门》的电视剧剧本。但是在次年 3 月电视剧《大宅门》即将播出之际,人民文学出版社在图书宣传时称与"郭宝昌达成默契"将出版《大宅门》的剧本和长篇小说,作家出

版社则认为剧本版权归中央电视台所有，人民文学出版社此举乃非法行为。[①]
总之，影视同期书似乎是一根"救命稻草"，拯救了困境中的中国出版社，自《手机》开创的影视同期书出版模式被各大出版社奉为圭臬。在 21 世纪的第一个十年里，影视同期书占到了中国出版市场相当比例的份额，成了有目共睹的出版现象。

三、出版社图书内容创新与营销策略的窘境

尽管文学新经典的打造和影视同期书为出版社带来了丰厚的经济利益，但在表面的出版繁荣背后，是出版社对于经典和影视的一味依附，暴露出的是出版社图书内容创新与营销策略的窘境。这种与既有内容和其他媒体的合作，尚停留在简单初级的阶段，出版社在这之中只是"水涨船高"，除影视之外多元媒体的竞相发展，自然将这种模式推向过时的境地。出版社的选题策划不是以深入的市场调查和策划编辑的眼光智慧为基础，而是紧钉着经典、影视，把一本书是否收到读者欢迎的全部依据交予影视是否受到观众喜爱，这反映出国内出版社在内容创新与营销策略上的窘境。

就拿影视同期书来说，有研究者认为"影视同期书出版模式是一种缺乏自主创新，追求在影视媒介传播影响下的内容复制出版模式"[②]。首先出现的问题即影视同期书销售生命周期过短。一部图书的生命周期一般可以分为导入期、成长期、成熟期、衰退期，其中成熟期平稳而缓慢，对图书的最终销售结果有着至关重要的作用，而影视同期书的畅销与影视播映时间过于贴近，难以在成熟期保持较多时间，容易出现影视同期书"热得快，冷得也快"的现象。江苏文艺出版社的沈社长表示："同名小说存在一个尴尬，那就是一旦影视剧过去，小说就会失去读者群。文艺出版社做过的电视剧同名小说，如《郑和》《江山风雨情》等，在电视剧的热播期过去后，这些小说也就没人关注了。"[③]

其次，影视同期书必须紧贴影视作品的播出上映，才能产生互动效应从而增加发行量，因此对出版的时间要求十分苛刻。为了追赶影视的上映档期，一

①　洪蔚：《图书搭影视快车是繁荣？是泛滥？》，《科学时报》2001 年 3 月 16 日 B01 版。
②　张文红、叶磊：《影视同期书出版现状调查与分析》，《出版广角》2012 年第 1 期。
③　陈荟蔓：《电影热映带动同名图书赤壁熊猫相争银幕外》，《江南时报》2008 年 7 月 17 日。

些出版社匆忙出版与之契合的影视同期书,这些草率、简单的影视同期书往往就像是工厂流水线的产品,雷同而粗糙。当一部影视作品引起广泛社会反响后,我们通常能在各大书店看到与之相关的各类衍生图书,且不论这些同质化的图书是否都取得了合法版权,这种盲目的"跟风出版"本身就造成了图书出版市场的资源浪费。不管影视如何"火爆",影视同期书的读者市场毕竟有其限度,其中绝大多数只会在影视之风过后积压于仓库之中无人问津。由于紧迫的出版时限,这些图书不免会疏于编辑校对,直接导致图书的"硬性"质量下降,错字病句频现,严重影响读者的阅读体验。2000 年,广西一出版社借电视剧《钢铁是怎样炼成的》在中央电视台热播之机,迅速出版了《钢铁是怎样炼成的》的影视剧剧本图书。但是该书质量粗糙,错误频频,被南京大学的余一中教授告上了法庭,余教授发现该书的编校差错率高达万分之一百以上,是极其恶劣的出版物。法院判决该社立即停止发行这一版的《钢铁是怎样炼成的》,向余教授致以道歉并赔偿经济损失。

最后,影视同期书有着鲜明的商业目的,或曰存在着较大的投机性,出版社希望趁着影视产生的效应在短时间内获利,也就放弃对图书内容上的追求,使其变得"快餐化"。一些影视同期书直接从影视作品台词、场景中照样搬抄的,全然没有发掘文字的独立魅力。奔着获利而去,腰封日渐浮夸,"近年来影视同期书的腰封形状和用料日趋大胆,整个封面 1/2 以上做成腰封或者使用颜色半透明的特种纸印白字等"①,并配以"某某(名人或知名报纸期刊)大力推荐""某某文学大奖得主""史上最好的某某小说之一"等名不副实的夸大标语。与浅薄的图书内容形成巨大对比,让本已失望的读者徒生厌恶。这样的图书即便一时畅销,也终会被读者遗忘;这样的出版社即便一时获利,也终会因为"丧失精品意识"②,而丢掉了自己苦心经营起的品牌;这样的图书出版市场即便一时繁荣,也只是虚假的繁荣,无益于文学创作和出版产业。学者黄发有曾这样评价:"文学对于影视包装的重视,远远超过了对文学的影视版本的审美价值的关注。这种崇尚形式而忽略内容的趋向,将对观众的审美判断力产生很大程度的损害,

---

① 张文明:《透视影视同期书的出版热潮》,《编辑之友》2010 年第 3 期。
② 王志安:《影视同期书的隐忧》,《河北日报》2002 年 5 月 10 日第 11 期。

受众对于视觉接受的过度依赖也会反过来影响文学，这就形成了一种恶性循环。"①

这并不是说出版社不能出版文学新经典和影视同期书，而是在强调出版社如何生产出兼具优秀图书生产工艺性和优质内容文学性，符合出版社品牌特色的大众文学出版物。不是怎么"搭乘"其他媒体成功的"顺风车"，出版社应当从策划角度做好内容的开发，精心组织图书的写作，使图书的语言魅力和文化底蕴得以彰显，让新经典和影视同期书的内容具有独特创新且有可读价值之处，在选取所谓经典和影视作为大众文学出版的开发对象时，杜绝跟风出版。当然根据出版社自己在特长与实力上的特殊性，在选题策划时，应当符合自己的优势资源，从而生产出有特色的大众文学出版物，使之成为具有优秀读者口碑的品牌。

另一方面，必须摆脱低级的合作模式——"搭乘"经典和影视的"顺风车"。文学新经典和影视同期书也许可以令出版社在短时间内获得可观的收入，然而从长远看，这无疑是在自降出版社在文化影响力上的身份，使自身在文化产业的庞大产业链中边缘化、附属化，最终丧失文化话语权。融合多媒体进行大众文学出版传播时需要注意发挥自己在内容资源上的优越性，形成与其他媒体互动的合作关系，深度开发大众文学，找到文学图书不同于其他媒体的独特价值。这是出版社在媒介融合时代立足文化产业潮头的必经之路。以此为基础的衍生产品开发，业已是国内外不少优秀内容资源的常见开发模式，包括相对完善的 IP 产业开发，这将在紧接着的第四章中详细论述。

---

① 邹贤尧：《文学，何必向影视"献媚"》，《光明日报》2011 年 5 月 21 日 07 版。

第四章

产业:核心 IP 与全媒体、全产业产品开发运营

媒介融合与泛娱乐产业的全面兴起,预示着一个以内容为核心,打通全媒体、全产业的文化娱乐产业时代的到来,大众文学因其得天独厚的内容资源优势,成为数字出版与文化产业领域争相追捧的宠儿。"衍生产业链开发"是大众文学出版在数字时代的最新关键词,它也因此再一次面临转型,文学继突破了纸媒的束缚之后,再一次突破了平面阅读的制约,向一种看似无形却在各类多媒体产品之上留下印记的形态发展。大众文学出版角色的多重参与方式,以自助出版、众筹出版、按需出版为代表,首先打开了大众文学创作与出版的广度,为大众文学产业化的开发创造了坚实内容资源的基础,更多种类丰富、内容出彩的大众文学作品将不再受到出版机制的限制。文学性的拓展与文本的附加值,成为文学资源全产业深度开发的方向,大规模的衍生产品的出现即是其初期模式,并逐步从产业链扩大到产业圈。随着实践的增多和合作的深入,IP 产业借助第二世界的吸引力和粉丝经济的市场力,构建起庞大的"泛文学"文化产业。为了提高 IP 产品的内容质量,使大众文学出版回归并牢牢紧贴故事叙事,跨媒体叙事开发是值得积极引入、努力尝试的文学衍生产业链开发参照。

第一节　大众文学出版角色的多重参与方式

在传统的文学生产传播体系中,从作者到出版者,再到读者的整一个过程

环环相扣，由于读者的不稳定、不确定性特点，出版者的主观判断要早于读者的反馈，成为文学出版发行的决定性力量：出版者对于作品和读者的评估，关系到一份书稿是被精心编辑装帧，还是被"无情"退稿。因此，在读者的反馈到来之前，文学作品初版之时，出版者的话语权远远超过后来的读者。随着文化消费产业的日益勃兴，读者不再是可有可无的角色，无论是市场经济还是数字媒介，都给予了读者空前强大的影响力，作者、出版者、读者三者的关系悄然发生改变。对于文学的出版者来说，与其作为横亘在作者书稿与读者之间的独木桥，不如变成自由往来的宽敞的大桥。出版者决定性作用的减弱，中介人性质的增强，是文学出版角色顺应时代变化做出的积极选择调整。自助出版、众筹出版、按需出版是出版角色变化的最典型代表，它们的出现表明了出版者角色向服务性质方向的转变，将更大的空间留给作者和读者。这预示着大众文学必然向更自觉的方向发展，同时读者将会对整个大众文学生态产生不可忽视的影响。在这一趋势下，出版角色失去了原本位于产业链上游的"关卡"地位，面临产业融合的重新洗牌，多元的市场竞争主体以及更为密切的合作关系打破了传统出版产业链的分工格局，上游的内容经营不再一家独大，中游的技术优势也在创新出版方式面前显得格外重要，出版主体范畴不断扩大。这不仅涉及如何平衡文化效益与大众消费需求的问题，而且还包括如何重新定位出版角色，如何进行出版产业重组等一系列难题。

在大众文学出版充分市场化的过程中，自助出版、众筹出版等出版方式也让作者、出版者与读者的角色边界变得模糊，各种角色功能发生互渗。出版角色的本质是读者选择权利的让渡。信息的不对称以及出版权的制约，都让读者难以直接与作者沟通并出版图书，只有让渡自己的选择权，让出版者代为寻找并出版好书。当置身于互联网环境中，信息的共享与开放使出版者与读者间的鸿沟可以轻易被跨越，读者重新掌握了出版选择权，甚至能直接干预出版，自行充当出版者的角色。

一、自助出版：出版门槛的降低

自助出版（self-publishing）并非一个新的概念，却被互联网赋予新的面貌。严格意义上的自助出版是指作者绕过出版社等中间角色，直接控制整个出版流程,自行承担个人作品进行编辑、印刷的费用,甚至参与到图书装帧、市场营销等环节中。由于政治控制、文化管制,或出版商的市场判断和个人偏见,有些作品无法出版,作者便采用个人出资的方式小规模印刷出版。莫泊桑的小说《羊脂球》最初自己出资印刷了 400 余册,花了三年时间才售罄,虽然漫长,但却是走进读者市场的必不可少的敲门砖。这种出版方式是最纯粹和原生态的"自费出版",从申请书号、寻找出版机构,到打通销售渠道,作者亲力亲为,手续烦琐,费用昂贵。

如今,互联网给予了作者更多的自主权,降低了出版门槛,通过简单的流程和不算昂贵的费用,作者就能自助编印图书,出版角色与作者角色日渐模糊。作者将作品上传至平台并以付费的形式提供读者阅读,网站可代为申请书号,口碑好的还可以印刷成为实体书。其产业链打破了编辑或出版商作为中间人的固有设定,形成"作者—网络平台—读者"的运营模式。关于网络平台的构建,一种是由技术服务商提供支持,另一种是以内容提供商为纽带。前者如亚马逊的 Creatspace、Kindle Direct Publishing(KDP)自助出版平台,我国的阅文集团、豆瓣读书、京东商城、当当书城,后者如兰登书屋投资 Xlibris 网站开展自助服务、企鹅集团 Book Country 大众文学在线社区,[①]以及我国知识产权出版社的"来出书"网站、学林自出版平台等。

在自助出版的刺激下,大众文学作者如雨后春笋般涌出,作者身份、教育背景、文学基础、创作常识等都不再是出版的阻碍,相反作者往往还能够拿到比传统出版流程更多的版税。出版门槛低,出版周期缩短,出版速度加快,在利益分成上也更多地向作者倾斜。亚马逊 KDP 承诺给予作者 70% 的版税,美国实体连锁书店巴诺旗下的 Nook 公司推出的 Nook Press 自助出版平台甚至愿意支付 80% 的分成,相比于传统出版社的百分之十几来说,自助出版对于作者的诱惑很大。像南派三叔、唐家三少、我吃西红柿等网络作家版税收入均超过千万元,身价斐然。更重要的是,自助出版为作品的完整性提供了一种保护,让作品能够以作者期待的形式呈现出来,不至于因编辑的任意删减而扭曲原本意图。自助出版是直接服务于作者的出版方式,提升了作者的主体地位。

---

① 马小琪:《数字自助出版模式对我国传统出版业数字化转型的启示》,《出版发行研究》2013 年第 6 期。

网络文学从某种程度上来看，就存在自助出版的成分。网络文学网站近似一个自助出版平台，但是相比纯粹的自助出版平台，其自主权和功能性可能不如后者。例如起点中文网站，新晋作者先上传 3000 字左右的开篇部分由编辑审核，通过后开设专栏免费供读者阅读，作品达到一定阅读量后以每千字 2～5 分钱向读者收费，收益由作者与网站共享。这就是最简单的网络出版。当每本新书正文更新至 3 万字左右时，网站编辑会对书籍再次进行审核，并根据其阅读数量、商业价值等将书籍分等级，决定是直接签约还是继续跟进。成为签约作者的可以根据后期写作成果、读者投票等提高报酬、获得奖励。网站可以全权受理作品版权，帮助推广营销。以往出版流程中严格的三审三校，在作者自主发表、编辑后台跟进、读者前端追文的网络平台同步进行中，被消解全无。

豆瓣读书的自助出版门槛较高，这源于豆瓣本身在自我定位上的一种执着：高端、小资、文青。为维持这样的定位，豆瓣读书加强了对人工审稿的要求，以提高稿件质量。豆瓣读书更希望能成为纯文学的阵地，多出版纯文学小说、散文随笔、诗歌等，但并不排斥大众文学。不过若将大众文学分层，豆瓣只是选择了其上层的内容。毕竟作为一个网络平台，不可避免地会受到大众文化的影响，也不能脱离大众阅读需求。豆瓣读书上集中的大众文学作品以悬疑、科幻、推理为主，如名列畅销书排行榜第二的《第十三天》，讲述了被判处终身监禁的连环杀手为寻找失踪的女儿逃出监狱之后，在犯罪与救赎之路上踟蹰、忏悔的种种经历。其情节跌宕起伏、扣人心弦，又融入关于爱与人性的思考，是质量较为上乘的大众文学小说。豆瓣读书是一个十分有性格的自助出版平台，不过也正因为这份性格，牵制了平台上的书目在更大范围畅销流转。

当越来越多的平台商利用技术优势独占网络出版的"蛋糕"时，传统出版单位也开始与技术商合作拓展业务。2014 年 3 月知识产权出版社推出"来出书"网站，声称是国家级专业性的自助出版平台。"来出书"依靠强大的出版社资源，跨过网络出版、在线阅读等环节，直接进入实体出版，作者可以自主设计封面，选择装帧形式，对作品自主定价，整个出版周期比传统出版缩短近一半，同时还打通当当、京东等网络书城与新华书店等实体书店销售渠道。但因为不设网络在线阅读，读者选择图书的难度和风险成本大大提升。"来出书"其主要针对需求较为固定的社科、经管、理工类的专业书籍出版，而口碑难以评判的大众文学作品只有寥寥数本。尽管这是一个远没有成熟的自助出版平台,但也对传统出版角色的转型提供了些许启示,出版社可以通过网络平台让出版变得更简单,让属于文学网站的巨大内容优势也尽收囊中。

二、众筹出版:读者的广泛参与

众筹(Crowd Funding),指众人筹集资金为感兴趣的项目投资并获得回报,作为又一种作者、读者自主的大众文学出版方式而引人注目。2009年4月诞生于美国的Kickstarter平台被认为是全球众筹的源头,其主要针对游戏、音乐、影视、漫画、舞台剧、图书等创意项目,向广大互联网用户筹集小额资金,并按照出资额根据该项目在经济、文化等方面所获得的收益向用户给予回报,截至2017年2月21日,共有119736个在线众筹出版项目。[①] 英国Unbound是世界上第一家专注于出版的众筹平台,作者在融资目标达成后开始进行写作,投资人可与作者充分互动,甚至可拥有以自己名字命名主人公的权利。

众筹出版是众筹模式的一种,其本质是将读者作为图书内容的"把关人",使出版效率、质量、收益得到整体性提升。如果理解了出版的本质,就会看到出版角色并非神秘莫测、高不可攀,他们只是读者的变形,或读者角色的暂时置换,读者介入出版可以解放读者的权利。众筹出版项目的发起人既可以是明星或草根大众,也可以是出版社、图书公司或其他团体机构。他们将图书的写作构思提前透露给读者,由读者选择是否进行出版,既能够为出版提供"市场风向标",又可以借助网络的力量最大限度地筹集资金,同时巧妙地把出版风险分摊给投资者,减少了传统出版商的决策压力。[②] 作者、投资者、出版商、平台商等构成了新的利益共同体,利益均沾,损失共担。

我国最早的众筹模式,要追溯到2011年"点名时间"网站上线,之后一批众筹网站如众筹网、追梦网、中国梦网等相继出现,淘宝、京东等电商也接连介入众筹领域。我国并没有专门针对出版的众筹平台,也并非所有众筹平台都会设置出版项目,像京东众筹主要面向科技、创意、公益事业,并无设立出版项目。

---

① Kickstarter. About-Kickstarter, 2017-02-21, https://www.kickstarter.com/discover? ref＝nav,2017-02-21.

② 张晓瑜:《传统出版的重生——O2O出版模式的探索》,《科技传播》2015年第2期。

而即使是出版众筹项目，大众文学类图书也寥寥无几。以众筹网为例，其主要门类包括人文社科、生活、经管励志、互联网、少儿教育、音像杂志、科技、沙龙等。截至 2017 年 2 月 21 日，在全部出版项目中，与大众文学相关的项目仅 41 项。其他众筹网站中的大众文学项目更是经营惨淡，如表 5 所示，青橘众筹与起点中文网合作，出版网络文学小说，但现存的 16 本小说中仅有 3 本成功，失败的众筹项目进度多为 1%。众筹出版具体流程见图 2。

表 5　国内主要众筹平台大众文学出版项目数量统计表[①]

众筹平台项目数	所有出版项目总数	大众文学类项目数	成功的出版项目数	成功的大众文学项目数
众筹网	505	14	456	8
追梦网	68	3	37	0
青橘众筹	45	16	13	3
淘宝众筹	25	1	0	0

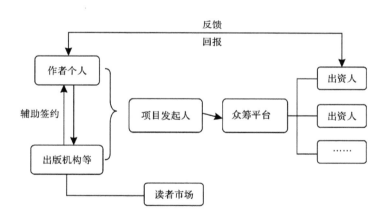

图 2　众筹出版基本流程图

大众文学在众筹平台上占比极少，而且基本上是已经创作完成或在网络上连载完结的作品才会拿去众筹，一般都有一定知名度，题材以校园、言情小说为主，如众筹网正在进行中的项目《曲别针的传说》五周年纪念版，已经成功的项

[①]　本表数据采集的截止日期为 2016 年 4 月 2 日，众筹网的相关数据或存在偏差，因该网站无法显示众筹失败的项目。

目《盗墓笔记》有声小说、《甄嬛传》画集、《狼图腾》精装版等。因为要想读者买单必须有价值,而大众文学之优劣又难以评判,读者不愿将风险押在名不见经传的作者身上,此时作者知名度、权威人士推荐、成形书稿等便成为重要评估标准。《盗墓笔记》有声书众筹项目一经发起,3个月时间内就众筹到 104034 元,超出目标筹资 4000 余元。相反,新秀作家江言的《6 路车开往终点》,尽管以"中国版《挪威的森林》"为宣传语,但因作者知名度不够而众筹失败,计划众筹1 万元资金最后只拿到了 29 元,两相对比令人唏嘘。

曾致力于挖掘草根作者的 TenPages——荷兰在线作家手稿发布平台也难逃关停的命运,尽管出版了两本荷兰畅销书《泽伊达斯区》(Zo Zuidas)和《时针工厂》(De urenfabriek),但其余都销量惨淡,终因缺乏新晋作者、出版后劲不足而过早夭折。[1] 与之相比,Unbound 平台对于众筹出版的解读较为保守,其对于作者和稿件的要求相当高,也更加喜欢为有一定声望和粉丝基础的作者开放众筹,从而充分保障了作品的质量和众筹成功率。[2]

只有成熟的大众文学资源才有资本在众筹平台上立足,只有充分尊重粉丝与社群、趣味才不会在出版浪潮中折戟。不过,众筹毕竟为大众文学出版提供了一个机遇,如利用品牌价值生产附加产品,像推出画册、纪念册、明信片、独家限量版、珍藏本等多种创意形式与版本,都可以刺激读者消费。

三、按需、定制与 O2O:发挥长尾的价值

按需出版和 O2O,都是充分利用互联网技术,针对性地满足读者个性阅读需求的自助出版模式。一部大众文学作品从成稿到成书,所需要的不仅是一个好的作者,还要有一个好的出版者。在风云变幻的大众文学出版市场中,出版者需要在求稳与求变之间掌握平衡,既要学会理性跟风,紧追市场潮流,又要推陈出新,创新发展。特别是要充分发挥长尾价值,通过按需印刷、定制出版与O2O 模式,开拓大众文学出版市场,提升大众文学阅读体验。变与不变之间,方显出版的精神。

---

① HansBuskes & Elmer den Braber. Six Seasons Why Crowdfunding Platform TenPagesFailed,2014-02-10,http://mastermindmaps. wordpress,2015-12-25.

② 任翔:《众筹与出版新思维——欧美众筹出版的现状与问题》,《科技与出版》2014 年第 5 期。

按需出版精准对接了出版需求，能够即需即印。按需出版也被称为按需印刷（Printing On Demand），是利用网络系统、数字印刷等平台，将储存于计算机中的图书根据需求印刷成册。未来的大众文学出版或许会告别大批量印刷，变成由读者选择书籍即时印刷、按需出版。瑞典 Mega News 杂志公司推出一款智能自助"报刊亭"，用户可以自行选取感兴趣的栏目、文章等，由系统合成一份报纸并进行打印，最后通过信用卡付费。这款智能机也为图书出版提供了想象空间。在传统出版产业链中，内容生产、印刷装帧、推广营销等环节所产生的成本相对较高，即使采用"打包"销售也难免产生销售死角。而按需出版不仅减少了出版单位的印刷成本，降低由于图书滞销带来损失的概率，同时也给予了读者更大的选择自由。

按需出版呼应了互联网中不断增强的长尾效应：当包含在商品中的成本随着技术等方面的发展而不断下降，供应瓶颈消失，选择空间增大，那么消费就会"从需求曲线头部的少数大热门（主流产品和市场）转向需求曲线尾部的大量利基产品"[①]。也就是说，过去因"二八定律"所限，人们更关注销量多、市场大的畅销产品，而互联网使得冷门产品也产生了市场，正态分布中被人遗忘的尾部显得日益重要，甚至能产生与主流市场不相上下的消费能力。

并非所有图书出版都适合按需，那些需求量较小、小众关注的，特别是已经断版的图书更加适用，用来延长纸书的生命线。在学林出版社的"学林自出版平台"上设有"断版再印"板块，专门进行按需印刷服务。对于由学林出版社出版的、已经没有库存的图书，读者可以在线下单，由出版社一本起印、快递发货。但遗憾的是，截至 2016 年 1 月 5 日，该平台目前只有 57 本图书提供按需再印，尚无大众文学类作品。而虎彩在大众文学领域的开拓小有成绩，自 2011 年进军数字出版后，到今天已是果实累累。它以按需印刷为起点，与出版社合作，利用数字印刷的优势承接短单图书印刷，为出版社的库存问题提供解决方案。已按需出版的大众文学图书有王志气的《珍爱》、红海的《爱情脊背》、刘銮发的《爱你深深》等。这些作品都不甚畅销、已经断版，但也有一定的阅读需求，是值得利用的长尾。

---

① ［美］克里斯·安德森，乔江涛译：《长尾理论》，北京：中信出版社 2006 年版，第 35 页。

同样与"长尾效应"密切相关的还有定制出版。一般而言,定制出版服务于公司、大学、非营利组织等专门机构,是为实现品牌推广、产品传播和营销而特定出版的内刊或杂志。① 我国专业从事定制出版的公司屈指可数,典型的如北京天合星联定制传媒专门为中国航空油料集团、中国移动等企业制定企业内刊、报纸、杂志、网站、电子杂志等。这些定制出版读物不会公开发行,所能覆盖的一般是对该公司或其产品感兴趣的消费者。

　　表面看定制出版与大众文学似乎并无交集,但实际上大众文学从生产到出版都能够"定制化"。2011 年,由博雅广华策划出版的商战小说《破冰 2:风云再起》,打破了《破冰 1》纪实性的写作手法,用商业大片的表现方式讲述了由一个天价订单引发的销售搏杀。该书出版方总经理方希这样评价此书:"这不只是一本消遣性的小说,更应该定位为企业管理著作,要针对销售人员和相关企业做营销。"②其实,作者并非刻意为某一群体写作,只是因在商场上有实战经验,所以显得十分专业。但这无疑为大众文学的生产提供了某种启示:有意无意地面向某一群体创作,也是一种定制,更容易实现畅销。

　　传统出版的关注点在于图书本身,而定制出版则更关注"人"。社群化的自媒体"罗辑思维"在定制出版上颇有心得。他们将图书定制的内涵延伸到版本定制,在其微店中推出许多专为罗辑思维打造的定制版图书,装帧精美,多采用羌背装订工艺,全手工线装,增强了图书的可收藏性。2015 年 4 月,罗辑思维发出英雄帖寻找版权线索,想要复活"行业小说之王"阿瑟·黑利的经典畅销书。最后,《最后诊断》《大饭店》《晚间新闻》等六部作品的中文版权落在与罗辑思维合作的中信出版社手中,他们将在社群中征集优秀的译者使这些小说重现江湖,为社群定制推送。

　　在互联网思维的映照下,未来的大众文学出版将会真正"点亮"社群。大众文学出版商可以在主流渠道外拓展以社群为基础的精准服务,构建 O2O③ 交互模式,使线上与线下充分对接、互动交流,将线上的读者吸引到线下消费。例

---

① 庞远燕:《美国定制出版模式》,《中国出版》2007 年第 10 期。
② 李鲆:《软书:精英出版私人订制》,北京:金城出版社 2015 年版,第 9—10 页。
③ O2O 为 Online to Offline 的英文缩写,即线上对接线下,是一种新型电子商务模式。该理念最早源自美国,主要利用线上推广吸引用户,再将线上流量转移到线下,实现线上交易、线下服务。O2O 模式多用于服务性消费领域。

如借助微信平台聚合社群，积极推出"小讲堂"、听书、读书会等线上线下活动，同时面向社群开展图书的按需印刷、定制出版业务，推动实体出版的发展，让大众文学出版走向大众、对接大众。

二维码让线上线下互动更加便利，这就涉及 O2O 模式的另一方面，即多媒体化、多感官化的读书体验。在纸质书中嵌入二维码，通过移动客户端进行扫描，获得对相关文本的解读或其他衍生内容，并基于社群构建讨论区，实现了纸书与数字平台的交融。该做法目前在教材中较为常见，但却为大众文学出版提供了一个发展理念：让单向的信息接收变为双向、多向的互动交流。O2O 的实现并不轻松，这需要出版角色背靠庞大的图书数据库、多媒体资源，并有引导社群的品牌魅力。

尽管在大众文学领域以上出版模式尚未大规模发展，但对于这些模式的成败反思能起到一些警示作用，特别是如何真正发挥数字技术的作用满足读者真实的阅读需求，而不是沦为一时的"热点"或是资本的"泡沫"。众筹看似一场关于读者的狂欢，是否真能带来大众文学的繁荣？我国首个众筹网站"点名时间"自 2011 年上线到 2014 年告别众筹，仅开展了短短三年便悄然离去，主要是由于对众筹团队的质量难有评估标准，很多时候做出来的成品与客户的心理预期相差较大，流失了很大一部分用户；如果为了减少"烂尾"而为众筹增添过多的规则约束，又难免与众筹本义相违背。放到大众文学出版平台上，如果失去了专业的编辑，不能做到对内容的绝对把关，读者无法认同成稿的作品，容易产生出版泡沫。

不仅是众筹，美国经济学家海曼·明斯基认为，自助出版的泡沫也正在膨胀。他解释说，当昂贵的电子阅读器与平板变成人们竞相购买的消费品，为形成盈利模式的交叉互补，就会激发廉价甚至免费的电子内容生产，以进一步吸引读者购买。而一旦市场开始扩张，随着更多运营商介入，只有更多的免费内容才有优势。在自助出版领域，出版商鼓吹"人人出书"吸引人们低价出书，再在平台上出售，以获得海量的资源优势。然而狂潮之下，"其实有无数的新电子书几乎一个读者也没有，因为它们的能见性基本为零"[1]。

---

① 佚名，李丽编译：《自助电子出版正在形成泡沫》，《中国图书商报》2012 年 2 月 17 日 03 版

海曼·明斯基以阿曼达·霍金自助出版的《超能部族》在美国畅销为例,说明她实际是"搭了主流出版流行风潮的顺风车"①。作品实际融合了《暮光之城》与《公主日记》的风格,若没有主流出版早已奠定的吸血鬼与爱情的阅读基调,其作品的畅销可能不会这么顺利。这同时也是一个警醒,出版商不断塑造的成功形象或许对大众造成一种误导。因为所有的畅销虽然有一定方法可循,但实际上无不是天时、地利、人和的结果,拿一种图书畅销的成功模式去套用另一种图书,也许收效甚微。

第二节 文本附加值与衍生产品开发

大众文学出版平台的扩大,以及数字化多媒体的应用普及,让文学文本和意义不能够也不仅仅束缚于纸媒,影视、游戏、动漫等媒体形式必然介入文学文本的传播之中,从而改变和增加文学文本的内容和意义。出版角色向中介性、服务性的变化,并不意味着出版者在大众文学出版过程中影响力的减弱,相反,随着数字时代文化产业的勃然兴起,出版者凭借其掌握的优秀版权资源,以及强大的联络、调度能力,通过与其他多媒体共同完成的策划与合作,将在文本附加值与文学衍生产品的开发领域发挥不可比拟的作用。与强调光影效果与感官刺激的大众娱乐媒介相比,图书市场面临的困境不仅在于数字文本要取代纸质文本的来势汹汹,还在于这种传承文化的传统媒介的传播效应和影响力已经有所减弱,它的市场"吸金"能力也在逐步下降。除了一小部分超级畅销书以外,文学图书的盈利之路日渐艰难,增加大众文学的附加值,参与图书衍生产品的开发成为"笼络"读者新的策略。在泛娱乐化的大潮中,在数字化的语境之中,文学文本不单纯是一种凝聚作者智慧和心血的产物,而是比较彻底化的商品,加上技术条件的可实现性,又为文本的最终呈现形式创造了多种可能。目前来看,基于图书介质的衍生产品和多媒体介质下的衍生产品是两种基本的开发模式,并随着产业合作范围的加深,逐步从产业链扩大到产业圈。大众文学

---

① 佚名,李丽编译:《自助电子出版正在形成泡沫》,《中国图书商报》2012 年 2 月 17 日 03 版。

的这种转型和新的生存方式，实际上与大众（包括一部分读者）的精神消费方式从纸面转向屏幕、从阅读转向欣赏以及从文学的消费逐步走向更宽泛意义上的文化消费的变化有密切关系。

一、文学性的拓展与文本的附加值

扩大文学除纸质图书阅读之外所能参与的消费面，或者说，给予文学以往所没有的附加属性，首先要重新认识到文学的多元价值。在文学社会学的研究视野中，文学是图书出版业的生产部门，而阅读则是图书出版业的消费部门，作为一种工业消费品形态存在的图书，受到供求法则的支配。[①] 每年新出版的图书种类和数量似乎预示着出版市场的繁荣，而读者的流失包括转向电子文本的一部分人群，依然在宣告图书市场的一种颓势和危机。在各种新兴媒介觥筹交错的时期，电影、电视、游戏以及其他大众喜爱的文化消费形式在挤压文学的生存空间，社会给予文学活动的关注度下降，文学阅读群体呈现出较大的滑坡，图书和实体书店的命运堪忧。确实，图书通过纸质文本的形式进入大众的视野，它的接收方式是缓慢的、深入的。美国的传播学者梅罗维茨曾说："即使对有文化的人来说，阅读也是一项辛苦的工作，例如，页面上的黑字必须一个词一个词、一行行、一段段地扫过。为了获取讯息你必须认真阅读。为了阅读这些词，你的眼睛必须经过训练，就像打字机的滚筒移动纸一样沿着印刷的行移动。"[②] 此外，阅读还是一项安静的、不能直接产生互动和社会联系的活动，当我们与家人一起观看电视，与陌生人一起观看电影，以及与朋友一起奋战在网游的世界里时，这些娱乐行为抑或是消费方式，像是社会联系的纽带，能够加强人的社会关系，让人在消费的过程中直接产生与人的互动感，特别是借助于声音和图像的刺激，延长观者的注意时间。大众文本所提供的不仅仅是一种意义的多元性，更在于阅读方式以及消费模式的多元性[③]，这也是畅销书文本能够有更丰

①　[法]罗贝尔·埃斯卡皮著，于沛选编：《文学社会学》，杭州：浙江人民出版社 1987 年版，第 2页。

②　[美]约书亚·梅罗维茨著，肖志军译：《消失的地域：电子媒介对社会行为的影响》，北京：清华大学出版社 2002 年版，第 78 页。

③　[美]约翰·菲斯克著，王晓珏、宋伟杰译：《理解大众文化》，北京：中央编译出版社 2001 年版，第 171 页。

富的表达的原因所在。

被寄予厚望的电子书,在初诞生的几年间在市场份额上有一个明显的增长,而很快就显现出前进之路的瓶颈。实体图书的生存环境还没有到岌岌可危的地步,畅销书现象本身便是最好的说明。新旧媒体间此消彼长的态势是情理之中,并不意味着旧的媒体形式会遭遇到灭绝。有学者指出,由于传媒行业和新兴技术的推进,媒体之间的交流渗透和互动,带来的将不仅是不同媒体之间对传播内容的新的争夺,更带来不同媒体之间的一种新的相互需要的关系。① 每一类旧媒体都被迫与新兴媒体共存,旧媒体并没有被取代。② 伴随着技术的发达与市场的成熟,图书出版日益成为发展文化产业的重要环节,出版业与数字产业、文化产业的联系得到了前所未有的加强。从趋势来看,出版业与数字产业的融合是必然的选择,前者拥有丰富优质的内容,后者则凭借数字技术不断创造着新的平台与空间。出版业与数字产业的联姻催生了新的生产方式和消费方式,培养了新的读者消费群体。内容成为数字产业竞相追逐的核心,数字产业的兴起赋予了平面内容立体化和层次化的可能,更具深远意义的是,它逐渐打破了不同媒介之间的鸿沟,使得图书、报刊、电影、电视剧、音乐、动漫、游戏等产业的融合有了实现的可能,创造了"一种内容,多种推送,重复消费"的模式。优质且有市场潜力的内容是决定这种融合的首要因素,《杜拉拉升职记》的编辑蔡明菲就曾说过:"很多人先是看了书,再去看话剧、影视剧,杜拉拉的品牌价值源自小说的畅销。"畅销书的背后是一批数量庞大的读者,而在读者需求个性化与多样化的今天,畅销作品的深度开发和再加工是有天然的市场和受众优势的。不仅延长了图书在市场上的生命周期,经电影或电视热播之后的图书往往会再出现一个销售的高潮,而且扩大了图书的价值形式,使其有了丰富和多层次的表达。

在图书生产环节,许多功能步骤都交由专门的机构来完成,那么出版商要做的就是增加内容的附加值。为内容增值,究竟是作为明码标价的图书发售或

---

① 李亦宁、刘磊:《论多媒体环境下的畅销书传播》,《新闻界》2009 年第 3 期。

② [美]亨利·詹金斯著,杜永明译:《融合文化:新媒体和旧媒体的冲突地带》,北京:商务印书馆 2012 年版,第 45 页。

是其他形式的呈现，则是出版商为了实现内容的价值须做出的决定。① 而希利斯·米勒的判定——"印刷的书还会在长时间内维持其文化力量，但它统治的时代显然正在结束"②显然是极有远见的。当下出版业，尤其是文学出版领域的重点，是运用文化产业化的思路，不再将图书置于其他媒体形式的对立面，反而主动寻求合作的关系，将其作为源内容，从而以构建产业链的形式，围绕大众文学文本的生产，与影视、动漫、游戏等新的媒体，以及与服装、旅游、体育等相关的产业领域建立起联系，从而最大限度地开发文本的价值。通过这样的运作形式，出版业不仅能够获得新的发展动力，而且在诸多产业之间承担起中介的联系环节。既不必担心图书会成为附属的消费品、出版社成为廉价的内容加工基地，优质的图书内容依然会是核心，也不必悲观地认为以这种形式存在的文学就失去了它的艺术性，从图书延伸到其他的大众媒体形式之中，进而反哺图书的销量和影响力，恰是文学类图书以及文学活动本身在新的出版模式中能继续获得生命力的途径。而大众文学出版物文本的立体化开发与其说是作者和出版社为图书打造市场化之路，用以赚取商业利润的出版策略，不如说是在文化产业发展的浪潮之中顺势而为的结果，主动探索各种不同形式的文化产品之间的关联，既为出版业，也为其他的产业，找到新的市场前景和发展之路，新的具有高度可操作性的大众文学出版与开发模式呼之欲出。

二、图书衍生产品开发的两种基本形式

出版和文化娱乐产业在文学附加值开发领域的多年生产经验与长期范式积累，逐渐催生了一条完整的出版产业链，使得传统以图书为中心的出版模式向以图书为主体、开发衍生产品的方向转变。在国外，根据超级畅销书《哈利·波特》衍生而来的各类产品，比如 DVD、漫画、明信片、电影、主题公园、海报、服饰等等，为这个图书品牌创造了千亿美元的市场价值，这条横跨多个产业、不同领域的图书产业链，堪称大众文学出版畅销书运作的典范。我国的大众文学衍生产品，大致形成了两种基本形式，一是基于图书介质的衍生产品，二是多媒体

---

① 　John B. Thompson：Books in Digital Age[M]. Cambridge：Polity Press，2005，p. 314.
② 　[美]希利斯·米勒著，秦立彦译：《文学死了吗》，桂林：广西师范大学出版社 2007 年版，第 17 页。

介质下的衍生产品,而向服装、旅游、体育等领域的拓展则还不成规模,更多时候是一种潜在的发展方向。

(1)基于图书介质的衍生产品

基于图书介质形式的衍生产品,是以畅销大众文学图书为蓝本的二次创作,结合图书本身的特点与读者定位,发展出漫画、绘本、同人小说等其他出版物,也有一部分图书是在文学经典的基础之上进行同人化的创作的。

早在2004年,王朔的《动物凶猛》和海岩的《玉观音》就推出过漫画版,甚至王安忆的《长恨歌》也有相关绘本,而安妮宝贝(《告别薇安》《七月与安生》)、郭敬明(《幻城》《小时代1.5青木时代》)、明晓溪(《会有天使替我爱你》《烈火如歌》《泡沫之夏》)、南派三叔(《盗墓笔记》)、江南(《龙族》)等畅销文学作家的漫画与绘本图书,则是扩大了这种出版形式的影响力。从题材上看,青春文学、幻想类文学以及武侠等图书的改编有着较高的可行性,目前也集中于这些类型的改编上。相比于图书,以图像形式展现出来的漫画和绘本,首先完成了对原著小说中精彩情节的提炼,能够补充读者的想象空间,通过画面去展示文字以外的世界,体现了图像化叙事的优势。正如出版从业者所言:"之所以换一种出版形式,是因为原作者已经提供了一个很好的故事框架,出版方可以在此基础上改编图书,吸引青少年中爱看漫画及爱读小说的两个群体。"[1]不少改编漫画和绘本都是针对15岁左右的青少年读者出版的,江南的《龙族》和杨志军的《藏獒》当时就是以90后、00后为目标读者群的,特别受到低龄读者的欢迎,甚至有向少儿出版倾斜的趋势,另外这也是出于制作成本较为低廉的考虑。同时,国内动漫产业的发展也要求更多的原创内容为其提供素材和创作的灵感,获得助推力,大众文学图书已经成为其相当倚重的领域,因而在未来的图书衍生产品里,漫画和绘本的比重仍会进一步加大。

扩大文学图书本身的影响力、拓展新的读者群体以及为漫画产业的发展提供优质的内容素材,确实是这种出版形式的长处所在,然而漫画和绘本的实际销路较于原书而言,往往会呈现出两极分化的状况,不仅是由于漫画作品不如原书能打动读者,而且还在于读者对以漫画来表现文学的形式的接受度还需要

---

① 刘志英:《小说漫画绘本:且看我七十二变》,《中国图书商报》2007年4月6日A01版。

继续培养，毕竟像《小时代 1.5 青木时代》在 2010 年的畅销盛况和《盗墓笔记》漫画本上市首日就超过 10 万册销售量仍是少数图书才能达到的。而经由这种形式生产出来的作品，距离文学的衡量标准也越来越远，已经不是严格意义上的文学类图书了，是纯粹的商业化产物。

同人小说是同人作品的一种①，基于对原作或人物的爱好，在原有的故事构架和人物关系中，按照个人意愿重新设定环境，替换或加入新的情节，从而使之成为与原作保持一定相似性的原创作品，既有前传、后记、番外等与原作有一以贯之联系的类别，也有仅保留个别中心人物和情节、赋予新的故事发展的类别，例如今何在的《悟空传》。也有研究者认为类似于同人小说创作手法的作品在现代文学发展史上就很常见，鲁迅的《故事新编》就可以看作一例。同人小说的作者除了职业作家之外，一般是小说的"超级"粉丝，因而大部分小说仅在同好者圈子里流行，尽管就形成的路径而言，同人小说与影视小说、游戏小说有着类似的特征，都是对于某一特定作品的再创作，然而从影响力和效益而言，其远远不及后者。从出版方式来看，同人小说的发布渠道目前仍集中于网络出版，因而是真正意义上受惠于网络媒体而渐成影响力的小说类别，国内各大原创文学网站均开辟了同人小说栏目，为这类小说在网上的流行提供了现实的条件。在美国，以《暮光之城》为原型的同人小说《五十度灰》是近五年来最畅销的虚构类作品，为了解决同人小说的版权纠纷，2013 年 6 月，亚马逊还推出新的自助出版平台——Kindle Worlds，专门用于发布合法的同人作品。

在同人小说流行的十几年间，也有不少图书步入了畅销书的行列，这部分图书往往是从传统文学经典中脱胎而来，因其有着更为广泛的读者基础因而不容易受到局限。且不说四大名著，单是金庸武侠的同人小说就已经不计其数，其中宋别离的《少年乔峰》和江南的《此间的少年》最为知名。《此间的少年》起先在网络上风靡，后经线下出版，创造了一百多万册的单行本销量，十年间再版五次，至今仍是同人小说中不可逾越的经典。

（2）多媒体介质下的衍生产品

基于多媒体介质形式的衍生产品，一般是通过购买图书版权的方式，以图

---

① 根据同人作品的表现形式分类，同人漫画、同人小说是最为流行的样式，也是普遍的尝试。

书文本为基础,改编成电影(微电影)、电视剧、话剧、舞台剧、游戏以及动漫等不同的媒体形式,也就是说文学文本变成了脚本。方卿认为,这种思路实际上是出版产业链的一种横向拓展,面向不同市场,立足图书内容资源的深度开发,谋求不同领域间的合作。① 其中,少数的畅销书因其内容具有极强的可塑性和戏剧性,往往能够延伸出不止一种的多媒体产品来,南派三叔的《盗墓笔记》和李可的《杜拉拉升职记》是较为成功的代表。传媒拓展了文学的消费价值,从发展趋势来看,未来的文学消费价值主要由影像产品构成,纸质媒介所占的比例会逐步减小。不论作家在这股不可逆的浪潮之中,是以殷勤的姿态笑纳,还是以鄙夷的姿态抗拒,也不论文学研究和文学批评如何定性以及阐释这种沾染了浓重商业化色彩的文学现象,从出版的角度来看,构建一条完整的图书产业链意味着行业的进步,不仅是数字出版时代出版产业的内在需求,也是基于行业价值和未来生存空间拓展的必然之路。正如有研究者指出的:"出版从来没有像今天这样,内部生成可以拉长产业链,外部衍生可以提高出版内容的产业附加值。"②

从改编的形式来看,电影和电视剧是最普遍的,剑桥大学教授约翰·B.汤普森在《文化商人》一书中论及图书的电影改编时,认为这种效应相当于图书被脱口秀主持人奥普拉在节目中向大众推荐,当人们不知道要购买什么书籍的时候,电影恰恰能够给他们一些购买启示。③ 根据《2011 年中国电影产业研究报告》的调查,60.1%的受访者会观看根据自己喜欢的网络小说改编而成的电影。中国互联网络信息中心网络文学用户调研数据显示,79.2%的网络文学用户愿意观看网络文学改编的影视剧,43.3%的用户愿意购买网络文学实体出版的书籍,37.8%的用户愿意玩网络文学改编的网络游戏。④

尽管文学作品的"触电史"几乎伴随了中国现当代文学的整个历程,不是什么新鲜的事物,但在现下的文学影视改编中,基于商业模式的成熟,其已经演绎成一种常态,并且占据了相当大的产业份额。过去基于作品本身的畅销而改编

① 方卿:《论畅销书产业链的拓展策略》,《出版广角》2008 年第 7 期,
② 赵建伟:《出版产业链视阈下的项目运营与编辑创益》,《出版发行研究》2013 年第 11 期。
③ John B. Thompson: Merchants of Culture[M]. Cambridge: Polity Press,2010, pp.276-278.
④ 韩妹:《网络文学飞速发展,高学历人群成为主要读者》,《中国青年报》2011 年 11 月 10 日 07 版。

成电影的情况已经逐渐朝着文学作品需要依靠电影、电视剧等更具视觉冲击力的媒体形式的改编来重新吸引读者的注意。有研究者曾指出："如果 80 年代是文学驮着电影走，现在则是电视拉着文学走。"①也有人认为，从某种意义上说，电影与文学已互为"服务"对象，其服务的终极目标是分享其各自的受众，即观众和读者，在文学创作和电影改编的过程中，让读者迁移为观众，同时让观众亦迁移为读者。② 当王朔的四部作品《顽主》《轮回》《大喘气》《一半是海水，一半是火焰》，在 1988 年被集体搬上大荧幕，获得了轰动性的效应，几乎成了决定后来文学出版尤其是文学畅销书产业发展之路的一个重要范本。对于作家而言，影视剧除了在扩大图书本身的影响力、反哺图书的销量上起到促进作用之外，也是留名的一种辅助手段。

像《杜拉拉升职记》系列、《蜗居》、《小时代》等图书，同名影视剧的播出，使其再次迎来了销售的高潮。作品的意义也不仅限于图书的销量或是影视的营收，而是在图书和影视双重资源的牵引之下，酿造了诸多的社会热点，显现了大众对于流行文化的指认和潜在趋势，在较长的一段时间内成为社会热议的话题。"醉翁之意不在酒"，同样地，出版社的意图也不仅在图书本身。出版社在签约畅销作品作家时，看重的不仅是纸质文本，而是作品背后整个的版权资源。麦家的《风语》出版方，精典博维公司的总经理陈黎明说："这是对一个内容产业开发的投入（指作品高达 500 万元的稿酬支付），这个投入就是《风语》这个产品，我们开发的是内容产业，而不是说我们去签约一个作家的作品，所以我们觉得这 500 万（元）并不高。并不仅仅说纸书销售的利润能不能打平，而是整体的核心内容产业将带来远远不是 500 万（元），可能是 5000 万（元）甚至上亿的产值，我们有幸掌握了这样的核心内容。……我们现在的重心不仅仅是只出版畅销的纸书，我们现在用很好的期权式的价码，去获得未来最有价值的内容产业的核心产品。"③陈黎明的心态是出版人在策划和运作畅销书时，基本秉持的一种价值判断，图书也由此逐步拓展成为一个内容产业。在纸质图书市场全面萎

①　邵燕君：《传统文学生产机制的危机和新型机制的生成》，《文艺争鸣》2009 年第 12 期。
②　吕媛：《文学作品改编与电影内容生产》，《当代电影》2011 年第 6 期。
③　中国文化产业新年论坛：《对话：年度畅销书案例——〈风语〉》，2011 年 1 月 8 日，http://www.fici.org.cn/eighth/aspect/speech/5314.html，访问日期：2013 年 9 月 21 日。

靡的今天,大众文学畅销书创造的经济价值却令人瞩目。

在影视改编之外,游戏也是一种不可忽视的文学改编形式。它是依托于数字技术发展起来的媒介形式,迎合了大众对于时尚消费形式的渴望,满足了大众对于刺激好玩的虚拟世界的期待,尤其是男性的权力征服和挑战进取的欲望,因而受到追捧。传播学家麦克卢汉将游戏定义为一种媒介形式,并且认为"游戏是我们心灵生活的戏剧模式,给各种具体的紧张情绪提供发泄的机会"①,是社会个体来适应专门压力的方式。根据原新闻出版总署的统计,近十年来网络游戏这一游戏种类一直保持着强劲的发展势头,成为数字出版的重要产业,网络游戏对于传统出版的拉动作用也逐渐显露出来。网络游戏在文学畅销书改编中也占有一定的比例,相对于影视改编,游戏的改编对于文学题材和语言有着更为特殊的要求。紧张性、故事性和人物复杂性强,以侠义正道天理为探讨中心的文本是可以成为游戏的天然素材的。伴随着盗墓、仙侠、修真、玄幻等构建异想世界的类型文学的大热,能进行游戏改编的作品逐步增多,突出反映在网络游戏上,可以说网络文学和网络游戏找到了契合点,两者的互动变得更加频繁和亲密。2005 年出版的《诛仙》是国内畅销玄幻小说的先锋之作,也是网络文学进行游戏改编的堪称最成功的案例。由北京完美时空游戏公司改编的同名网游于 2007 年正式公测推出,游戏继承了小说关于天地正道的探究,并很快就成为完美时空的支柱产品,从《诛仙 1》到《诛仙 3》,这款游戏的神话仍在延续。在《诛仙》之后,不少网络文学开始加入游戏改编的队伍中,盛大文学旗下的多部作品都已经出售游戏改编权,这方面的代表作家和代表作品有我吃西红柿的《星辰变》、忘语的《凡人修仙传》(网游名为《魔道六宗》)、唐家三少的《斗罗大陆》、南派三叔的《盗墓笔记》等。可以说,在网络文学产业链中,游戏改编与影视改编一样,愈来愈成为一种主流化的趋势,读者和游戏玩家之间的媒介迁移和身份切换也变得越来越自如。

与影视改编一样,对文学作品进行游戏的开发,首要的还是文本的个性与内在吸引力。网游市场的饱和与企业竞争的加剧,加之国内游戏产业长期以来遭人诟病的原创性和民族性的匮乏,使优质游戏资源势必成为争夺的焦点,而

① [美]马歇尔·麦克卢汉著,何道宽译:《理解媒介——人的延伸》,北京:商务印书馆 2000 年版,第 293 页。

网络文学无疑为其提供了有力的支持,网游开发商将国内原创网络文学作为一个掘金的宝库,近几年与盛大文学的合作日益频繁。磅礴大气的文字风格,天马行空的故事想象,以及一波三折的情节设置,加上后期华丽特效的加入,让读者在游戏玩家这一角色中体验到了更加直接和鲜明的愉悦,而这种刺激和过瘾往往数倍于阅读网络小说。从改编的可行性角度出发,这类小说若以图像的形式演绎出来,需要大量的特技和特效支撑,特定环境氛围的营造和变幻莫测的招数决定了呈现的效果,而电影和电视在这方面显得力不从心,影视改编的空间此时不如游戏那么大。

　　必须指出的是,技术并没有瓦解甚至摧毁文学的意义,相反地,文学以更泛化的形式存在得益于数字媒介,微博小说、微信小说、数码文学等新的文学体裁不断增加。流通环节反过来会对内容的生产产生直接的影响,文学的交互性、视觉性和多媒体性大大增强,在提供文字之余,还要将图片、声音、视频、数据等信息囊括进来,以形成全方位的阅读体验和消费快感。"艺术愈来愈科学化,而科学愈来愈艺术化,两者在山麓分手,有朝一日在山顶重逢。"①法兰克福学派一直诟病的"文化工业",资本对文学艺术的捆绑,技术对原创精神与独立价值的消解,以及大众沉溺于由流水线生产出来的模式化的复制品搭建起来的社会,常常会被研究者用于解释当前的文学畅销书出版现象,从而将其视为瓦解大众审美需求的快餐读物与垃圾文化。尽管大众文学生产是遵循着商业社会的消费逻辑和文学生产的大众化路径的,天然带有工业化生产的痕迹,但绝非简单地用复制品、技术品或是流水线式地失去了原创价值的商品可以定性的。且不说在对文本进行写作和建构的过程中,如何去体现继承和超越,去积极探索属于当下的书写模式,去创造新的文体类型和内容,围绕着图书文本进行的衍生品的开发和出版产业链的建构,就已经是站在学科和产业融合的角度,用另一种极富表现力的方式来生动呈现文学的内涵,甚至还展现了文字所不能达到的边界。

---

　　① ［苏］自米·贝京著,任光宣译:《艺术与科学——问题·悖论·探索》,北京:文化艺术出版社1987 年版,第 131 页。

三、从产业链到产业圈扩大运营

衍生产品产业开发模式日渐成熟之后,无论是出于媒介融合也好,还是利益驱使也好,以图书为原点的产业链进一步扩大到融合媒体产业圈的运营几成定局。凯文·曼尼曾提到,未来的传媒产业从链式结构走向了整合的产业圈,内容商、技术商、版权商等各主体会在更为广阔的网络环境下角逐。[①] 凯文的预言正逐渐成为现实,无论是内容商还是技术商,都无法固守本来的位置进行单线连接,上游与中游总会在彼此交织中完成整合和蜕变。出版产业已经难以用单纯的链式结构来概括,而是向着五边形的产业圈模式转型(如图 3 所示),打破了上下游的单向性,上游的国有出版社、民营工作室,中游的技术开发商,打通上下游的数字出版商,以及下游的实体书店、网上书城等各主体彼此都发生关联,而不仅是线性的单向互动。

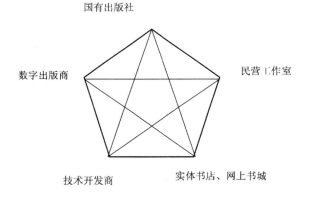

图 3　出版产业的五边形结构模式图

(1)内容商:内容资源三分天下

位于产业链上游,拥有大众文学内容版权的,是内容商。目前,在大众文学出版产业链中,掌握内容的主体越来越多。在实体出版领域,国有出版社与民

①　[美]凯文·曼尼,苏采采、李巧云译:《大媒体潮》,台北:时报文化出版企业股份有限公司 1996 年版,第 60 页。

营出版单位的内容之争愈加激烈；在数字出版方面，数字运营商如网络文学平台、手机阅读平台等异常活跃。这些主体既各自为政，又时时交合，致力占领更多的内容资源，发挥内容为王的出版优势。

国有出版社转企改制高潮迭起，民营出版也逐渐从发展滞胀中走出，迎来了破冰的春天。国有与民营出版合作步伐加快，在出版市场花样翻新、风生水起。看似弱不禁风的民营出版却出乎意料地成为国有出版强大的竞争对手，成为出版市场的重要参与力量，令国有出版忧心忡忡。但民营出版始终是"有名无实"，打着出版的旗号却没有书号、终审权，只能从事上游的策划编辑。它们有的规模小，资金薄弱，成为国有出版的附属部门或"陪练"。

国有出版机构虽庞大而稳定，但并不年轻，甚至有些虚胖：集中化管理、人员冗余、新生力量较少、出版理念陈旧、市场意识薄弱。面对日新月异的市场环境，国有出版的转身颇显沉重和悲凉。当它们开始走进民营出版的世界，所忐忑的不只是无利可图、无书可卖，而是它们在民营出版的鲜活生命中隐隐感到了自身步履的蹒跚。

民营出版有天然的劣势，其诞生起就经受着市场竞争优胜劣汰的考验，但也正是这份"劣势"成就了它们强烈的忧患意识和实实在在地服务于出版的精神。大众文学不同于教辅教材具有稳定的市场，必须不断寻找市场、开拓市场。因而，无论是对国家政策、政治事件，还是文化事件，它们的嗅觉都异常敏锐，能及时从中闻到出版商机。它们规模小巧、运作灵活、创新力强，敢于尝试新鲜事物，最先将《盗墓笔记》《致我们终将逝去的青春》《何以笙箫默》这些热门的网络小说搬进了书店，搬上了荧幕。

民营出版也在日益吸食着国有出版的骨髓。人是行业发展的最基本因素。国家政策对民营出版的逐渐放开，吸引着那些不满足于只在教材教辅的传统行业中"捞金"的员工跳槽进入民营出版业，而其中不乏资深编辑，相应地，他们也会把经营多年的人脉、作者与选题资源带出去，国有出版与作者越来越远，日渐呈现"空心化"。

纵然是二者相互合作，国有出版也存在危机。民营出版因没有书号，会采用"书号合作"和"书号挂靠"的方式开展业务，即民营出版负责从策划到印刷、发行的全部流程，书号申请和内容审查交由国有出版单位负责；或是国有出版允许民营出版利用其出版资源,但需缴纳一定的"管理费"。① 国有出版享受唾手可得的利润,但也难免因依靠"卖书号"获利而使自身创造力得到萎缩,缺乏创新创立品牌的动力。

背负着厚重的历史大书,传统出版不仅承载着老一辈出版人的文化坚守,而且始终怀着对纸书难舍的情感。尽管身处一线的传统出版早已将数字化转型提上议程,可总体局面依然是"雷声大,雨点小",跟风呼吁者众多,实际践行者寥寥。传统出版坐拥着大量内容资源,但要将这些资源尽数转变为数字资源并非易事,因为没有技术优势,传统出版商需要与技术商、平台商合作。若自己出资转换为电子书,成本不低,若是图书数量较多,也是一笔不小的开支。而每一次转换都意味着重新校对、编辑、剔除乱码、统一格式,同样是对人力资源的巨大消耗。即使克服困难转档成功,也存在后期销售风险。毕竟电子书还是不尽成熟的市场,没有十足的赢利把握,很多传统出版机构便只抱着观望的态度。此外,传统出版对于出版数字化的理解较为狭隘,认为只要将纸质内容数字化即可。其实这只是"换汤不换药",单纯将内容"平移",离出版产业的数字化还有很大距离。能够将传统出版的内容优势转化为数字产品和增值服务并获得稳定收益的出版机构并不多。

基于此,一些专业化的数字出版商开始向产业链上游进军,通过与内容商合作购买版权,或者与原创作者签约,让自己既成为汇聚内容的平台,又能主动生产内容。中文在线将大众文学方面的业务分为三块:一是与国有出版机构、民营出版工作室合作,除经过授权制作电子书外,还力图打通数字出版产业链,实现"一种内容、多种媒体、同步出版",已成功运作了《非诚勿扰》《孔子》《李春天的春天》等全媒体出版读物,并在影视制作方面也小有成就;二是建立 17K 小说网、四月天小说网,通过开设网络文学青训营、强化网站作者顾问中心、帮助未签约作者提高写作能力等,吸引大量优秀的原创作者长期驻扎网站,形成自营的内容库,保证持续稳定的数字内容采集源泉;三是涉足移动阅读领域,成为中国移动手机阅读的服务支持方。

智能手机助燃了"全民阅读"热,手机阅读方兴未艾。中国移动推出的"咪

---

① 范军:《现阶段"民营出版工作室"的功能与定位》,《出版发行研究》2012 年第 3 期。

咕阅读"几乎占领了手机阅读半壁江山。其全资投入建立的子公司咪咕打造了业内领先的掌上数字阅读门户"咪咕阅读"，在强大的手机用户群体基础上，通过与作家、传统出版机构、中文在线等数字出版公司、起点中文等原创文学网站合作引入电子版权，目前已拥有近 500 万本的图书、杂志等内容资源，读者可以按照自己的兴趣进行章节或单本书购买，也可以直接订阅基地提供的精品图书包。在网络小说领域，为了能加快内容更新速度，咪咕阅读改变以往"续传"方式，即先进行内容审核再进行传输，而是当小说在文学网站上首更后，通过自动抓取内容，将小说未经审核之前的"抢先版"登录到 App 前台发布，同时由后台编辑进行内容安全信息校对，审核之后再将安全无误的内容重新覆盖原有内容，从而保证内容上线的速度和质量。

（2）技术商：从技术走向内容

位于中游的，是为大众文学数字化、产业化出版提供先进技术的技术提供商。数字阅读的升温让传统出版的短板日渐显露，它们有内容而缺技术。数字出版需要以很高的技术水平为支撑，技术含量与出版效益息息相关。因而，在尚未完全成熟的阶段，数字出版的竞争很大程度上窄化为技术商的争夺战，对数字出版的评判标准也更多地"拼技术"而不是"拼内容"。为实现数字出版转型，位于上游的大众文学内容商不得不依赖技术商提供的支持，借助他者提供的数字出版解决方案来实现数字出版管理和运营。

即使是电子屏这么一个很小的设备也有可能冲击现有的出版体系，只是其冲击力现在还没有完全显露出来。传统的出版产业链是编辑—印刷—发行，而电子屏将把印刷、发行这两个环节都取代。我们有理由说，互联网让出版变得更加轻盈。电子阅读器愈加逼近纸书的阅读体验，Kindle 阅读器显示屏本身不发光，而是利用太阳光反射显示文字，不需要电池驱动，不仅减少了对视力的损害，阅读舒适性强，而且不耗电，待机时间长。亚马逊发布的新一代 Kindle 图像精度达到了 300dpi，已经与纸书的印刷精度基本一致。我国的汉王曾发布彩色屏电子书，使阅读体验更丰富。很多人说喜欢纸书带来的触感，而电子书拿着太过冷硬，缺乏生命力。2014 年索尼新推出的 E-ink 系列电子书以柔性屏为亮点，最厚的地方只相当于 30 层纸的厚度。当然，这些电子设备造价都很高，但随着技术的不断成熟，技术成本降低，它们也可能成为大众阅读产品。

自 2000 年辽宁出版集团"掌上书房"电子阅读器诞生，国内电子生产商纷纷试水这一新兴产业，电子书市场一时风生水起，汉王电子书、方正文房阅读器、盛大 Bambook 等产品纷至沓来。而如今这种群雄逐鹿的热潮渐渐退去，除了国外同类产品竞争压力大、价格偏高、文本格式不兼容导致的资源壁垒、功能单一不能上网等原因外，更重要的是内容匮乏。如果说数字出版发展之初传统出版商需要让渡一些版权完成数字转型，那么随着数字出版产业的不断成熟，传统出版商逐渐意识到对技术的过分依赖可能造成出版主动权的丧失，于是更加珍惜自己的内容。

同样的问题也存在于手机阅读 App 中，这个紧随电子书发展势头之后的"潜力股"，已成为技术商的另一个争夺阵地。相关数据显示，2016 年 12 月移动阅读 App 用户规模突破 10 亿大关，同比增长率在 12 月份不足 14%，但依然有很大发展空间；[1]网络文学移动端 App 日均覆盖人数更是达到 3297.5 万人。[2] 手机阅读 App 不是简单的内容载体，其中包含着全新的出版理念，即为读者提供个性化的私人电子图书馆。不过内容依然是短板。以强调阅读体验为名的唐茶"字节社"首创字体"信黑体"，讲究排版扎实细密，看注脚无须翻页。但精致的排版并没有给唐茶带来太大的竞争优势，内容短板引发的"木桶效应"无疑成为其最大的软肋。截至 2016 年 3 月 7 日，在唐茶网上书店上线的大众文学中，国产武侠小说仅有 5 本，科幻小说有 8 本，其他种类的图书也不甚多。无法做到规模发展，数字出版中的"长尾"也难以发挥效能。

多看阅读的初衷是做类似于 Kindle 的硬件，并在 Kindle 进军中国前就研发了专门适合 Kindle 中文版的操作系统，但后来发现"真正的难点不是把硬件产品做出来，而是形成一整套的系统"[3]。基于此，多看开始与传统出版社合作，从单本电子书做起，一直到壮大为"多看书城"。为保证品质，多看坚持编辑选书、精细加工，目前已推出上万本大众文学作品。其好处是树起了品牌，但图书上线速度慢、种类少，无形中缩小了受众圈子，被不少与其合作的出版社所诟

① QuestMoile：《腾讯应用宝大数据与 QuestMobile 联合发布 2016 年度 App 盘点》，2017 年 2 月 9 日，http：//www.questmobile.cn/index.html，访问日期：2017 年 2 月 21 日。

② 艾瑞咨询：《艾瑞咨询：2016 年中国网络文学行业研究报告》，2016 年 3 月 6 日，http：//www.199it.com/archives/444821.html，访问日期：2017 年 2 月 21 日。

③ 佚名：《争夺电子阅读市场："多看"斗法 Kindle》，《现代商业》2013 年第 36 期。

病。如今多看已走到发展的十字路口，自从 2014 年其核心员工被整合进小米的团队后，多看的牌子虽还在，但内部已经风雨飘摇。因为小米阅读走的是"底层"路线，只要大众喜欢就上线发行，没有多看在选书时追求的高门槛、高规格。彼此理念冲突的结果只能是小米取代多看。位于出版链中游的技术商总是显得无比尴尬，既是内容商的合作伙伴，又难以获得内容商的全部信任，想自己做内容却精力有限、效率低下，而它们自身又面临不断创新的挑战，否则难以适应当前技术更新的速度。

第三节　"IP"产业开发模式与粉丝经济

大众出版在文学衍生产品方面的开发于近五年之内，进入了一片似乎是"蓝海"又似乎是"红海"的境地，在看到许多优秀的文学作品被开发成完整的产业链的同时，我们也看到这个新兴行业的无数乱象。巨量的资金涌入市场，写得再烂的小说也被抢购一空，默默耕耘多年的孙悟空忽然赢得无数"自来水"，人气网剧走向线下却遭遇滑铁卢……大众文学的数字出版商们越来越不满足于衍生产品开发的"陈旧套路"，逐渐被"IP"这一新概念所取代，但在创作者的身价逐步抬高、市场诱惑力也越来越强烈的同时，市场介入的手法却似乎仍旧无比原始和粗糙。

IP（Intellectual Property）产业指的是以某一内容版权为核心开发与之相关的电子书、电影、电视剧、游戏、社交平台等虚拟出版物，以及包括纸质书、表演、服装、餐饮、玩具、办公用品、生活用品、主题公园等的实体产品与服务，围绕该核心内容版权形成上下连贯、跨行跨业的文化产业链。与之相似的概念还有"全版权运营"，原盛大文学 CEO 侯小强说："所谓全版权运营就是建立一个由多元业务组成的完整产业链，将版权经营从网络延伸到实体书出版、动漫、影视、游戏、音乐等各个环节，实现价值最大化。"[①]小则如小说《小时代》改编成电影、游戏《仙剑奇侠传》改拍成电视剧，大则如英国小说《哈利·波特》在全球的

---

① 王恪乾：《从盛大文学易主粗窥今后网络文学的发展方向》，《新闻传播》2015 年第 5 期。

热销使其带出了从电影、游戏、DVD、唱片、广告到玩具、文具、服饰、旅游、展览、主题公园,总价值超过 2000 亿美元的庞大产业链。

实际上,IP 仅仅是个诞生于文化产业中不同行业、不同部门逐步打通的过程当中,偶然出现的阶段性概念。在它之前,"核心文本""全产业链开发"之类已经讨论了许多年,在它之后,随着"囤 IP"的行为(以及资金投入)遮掩了"IP 开发"的漫长周期、坎坷与努力,IP 更多地被简化为"版权"的代称。其中原本展现出的、文化产业发展的诸多可能,也被转换为简单的价格与票房。就目前的实际情况来看,"第二世界"的精巧构建、"粉丝经济"的充分利用,以及"文化产业"的全面打通,成为评价 IP 产业开发模式好坏的关键。

一、"第二世界"的精巧构建

优秀的大众文学 IP,首先要为读者构建一个引人入胜的"第二世界",即可以牢牢抓住读者的"没有终结"的故事背景世界,以持久地提供给读者消费的内容。"诗即是第二自然,而诗人是其中的造物主。"这一宣言出自欧洲的浪漫主义诗人之口,随后在约翰·罗纳德·瑞尔·托尔金手里演化成"第二世界"理论。所谓第二世界,即读者在阅读的过程当中,会"相信",会"悬置"与之相对的"第一世界"——也就是我们身处其中的现实世界。如果"托尔金"的名字听上去还有些陌生,那么发生在他所创造的"中土"世界上的奇幻故事——《霍比特人》《魔戒》系列——在全球文化市场上的成功,显然妇孺皆知。从这个系列的首部作品《霍比特人》在 1937 年出版开始,一直到 2014 年《霍比特人:五军之战》的上映,读者所面对的,远不只是若干部小说和电影,而是一整个名为"中土"的第二世界。所有的小说、桌面游戏、卡牌、电脑游戏、电视、同人小说、电影,不过是这个"第二世界"在我们现实生活——或者说文化市场——上的种种投影和分身:这才是"IP"的真正内涵。

从技术层面上来讲,"第二世界"永远是未完成的,因为再漫长的创作、再庞大的作者队伍,都不可能填满世界中的所有细节;而世界的边界,本就是用来突破的——填补第二世界的空白,即"IP 开发"的过程:恰恰是这个过程,才能真正实现 IP 的价值。至于在这一过程当中挣得盆满钵满(或者赔得倾家荡产)的出版商、导演、制片人、演员,不过是攀附于第二世界的实体。刨去类似"中土"

"西游""星战"之类已经在某个特定文化空间当中生根发芽、颇成气候的"大IP"，漫威、DC 两家公司从事实上向我们成功地演示了一个文化企业是如何利用现有的 IP 资源来逐步开发、完善第二世界的。

与现今国内资本市场对原创小说的热衷不同，漫威和 DC 最初都凭借漫画起家，并且在相当长的时间段里，也只注重漫画这一种形式的产品开发，这也导致了它们始终只能将目光局限在漫画行业之内。虽然凭借数十年的积累，他们各自依靠成百上千位超级英雄，在各个城市和宇宙星球当中构建起了繁复完整——因过于完整甚至成为累赘——的"第二世界"体系：实际上，"创造世界"正是网络写手们逐渐习惯和越来越擅长的套路。

就漫威而言，单一的产品形式显然削弱了它应对风险的能力，所以在 20 世纪 90 年代初，当漫威试图在美国地域性的漫画市场当中占据垄断地位时，过于激进和冒险的战略把它自己逼到了崩溃的边缘。在那些岁月里，拆分英雄们的故事，乃至英雄本身，然后将其版权打包出售——索尼旗下的哥伦比亚公司在买下人气旺盛的"蜘蛛侠"的时候，似乎的确知道自己赚了一笔，但对这一笔究竟能有多大，在当时显然还是估计不足的。早在 20 世纪 90 年代中期，美国漫画杂志的总销售额约 10 亿美元，但 2004 年则下降到 2.79 亿美元，2014 年尽管接近 5.4 亿美元，比之于 10 年前几乎翻了一番，但与 20 年之前相比却依旧相差甚远。与此同时，仅 2014 年 4 月上映的《美国队长 2》一部，其北美票房便高达 2.55 亿美元，全球票房更突破了 7 亿美元。其实自 2008 年始，漫威以这些漫画角色为核心卖点拍摄了一系列电影、电视剧、真人动画等，中国观众耳熟能详的有《复仇者联盟》《钢铁侠》《美国队长》《绿巨人》《神盾局特工》《特工卡特》等①。为了打开青少年市场，漫威在 2015 年推出了动画电影《超能陆战队》，拿下全球 5.2 亿美元的票房。立足漫画英雄角色这一 IP 资源，漫威制订了"漫威电影宇宙"三阶段计划，第一、第二阶段共上映 12 部电影，全球票房总计 83 亿美元，从 2015 年开始，第三阶段的电影也陆续上映。②

我们可以发现，无论是漫威还是 DC，即便已然分别经历了长达数十年的积

---

① 此前《X 战警》《蜘蛛侠》等电影也获得了不俗的票房，但是由于漫威仅仅是作为品牌授权方而收益过低，于是漫威决定收回电影的拍摄版权，自行拍摄系列电影。

② 俞雷：《漫威公司从漫画到电影：文化产业路径分析》，《新闻知识》2016 年第 5 期。

累,它们开始在全世界的电影市场上推出自己的系列电影时,仍旧面临着如何重建或展示自己的超级英雄世界。

漫威的起步相对较早,并且试图在将近 20 年的时间内,通过十余部以某一超级英雄为核心的"个人电影",来逐步完善"复仇者联盟"的宇宙体系。这个过程并不是一帆风顺的,电影市场当中尽管存在大量死忠粉丝,但也出现过《绿巨人》这样票房惨败的片子,但从整体上看,依靠演员(包括斯坦·李在内)的串场和影片当中的彩蛋,这个"第二世界"已然形成,等到了《复仇者联盟》和《美国队长:内战》,不同超级英雄之间的复杂关系和互动进一步成为观众关注的核心。后续的电影电视剧只要能够推动这一世界中整体情节的发展,那么其票房、收视率是有保证的。

DC 的影视化尝试虽然始于 20 世纪四五十年代,但其影视制作的思路,却决定了 DC 电影难以形成交互密切的"第二世界"。尽管 DC 的"正义联盟"早在 60 年代就已经组建,但其影视化的作品却极少有意展现超级英雄之间的互动:超级英雄一般被统称为"城市英雄",漫威讨巧地让角色们生活在现实城市当中,而 DC 则倾向于给每位英雄打造一座自己的城市。在电影方面,DC 试图在《蝙蝠侠大战超人:正义黎明》当中来完成对整个"第二世界"的展示,这显然是颇为激进乃至仓促的举动。有赖于此前分别以超人和蝙蝠侠为核心人物的大量电影、电视剧和动画片,这部电影的确达成了这一目的,尽管同时也拖累了影片的叙述节奏和质量。好处在于,世界框架已经搭建完成,后续的影视作品,可以一面接收这一世界既有的粉丝,又可以进一步吸纳更多的观众群体。

在追溯了最近十余年间漫威和 DC 的影视举动之后,我们可以发现,将 IP 转化为影视产品,实际上是在以另一种产品形式,来呈现"第二世界"。单一作品的观众、读者能够被转换为这些虚构世界的粉丝:IP 开发的作品,乃是世界的入口。

在国内,单就粉丝而言,其热情和创造力其实极为强大。例如《三体》走红之后,具有版权的"官方"电影遥遥无期,但由粉丝利用手头简陋的资源、匮乏的人力,制作出的短片《水滴》(王壬)、MC 连续剧《我的三体》(《我的三体》制作组)、混剪短片《12 分钟看完 90 万字科幻神作〈三体〉》(九简娱乐馆)等等,却颇具声势。他们可能是同人圈中的"大触",也可能是默默围观和点赞的"小透明"；他们可能是系列作品的联合作者，也可能是连署名权都无法争得的无名编剧；他们可能是技术部门中身兼数职的程序员，也可能刚刚在传媒公关的岗位上度过第 10 个年头……但这些热情如何转化为资源？"野生"的粉丝如何进入文化产业的整体系统当中？这对粉丝和资本市场都提出了全新的挑战。

二、"粉丝经济"的充分利用

IP 产品的出版开发，最终要落实到消费者的消费行为上，才算商品价值的实现。相对于一般消费者，充分挖掘忠实消费者——即粉丝的消费意愿与消费力，对于内容 IP 的快速回本和长期发展，有着重要意义。粉丝经济，就是一种建立在粉丝与关注对象密切关系之上的商业模式，以前被关注者多为明星偶像，现在则被宽泛地应用于文化娱乐领域，成为 IP 产业的理想利润来源。就眼下渴求快速回报的资本来看，数十年的 IP 积累过程，或者十余年的开发时段都显得有些太过漫长，更加方便的做法是找准一个口碑较好、粉丝忠诚度较高的作品，然后买下来，拍成还过得去的电影、电视剧，就够了。在这一过程当中，IP 成为资本注入与催化的苗圃，"第二世界"固然可以借势扩展其影响力，但问题在于，资本所渴求的乃是短期的变现，世界本身的完善与生长，则完全是另一件事情。

站到资本的角度，我们可以发现，这一波 IP 热潮中实际上有两种常见的思路。第一种，是期待 IP 的粉丝本身就成为作品的目标受众。它要求这个 IP 本身就已经是现象级的作品，诸如《仙剑奇侠传》《盗墓笔记》之类。尽管它们十几年的历史远不能与前述亚文化现象相比，但在国内短暂的文化市场发展当中，已经是极为难得地构建起了相对完善的"第二世界"，并且也拥有海量的粉丝团体。与这一系列相类似的，还有迅速爆红的《万万没想到》《十万个冷笑话》等等。

另一种，则是期望能够抢到一个"真正有价值"的核心 IP，把故事拿在手上，然后向外推广。这里的逻辑，是一个作品如果能在某些特定的小众网络社区（比如豆瓣）获得较多好评，本身就证明了作品的质量和潜在的市场号召力；而如果恰好同时又出于种种原因未曾真正获得足够的知名度，这就意味着改编方将拥有较为强势的话语权。这当中又有两种情况。其一，是 IP 本身直接成为产业开发的对象,于是旧产业被注入新内容。例如《失恋三十三天》从豆瓣开始迅速走红,影片也收获了极好的市场反响,乃至催熟了新一类的影片类型。在这样的情况下,IP 的实质意义就被窄化为既有产业模式的新进路。其二,则是那一小撮坚守某一特定概念、形成狭小而稳固的亚文化社群的从业者,在 IP 的热潮中吸引到了资本的眼球,于是那些原初几乎仅仅依靠理想来坚守的人迅速地膨胀了起来。这是若干年间"科幻"走过的路径,也是架空幻想世界"九州"所正在经历的状况。

当然,这两者都仅仅是思路,而不是保障。从资本的角度来看,前者其实是在将粉丝对作者、作品的忠诚度变现,这就要求下游的影视、游戏作品,不但要充分忠实原著,而且必须摆出足够低的姿态来迎合粉丝市场;后者看似是资本与第二世界本身的共赢,但其基础实质上是对两者共同的消耗,在合作—博弈的过程当中,IP 本身的某些特征往往也限制了开发的方向,产业链本身的弱点往往在此暴露无遗。

例如以《十万个冷笑话》《万万没想到》等为代表的网络短片,在力求制作成大电影的情况下,即便穷尽了粉丝市场,也不过是达到一个不好不坏的收益。与此同时,原本已然汇聚起大量粉丝的系列产品,则因为制作团队的精力分散,影响力也每况愈下。这一情况并不鲜见:《武林外传》从 2006 年开始逐渐引发热潮,而它在 2011 年上映的电影版,无论是影片质量还是票房都颇为平淡;后期开发的同名网游,也并未收获与其电视剧热潮相符的市场回应。

究其原因,在产品自身,网剧、电视剧,乃至游戏和动画本身都有其自身的规律,面向的对象和市场也并不相同,特别是在技术方面,都有差异极大的限制和追求。但有意思的是,无论 IP 的上游是何种形式,国内的"IP 开发"几乎总是被统一地导向电影摄制:在某一个时间段,"IP 电影"几乎取代了"IP"的内涵和外延——这无疑是在保守和退让中浪费了粉丝市场所具有的庞大潜力。

实际上,在这两种思路之外,还存在第三种思路,也就是 2015 年引来无数"自来水"的《大圣归来》。"西游"和"孙悟空",或许是这个世界上最大的 IP 之一,作为虚构的"第二世界",无数衍生作品已然形成了蔚为大观的文化传统,并且进入了主流文化当中,成为几代人的共同记忆。在这样的情况下,"粉丝"不再是小圈子的身份标识,而是大众文化中的组成部分,"核心 IP"的存在,不过是给文化产品的开发提供了契机，真正使得动画电影大获成功的，既非资本也非吴承恩，而是在真正从事动画制作的一线团队。

三、"文化产业"的全面打通

全面打通跨媒体、跨地区、跨产业的文化产业链，是大众文学 IP 产业扩大影响力和覆盖范围的必经之路，而将目光局限于从 IP 的上游向下游推进，甚至窄化到最终的电影制作上，显然是一种急功近利之举。即便是在"互联网＋"的时代，无论 IP 进入的是电影、游戏、电视剧还是网剧，最后呈现给大众文化市场的，还是一个个零散的产品；IP 的真正意义，乃是以核心内容打通文化产业链条中的各个环节，而在以不同形式营造"第二世界"的同时，既培养一批忠诚度较高的核心粉丝，又向全社会辐射其影响，最终形成较为活跃的亚文化生态，甚至像中国的"西游"、美国的"超人"一样，在整体文化语境当中占据一席之地。前文提到的漫威，它的系列作品数量丰富而能力各异的人物角色是其一大亮点，因而相关衍生产品除了游戏、视频、音乐等电子虚拟出版物外，从形象出发开发的大量印有漫画人物或以漫画人物为造型的实体产品——特别是玩偶公仔——在全球拥有巨大的市场，以电影《超能陆战队》中的角色"大白"为造型的玩具受到全球消费者的追捧。为了保证 IP 开发后的产品质量，漫威设有"六人制片人委员会"，其组成人员包括创意总监、编辑、作家等，专门负责漫画到电影的剧情、人物、环境变更以及全球跨文化传播的要求，以让电影为世界范围内的观众所接受。

首先要注意的是，一个完善的文化产业链条，提供核心 IP 的远不止小说这一种形式。在美国，"星球大战"系列始于电影，"星舰迷航"以电视剧为开端，"超级英雄"们从漫画中走出，"光晕"则来自游戏。单向地买断网络小说、科幻作家，并且思路单一地推向电影市场，其实对文化产业的整体发展意义不大，反而容易使人忘却不同文艺产品形式以及相关的改编工作所必需遵从的基本规律。

以科幻为例，从小说文本到电影产品之间的沟壑难以磨平，但在当下，国内在科幻电影方面除了可以解决的技术性问题如特效、道具等之外，最大的缺口在于科幻编剧。眼下常见的做法，是由科幻作者们将自己的作品改写为剧本，而这是一项堪称荒诞的举措:作为市场化乃至工业化运作的影视制作,编剧实际上是一种需要学习和锻炼的技能,在某些最为核心的方面,与偏向个人化的小说创作堪称南辕北辙。由作家来勉强充当编剧,既使得这一文类的作者精力从整体上涣散,也不见得能真正影响电影的走向,更不用说提高其制作水平了。

传统的资本投入再大,也无法扭转产品的生产过程,而它在面对粉丝文化市场的同时,也必须遵从互联网时代的基本逻辑。这是在由 IP 开发到文化产业发展当中应当明确的第二点。

在资本游戏当中,"粉丝"往往成为目标市场或核心消费者的代称,这就完全窄化了粉丝所具有的潜力:他们不但是消费者,也是生产者,更是传播者。尽管粉丝具有明确的经济属性,但他们更从基础上构成了文化产业的"文化"一极,虽然这种大众文化在大部分时候都处在与资本、商业的逻辑亲密融合的状态下。

对于涉足粉丝经济的企业与资本而言,应当理解和尊重粉丝群体的审美取向和话语方式。这实际上是一个不断试错的过程,例如网络游戏《剑网 3》上线运营不久,便很快被熏染上了浓重的"耽美"色彩,并且衍生出大量的同人漫画和小说文本;而此后制作方在某次宣传推广时,刻意在审美倾向上模糊、背离了这一"画风",当时便受到了一线玩家的大量抵制,官方不得不撤回当时的一系列宣传画,并公开致歉。类似的事情也发生在 20 世纪 90 年代初期的漫威身上,当时漫威试图垄断美国东海岸的漫画杂志发行渠道,其筹码乃是强大的资本注入和以半个多世纪的努力逐渐建立起来的企业声望,但当时的漫迷群体以散落各地的私营漫画书店为中心,其自发进行了漫长的抵制行动,而这直接导致了漫威随后的破产重组。

应当注意到,在 IP 改编的热潮当中,国内文化产业链条当中无数部门的短板正在不断地被暴露出来。国内科幻电影的改编团队,几乎无一不试图向好莱坞求助;手机和客户端游戏向网络小说的示好,更像是在以宣传和名号来掩盖羸弱的技术能力;动漫产业在国家支持下快速发展了十余年,但特定题材的改编、动画制作与渲染的技术实力依然捉襟见肘;更不用说影视剧编剧地位的尴尬,原创网络小说版权保护的艰难。恰恰是在大量资本蠢蠢欲动的时候,文化产业自身实力的发展,仍旧应当处于从业者和决策方关注的核心,否则一旦 IP

的热潮冷却，抢购与囤积的游戏结束，资本的玩家退场，文化市场便只能是一地的狼藉。在这方面，2003 年前后被过度开发以至于被彻底摧毁的国内奇幻出版市场，应当被视作前车之鉴。

从文化产业整体上看，"IP"及其开发其实仍然有其意义，但它价值的全面实现，应当是以它在各个产业部门之间的充分流动为前提的。

在最理想的情况下，居于核心地位的 IP，应当能够在整个产业链条当中自由且有保障地被改编和再创作，并且粉丝群体当中也衍生出大量的附属性产品。一方面，这要求环节与环节之间不应当构成壁垒，尤其需要避免不同文化企业过于强调竞争，以致相互"囤积 IP"，使整个产业从创意源头开始，就出现难以推出产品、推向市场的情况。另一方面，在不同环节之间进行流动的时候，"致敬"与"抄袭"的法理界限，原作者与同人作者的版权收入，以及围绕核心 IP 的周边产品，都需要进一规范化。

IP 的热潮必然是短暂的，但它背后折射出的文化产业，则是已经走在路上的"朝阳产业"。IP 最大的意义，恰恰是进一步打通了文化产业不同领域之间的壁垒，使得网络小说、科幻文类、粉丝文化终于获得了赢取资本青睐的可能。这是文化的拓展，也是市场的延伸，但只有当那些被粗鲁地冠以 IP 之名的种种"第二世界"在整体文化形态当中生根发芽之后，"产业"的未来才能真正到来。

第四节　跨媒体叙事的文学创作与开发模式

如果 IP 产业开发的重心在于利用"第二世界"开发出更多的相关产品产业，以挖掘粉丝的消费潜力，那么跨媒体叙事在生产多媒体作品/产品的同时，就要强调内容的叙事性、文学性，跨媒体叙事为文学文本顺应 IP 时代的生产方式提供了更为接近大众文学内容本身的栖息地。粉丝通过跨媒体叙事作品/产品的消费，体验到的是阅读故事、探索故事的快感。例如上文谈到的电影《超能陆战队》的公仔玩具，属于 IP 却不属于跨媒体叙事，因为玩具只满足读者对于角色的喜爱，具有一定的收藏价值，而对于理解故事本身则没有多大意义。

一、亨利·詹金斯的跨媒体叙事理论构建

跨媒体叙事(Transmedia Storytelling)这一概念,最早由麻省理工学院比较媒体研究学者亨利·詹金斯于 2003 年的《科技评论》专栏撰文提出,后来他在著作《融合文化:新媒体和旧媒体的冲突地带》中的"寻找折纸独角兽:黑客帝国与跨媒体叙事"一章中做了进一步阐释。詹金斯重视个人博客(henryjenkins.org)的运作经营,他本人在博客上发表的一系列学术文章,不断丰富和完善了跨媒体叙事理论。他提出:用不同的传播渠道系统性地讲述故事的各个部分,以创造出统一、协同的消费体验;并且不同的媒介载体对故事的展开有其独特的价值。① 例如,当一部电影得到观众的青睐后,围绕电影所讲述的内容,用小说、漫画、电视剧产品补充说明电影中未展现的情节,同时以符合电影剧情的游戏,为玩家创造身临电影世界中冒险探索的感觉,在生产者统一协调的内容构建之上,这些不同媒体上的不同作品/产品共同组成了同一个庞大复杂的故事,读者/消费者通过电影、电视剧、小说、漫画、游戏等媒体产品从不同维度领略故事的全貌,这不仅是一种全新的阅读体验,也是一种与一般文化消费完全不一样的消费体验。

与 IP 产业一样,跨媒体叙事的本质也在于围绕一个核心版权进行多重开发。在詹金斯看来,这是以产业协作、媒体融合的经济与社会现实为条件的,正因如此,传媒巨头会尽其所能地通过不同的媒体平台,传播自己的品牌,扩大经营范围②,跨媒体的作品/产品开发是不同产业、不同媒体相互融合的必然结果。所以有研究者说,跨媒体叙事得以在语词争霸中力压群雄的另一个原因在于:跨媒体叙事与追逐利润的资本一拍即合,得到了资本的鼎力支持。③ 跨媒体叙事与一般所说的 IP 产业都属于粉丝经济,但是跨媒体叙事强调叙事,亦即故事,要求作品/产品对故事的完整性产生影响,做出贡献;而 IP 产业则相对宽

---

① Henry Jenkins:Transmedia Storytelling 101,2007-03-22,http://henryjenkins.org/2007/03/transmedia_storytelling_101.html♯more-1317,2016-06-05.

② Henry Jenkins:Transmedia Storytelling 101,2007-03-22,http://henryjenkins.org/2007/03/transmedia_storytelling_101.html♯more-1317,2016-06-05.

③ 施畅:《跨媒体叙事:盗猎计与召唤术》,《北京电影学院学报》2015 年第 3 期。

泛得多，只要是以某一 IP 为核心的游戏、文学、音乐、影视、动漫，甚至玩具、服饰、饮食、游乐设施等相关产业，都可以纳入大 IP 的框架里。这说明从一定程度上来讲，跨媒体叙事是 IP 产业的一部分，跨媒体叙事是 IP 产业的一种可行发展模式，用其独特的叙事性特征吸引粉丝，它们都包含在广义的文化产业中。跨媒体叙事是一种以故事为主导的粉丝经济，它与一般粉丝经济相比有其特殊性。詹金斯认为，跨媒体叙事的重大意义在于文化的转型，他在《融合文化：新媒体和旧媒体的冲突地带》中提出"参与式文化"的概念，即粉丝作为文化作品/产品的消费者，不只是被动地接受信息，更主动地分散在各个媒体的作品/产品中寻找隐藏的信息，这种对主动参与式的鼓励可以是创作者/生产者有意为之的计划，也可以是消费者的自发行为，因而碎片拼组成的结果有时甚至超过创作者/生产者的原有构想。"参与的力量在于：通过涂改、修改、改装、扩展，大大增加视角的多样性，并逆向回馈主流媒体。"①

　　许多西方学者都不约而同地认为新媒体和互联网为一种全新的民主创造了条件，每一个个体通过新媒体的硬件终端和软件平台，在覆盖全球的互联网范围内发出自己的声音，自媒体就是在这样的情形下出现的。汤姆·斯丹迪奇在《从莎草纸到互联网：社交媒体 2000 年》中自信地认为自由的发声从社交肇始，最终将成为影响政治的关键力量，其实经济、文化都在朝着"个体发声"缓慢地改变，机敏的商人已经嗅到了"个体发声"蕴藏的巨大商机，把"个体发声"转化为能够制造利润的个体需求，正如如火如荼的个性定制经济即是个体需求受到生产者重视，长尾理论的实践是个体需要得到满足的最好证明，教育定制化日益为大众视为理所当然，孔子的"因材施教"在今天才全面实现。"参与式文化"强调的就是粉丝"对主流媒体的某种回馈"，于文化产业而言，它不仅仅是个体在公共平台上发表解读和异见，而是真正融入、参与到内容之中。詹金斯在《文化盗猎者》中提出受众在接受跨媒体叙事时的两种身份——骑士和学士：学士不漏过全部叙事的每一块碎片来知晓庞大故事世界的全部秘密，骑士钟情于在故事世界中驰骋以获得独特体验。学士和骑士就是消费者真正参与到跨媒体叙事的"参与式文化"中的具体形式，即一种完全不同于以往内容作品/产品

　　①　Henry Jenkins：Convergence Culture：Where Old andNewMediaCollide[M]．NewYork：New York UP，2006．

的知识获取方式,它召唤观者以更为创造性的姿态进入文本之中,既是读者,又是某种程度上的作者。在"个体发声"时代,如果文化作品/产品的创作者/生产者能够给予消费个体积极主动参与内容挖掘、解读、再创作的空间,那么在整个文化产业需求市场(供给大于需求)的大环境下,这样的作品/产品更能够凝聚成稳定的粉丝群,增强个体粉丝对核心版权的黏性。显然,粉丝可以"开口说话",不管是粉丝对作品,或是粉丝与粉丝之间,还是粉丝与创作者/生产者之间的互动,都比纯粹被动接受式的作品/产品单打独斗地抓取消费者的注意力要有效得多。只要把某一版权的忠实粉丝群体培养起来,粉丝与粉丝之间还会自发地进行不同媒体形式作品/产品的传递(尽管有时这种传递是非法的盗版行为),粉丝既是消费者,又是传播者,其中一个很重要的原因便是:更多的参与者将提供多重视角,形成"集体智慧",这有利于扩大内容的深度挖掘和体验。百度贴吧无疑是当前国内最大的"参与式文化"中心,通常能见到某一版权产品的小说读者、漫画读者、游戏玩家、电影观众聚集在以该版权命名的贴吧,他们共同分析剧情,探讨人物,寻找游戏伙伴,发布同人作品。"参与式文化"的兴起既是一种趋势,亦是一项条件,跨媒体叙事就充当了"参与式文化"最好的外壳,即以跨媒体叙事为物质材料形成黏附众多粉丝的"参与式文化"。当然这并不是说所有的文化作品/产品都必须符合"参与式文化"模式,就像并不是所有文学作品都必须进行跨平台、跨产业的 IP 开发,跨媒体叙事也好,"参与式文化"也好,皆是内容作品/文化产业的一种创造/生产的模式,一种可行的发展方向。跨媒体叙事从来不排斥小众艺术或是"非参与式"作品,并且跨媒体叙事的巨大包容性甚至可以囊括某些小众的作品或是"非参与式"作品,正如艺术史上的经典作品已经成为许多当下作品创作的素材,优秀的跨媒体叙事也可以成为庞大的创作源泉。

詹金斯在他的个人博客上提出了跨媒体叙事七点原则:扩展性与可钻性;连贯性与多样性;沉浸性与提炼性;世界构建;系列性;主体性;成效性。[①] 扩展性与可钻性意味着作品/产品能够借助网络在消费者之间分享传递,并且文本

---

① Henry Jenkins: The Revenge of the Origami Unicorn: Seven Principles of Transmedia Storytelling[OL],2009-12-112,http://henryjenkins.org/2009/12/the_revenge_of_the_origami_uni.html,2016-06-05.

有足够的广延与深度支持消费者进行主动参与式的解码分析，它是粉丝群体形成的重要保证。连贯性与多样性则要求以不同媒介形式，在不同媒体平台上发布的作品/产品其内在是合理关联的，满足其定义中"不同的媒介载体对故事的展开有其独特的价值"的条件，这些故事碎片最终可以在消费者那里合成统一的故事。沉浸性与提炼性指的是消费者快速地融合故事的世界，沉浸其中，获得与故事相关的物品和概念，仿若置身于现实世界那样。世界构建从故事的世界观与故事世界的"探索渠道"两方面对作品/产品的创作者/生产者提出要求，消费者可以从各种各样的延伸类产品中发现故事所发生的背景世界，这个世界需要支撑起所有作品/产品中人物、剧情的展开。系列性指的是发挥不同媒体的作用，鼓励消费者在不同形式的作品/产品中寻找故事的碎片。主观性与巴赫金的复调叙事有着某种相似性，因为跨媒体叙事有着多媒体的叙事形式，借此故事中的次要角色、次要剧情也可以得到开发，为消费者提供多样的故事视角。成效性充分显示了"参与式文化"下的粉丝特点，跨媒体叙事能够满足粉丝自发或非自发地参与到内容挖掘、解读、再创作之中的能力，粉丝们的"集体智慧"可以产生出"惊人的成效"。其中最核心的要数世界构建，詹金斯曾引述一位好莱坞编剧的从业心得，认为就重要性而言，世界开始压倒故事："刚开始，你得看重故事，因为没有好故事就没有好电影；之后流行出续集，你得看重人物，因为没有出彩的人物就别想出续集；如今，你得看重世界，因为一个精彩的世界可以跨媒体支撑起多个人物和多个故事。"①当然这种创作/生产方式对跨媒体创作者/生产者提出了极高的要求，几乎"天才叙事"的范畴，不仅是故事与故事之间，还包括不同媒体之间的过渡，过于复杂或过于简单都容易让消费者失去耐心。②

二、跨媒体叙事典范：暴雪"魔兽"系列

詹金斯在论述跨媒体叙事时，将《黑客帝国》系列产品作为经典案例，以《黑客帝国》三部电影为基础而开发的两本插画小说、九部动漫故事、一款单机游戏

---

① Henry Jenkins. : Convergence Culture: Where Old and New Media Collide[M]. New York: New York UP, 2006.

② 朱松林：《论跨媒体叙事中的粉丝经济》，《编辑之友》2015 年第 2 期。

和一款网络多人游戏共同组成了《黑客帝国》的叙事世界,它们相互关联,相互补充,只有消费者使用了全部这些产品后,才能真正了解故事的全貌,甚至是这种状态下的消费者形成粉丝群动用"集体智慧"方能解开某些谜题。他认为李曼·法兰克·鲍姆的《绿野仙踪》的全部作品(鲍姆最初写了约 20 本最后减少到仅仅一本[①])已经具备跨媒体叙事雏形,我们熟知的电影《X 战警》《星球大战》《第九区》,小说《哈利·波特》《指环王》,美国电视剧《邪恶力量》《迷失》都一定程度上形成了跨媒体叙事的作品/产品系列,或是作品/产品具备了某些跨媒体叙事的因素。

但是从规模上说,目前全球最大的跨媒体叙事莫过于美国暴雪娱乐公司推出的《魔兽(Warcraft)》系列,它改编自托尔金小说《指环王》。自 1994 年发行第一部产品游戏《魔兽争霸 1》,暴雪围绕"魔兽"的框架体系在 23 年里共发行了 27 部中长篇小说(部分属于轻小说,主要指的是纸质书籍发行)、30 部短篇小说(以在线网页为主)、8 部漫画、3 个电脑单机游戏、1 个网络游戏(6 个资料片)、1 部电影,另外还包括一些零散的视频、图集,以及大 IP 产业名目下的周边,像服饰、玩具、食品、主题展览、衍生游戏产品(《炉石传说》)等。这些作品/产品以不同的故事内容、不同的消费体验以互文的方式,共同组成了一个"航空母舰式"的跨媒体叙事,消费者必须阅读/使用几乎囊括当下所有媒体形式的作品/产品来了解"魔兽"故事的全部秘密。除了"骑士"们在作品/产品中畅游外,全球粉丝中的"学士"不断地在各大社交平台进行分析解读以连接不同媒体形式的作品/产品,甚至有些谜团仍未解开,只能待暴雪发布新的作品/产品予以揭晓。"魔兽"在全球拥有数量庞大的忠实粉丝,2016 年 6 月电影《魔兽》上映两周内便获得 12 亿美元票房[②],足以窥见其惊人的粉丝号召力与消费潜力,"魔兽"系列的成功使得暴雪本身也成了吸附了大量"暴雪粉"的游戏品牌。

如果说暴雪本身对产品的专注开发,不论是游戏、小说、漫画还是电影,都投入巨大的人力物力创造最优秀的合乎消费者需求的产品给予了消费者成为

---

① Henry Jenkins:The Revenge of the Origami Unicorn:Seven Principles of Transmedia Storytelling[OL],2009-12-112,http://henryjenkins. org/2009/12/the_revenge_of_the_origami_uni. html,2016-06-05.

② 佚名:《魔兽票房超 12 亿〈魔兽〉美国失利却在华大卖》,2016 年 6 月 19 日,http://fun. youth. cn/yl24xs/201606/t20160619_8157036. htm,访问日期:2016 年 6 月 21 日。

"骑士"的力量，那么"填坑式"的故事叙事、世界构建与文本积累使"魔兽"满足了消费者像"学士"一样的"百科全书式"的求知意愿，这才是"魔兽"之所以能够成为跨媒体叙事的最成功案例。

（1）"填坑式"的故事叙事

"填坑"模式的关键在于细节与空白布置，不同媒体平台作品/产品的互文补充与统一架构。"坑"的概念简单地说即是读者在阅读故事时发现叙事中遗存的悬念与逻辑矛盾，它们是亟待作者来解答的空白与细节。暴雪在设计"魔兽"系列游戏时特别注重对于空白的设置与细节的把握，一方面大量精致的人物、剧情细节填补了这些空白，另一方面许多"有意为之"或是"无心插柳"的细节为故事的完整性补足提供了可述空间，即更多的空白。例如游戏中围绕中心人物设立的普通 NPC 皆有名有姓，而不是笼统称呼，这些有名有姓的人物在小说家、漫画家、导演手里则可以延伸出一个完整的故事，相比突兀制造角色要合乎情理得多。再如，一张地图中央对于游戏玩家来说可有可无的地点的名称，在小说家手里引出一部部小说（《龙王之晓》）。又如，一件游戏道具上不显眼的箴言或注记，被电影导演演绎成一段段精彩故事。许多在小说、电影、漫画中未解答的谜题，玩家会在亲自体验游戏的过程中发现答案。这很好地体现了詹金斯跨媒体叙事中提出的扩展性与可钻性要求。

尽管暴雪本质上是偏重于技术的游戏开发商，但其在经营策略上更像是一位懂得产业协作的内容提供商。暴雪牢牢抓住"魔兽"这一核心版权，不局限于游戏产品的有限开发，积极与作家、出版社、影视制片公司等展开合作，在自己掌握"指挥棒"的前提下，共同开发制作带有跨媒体叙事特质的多媒体产品。例如，"魔兽"系列中长篇小说的创作者包括理查德·A.纳克、克里斯蒂·高登、杰夫·格鲁布、亚伦·罗森伯格、马特·伯恩斯、斯塔克波尔·M.A 等，有时一部小说甚至由几位作家合作完成，尽管每部小说的作者不同，但是小说与小说之间、小说与其他媒体产品之间仍然保持着剧情的连贯、角色的统一、体系的完整，可见在小说的创作过程中作家必然与暴雪存在着大量讨论、协商、要求，而暴雪自然起着主导作用。

相反的是，电影《魔兽》由暴雪授权美国传奇影业拍摄，双方在协约上的矛盾，导致暴雪对电影"不理不问"的态度，完全不参与到电影的拍摄制作中，欲收回版权拍续集。其结果是尽管电影在全球取得了巨大影响力,但是口碑不佳。国内较多的是对小说、游戏、影视、漫画产品之间的相互改编,基本上采取内容不变或是内容重写的模式,很少有内容以跨媒体叙事的方式互补的情况。相对来说,出于前期投资策划力度需求大、后期回报时间慢等诸多原因,大规模进行跨媒体叙事模式的产品开发,在我国仍处于观望阶段。

(2)"世界观"统一的多媒体产品开发

跨媒体叙事要求不同的传播渠道、媒介载体在讲述故事的过程中,能够发挥自己独特的作用与价值,这正是它有别于一般系列性质的内容作品的特质,即"填坑"发生在格式多媒体作品/产品之间。这种协调一致要求核心内容的版权拥有者和生产者,有计划地在统一"世界观"理念之下进行创作活动,不同的传播渠道、媒介载体之间的矛盾与沟壑需要严格遵从该"世界观"的指导者来调和,整个"魔兽"故事可以说是所有参与作品创作与产品开发之人的共同成果,体现着跨媒体叙事的连贯性与多样性特点。

为了保持剧情的统一性,暴雪向作者施加了极强的控制力,曾执笔"魔兽"短篇小说的一位女作者萨拉·派恩如此评价:"暴雪的人会把他们对小说的愿景告诉我,然后我们再讨论哪些人物和场景可以出现在小说里。对于即将出版的小说,暴雪通常会有非常清晰的故事框架,剩下的细节部分才是作者需要补充的部分。所以我的作品好不好,最大限度上是取决于暴雪给的框架上有多少有意思的内容。"整个创作过程包含列提纲、打草稿、暴雪修改、多次审稿等,暴雪在给作者设置了许许多多约束的同时,也给予作者自由发挥其创造力的空间,比方说"创建一个次要人物或者整合现有的以某种方式来填补所需的角色"。因此,正如派恩自己所表示的,双方的协作程度对于小说最终的质量便显得尤为重要:"最后,其实给暴雪写这些小说是一个极其需要协作精神的工作。毕竟,他们的想法和我的想法必须达到一个他们和我都满意的程度,这是我们双方都要做的事情,我们也都希望我们提供一些引人注目的故事,让玩家和网友寻找一种方法来享受游戏之外的艾泽拉斯的媒介。"①这种以计划为指导,在

---

① 变化者甜儿:《官方小说作者 Sarah Pine:我是这样写小说的》,2013 年 2 月 28 日,http://wow.178.com/201302/156026494504.html,访问日期:2017 年 3 月 22 日。

创作过程中与作家发生的要求、协商、讨论的行为,实质上与出版社的图书策划与组稿工作无二,此项工作通常由暴雪的出版小组(Blizzard Publishing Team)负责,具体到细节上,例如还有专门指导剧情的剧情小组。2016 年 12 月 9 日,暴雪宣布推出自己的出版商暴雪出版社(Blizzard Publishing),用于开发与发行此后推出的图书,许多绝版书也会再度发行。除去了出版社环节,暴雪显然能够更加自如地控制游戏衍生类图书的创作和发行事宜。

发挥不同媒体的自身特点把故事讲好,也是暴雪进行多媒体产品开发的重要方式。小说在激烈的对话冲突、细腻的心理描写上有着游戏所没有的优势,游戏更容易制造"身临其境"的自主性和"兵刃交锋"的击打感,影视与动漫在画面感、镜头感上有其特色,因此,在讲述主要角色的主线经历时暴雪常常使用小说,讲述主要角色的外传、次要角色的小故事时使用漫画、动画视频,而游戏则着重调动玩家探索故事世界,与角色一起冒险的参与性。衔接两个游戏资料片(新资料片代表着全新故事的开始)的往往是小说,因为推动剧情发展的本质上是人物角色而非玩家。不能否定的是,制作与经营成本也是必然考虑的问题,许多情节用小说和漫画一笔带过,比什么都进行复杂的编程计算自然要经济得多。

(3)注重文本与细节积累

与其他 IP 或是跨媒体叙事系列作品/产品相比,暴雪格外注重"魔兽"的文本积累。这里所说的文本指的是多媒体作品/产品中,直接或间接以文字形式出现的内容部分,包括官方发行的小说、网站上的介绍(本质上也是一种虚构),以及游戏中出现的人物对话、场景字幕、任务说明等。目前其已出版的 27 部中长篇小说和直接发布在官方网站上的 30 多部短篇小说,就已经是个庞大的数量。《魔兽世界》是一个以角色扮演完成任务来推进剧情发展方式为基础的网络游戏,据粗略统计,游戏中一共设置了至少 3000 多个任务,每个任务配有一段二三百字的任务说明。这些任务说明全部用文学化的语言写成,具有很高的可读性,这是暴雪独特的在游戏中讲故事的方式。照此计算,总共的任务文字就可以达到百万字。

游戏中人物角色之间的众多对话,不仅是暴雪用以讲述故事的手段,也是玩家掌握故事脉络、发现隐藏线索的重要途径。此外,游戏中的道具说明、"地下城手册"(即游戏说明书)、布告栏等也包含不少艺术化的文字文本。据《魔兽世界》最初的本土化开发者回忆:"由于大量的任务和剧情,《魔兽世界》在 2004 年上线的版本大约有 150 万英文单词,而中文版的字数也接近 400 万,由于测试期间的不断修改,在《魔兽世界》项目成立的 2004 年 4 月到国服正式上线的 2005 年 4 月 26 日的一年期间,田健和他的团队一共汉化了大约 700 万字的文本。"①在最大的《魔兽世界》讨论社区 NGA(National Geography of Azeroth,艾泽拉斯国家地理)上,每天都有大量的"学士"分享自己凭借这些文本,所破解的故事中的谜团。可以说文本的积累给予了"魔兽"故事以跨媒体叙事所必需的强大可钻性与表现性,使其进一步向着传奇性的文学经典靠拢。一个粉丝这样评价:"魔兽已经完完全全从一款游戏变成了一部史诗。"

《魔兽世界》中的细节布置一直是玩家们津津乐道的话题,这些细节包括人物的名字、物品的说明、地图上地形的设置、游戏模型的制作等。这些细节一方面给予玩家这一世界的完整性与真实性——一草一木清清楚楚而不是马马虎虎、草草略略的,从而让玩家更好地沉浸其中;另一方面,细节在必要的时候,可以转换为新剧情的组成部分,细节为"填坑"行为的发生创造了条件。于这些细节,游戏开发者与作者、拍摄者共同利用的资源,所以萨拉·派恩在说"我曾经有过一次把一些随机的次要人物是取了一样的名字,这样他们就成了一个重要的 NPC(Non Player Character,非玩家控制角色),这是不行的"的同时,也表示"我本人喜欢用那些剧情里原本就出现过的人或者游戏里的 NPC……而且我还觉得读者喜欢那些他们熟悉的人物在新的小说里变得丰满"②。

另外值得注意的是,"魔兽"的故事背景世界原型是托尔金的小说《指环王》,而《指环王》实际上吸收了欧洲众多神话、宗教、传奇的元素,例如精灵、龙、矮人、兽人、地精这些种族的设定从《指环王》沿用至"魔兽",几乎无所不包地融合了欧洲几世纪以来全部的魔幻内容,"魔兽"最近的几部作品/产品甚至在大幅度地加入中国文化的元素:在围绕游戏《魔兽世界》资料片《熊猫人之谜》开发的一系列作品/产品中,出现了大量关于熊猫、功夫、禅宗、中华美食、原始神话、

① 楚云帆:《魔兽世界的青葱岁月活在玩家记忆里的九城时代》,2016 年 6 月 17 日,http://games. sina. com. cn/o/z/wow/2016-06-17/fxtfrrc3769220. shtml,访问日期:2017 年 1 月 2 日。
② 变化者甜儿:《官方小说作者 Sarah Pine:我是这样写小说的》,2013 年 2 月 28 日,http://wow. 178. com/201302/156026494504. html,访问日期:2017 年 3 月 22 日。

文献典籍、长城等的内容。相比《魔兽世界》前几个资料在进入中国大陆的审核过程中发生的种种事件①，该资料片在北美发行（2012 年 9 月 25 日）前就通过了中国政府部门的审核（时间为 2012 年 9 月 5 日），并于一周后在中国大陆上线，暴雪用中国元素"投其所好"功不可没。

欧美、日本均有许多可圈可点的跨媒体叙事作品/产品系列。美国漫威漫画公司（Marvel Comics）推出的电影"复仇者联盟"系列与电视剧"神盾局"②系列属于跨媒体叙事的范畴，电影与电视剧在线索上既独立又交错，前者以超级英雄拯救世界为主要剧情，后者讲述的是特工组织保护民众安全，但是常常因为公共的事件发生交集，观众如果不按照一定的顺序依次观看——比如"电影A—电视剧 B 的 1～5 集—电影 C—电影 D—电视剧 B 的 5～9 集—电影 E—电视剧F……"，便无法得到完整连贯的剧情故事。日本的游戏发行商有限会社ノーツ（Notes）所有的品牌"TYPE-MOON"旗下包含了游戏、漫画、动画、小说、电影以及周边手办等作品/产品，围绕同一个设定好的世界讲述不同系列、不同角色的神奇故事③，其首部作品发表于 1998 年，至今仍在继续。另外，漫威"X 战警"系列、DC 漫画、"哈利·波特"系列等都有向跨媒体叙事发展的趋势，跨媒体叙事的开发模式正受到全球文化娱乐业越来越多的重视。

三、我国文学作品的跨媒体叙事开发

我国的 IP 产业开发主要兴起于网络小说，网络小说因其丰富而漫长的故事性，在 IP 产品的生产开发中，逐渐出现了跨媒体叙事的元素，它们尽管显得非常不成熟，但是预示着跨媒体叙事对于网络小说，乃至大众文学出版不失为一条值得探索的路径。近年来，以《鬼吹灯》《盗墓笔记》《小时代》等为例，我国一些文学作品的开发运营突破了文化产业早期影视改编、影视同期书、"全媒体出版"的简单模式，通常以某一高人气作品/产品为基点，从而开发一系列完整

①　具体参见：otarma：《wow 中国审查史第一章：纠结的游戏审核》，2014 年 1 月 19 日，http://wow.pcgames.com.cn/348/3482080.html，访问时间：2017 年 3 月 22 日。

②　"复仇者联盟"系列包括电影《钢铁侠》《绿巨人》《雷神》《复仇者联盟》《美国队长》等，"神盾局"系列包括电视剧《神盾局特工》《最高通缉》《特工卡特》等。

③　即在大的世界观背景设定下，以不同的事件线索分成许多子系列，不同的子系列中人物彼此虽然不发生直接的行为交集，但是其行动逻辑符合统一世界观的要求。

的跨平台、多媒体产品,其形式主要包括小说(且网络连载小说居多)、电影、电视剧、游戏、漫画等。如果这些例子仍是建立在高人气原创小说之上,凭借小说复杂的内容和严密的体系与逻辑,以小说作为其他类型作品/产品的参考系标准,那么随着 IP 产业运营模式的成熟和不同媒体平台作品/产品影响力的增大,内容有趣、制作精良的电影、电视剧、游戏、漫画等也必然会吸引客观的粉丝数量,促使 IP 开发商以其为基点,创造出形式多样的作品/产品,为跨媒体叙事的出现和成熟带来巨大的发展空间。换言之,越是注重消费体验而在文本方面相对欠缺的作品/产品,越是适合(并非绝对需要)以跨媒体叙事的方式丰富其故事性。

跨媒体叙事使小说在多媒体产品开发中的地位得到了提高。跨媒体叙事的消费者不会只是忠诚于某一媒体平台,而是对连续不断、精彩绝伦的故事内容感兴趣。跨媒体叙事中,小说、影视、漫画、动画、游戏等其他叙事形式处于同等位置,并不存在谁依附谁的关系。小说与其他媒体形态的作品/产品通过跨媒体叙事的扩展性与可钻性、连贯性与多样性、世界构建成为一个整体。一方面,观看了影视、玩过游戏的消费者必须阅读文学小说才能了解故事的全部,对于小说的读者来说也是一样;另一方面,小说在内容叙事上,先天有着影视、游戏无法满足的细节性、回味性、阐释性,文字善于把复杂的故事世界解释清楚。尽管有些消费者仍然只看小说,有些只看影视,有些只玩游戏,但是在更多时候,他们追随着故事的线索,从一种媒体跳到另一种媒体。

即便没有原著小说作为基础,跨媒体叙事也使文本阅读以更为碎片的方式,播散于多媒体平台之中。传统阅读纸质书文本的文本阅读方式在数字时代完全被解构,高速紧张的社会节奏和先进信息技术,让读者的阅读时间、阅读空间都呈现出"碎片化"特征,为了适应这种情形,"碎片化阅读"应运而生。但是这难道意味着文本阅读在这个时代消失了吗?答案是否定的,人类在任何时空都是需要阅读的,改变的是阅读方式。多媒体的普及使得"可视"行为扩散到了不同媒体平台的作品/产品之中,人们可以通过非阅读纸质书籍的方式获取知识,文本扩散到了各式各样媒体形式的作品/产品里。人们在观赏电影、游戏娱乐的同时,亦在不断地进行阅读活动,获取文本信息。原本属于纸质图书的文本,迁移到了这些多媒体形式的作品/产品之中。为了实现跨媒体叙事的互文连贯,因没有小说而缺失的作为整体故事部分的文本碎片,被移植到了影视、游戏、动漫等作品/产品里，例如，观众欣赏影视作品里的一首诗，玩家仔细分析游戏里出现的一篇文章。文本阅读的幽灵以这样的形式复活，文学并没有按希利斯·米勒预言的那样死亡，它以另一种方式在永恒存在。

媒体叙事对小说如何与其他媒体形式的作品/产品互文补充提出了很高的要求，这正是我国文化产业开发的短板，也是我国跨媒体叙事不兴的根源所在。不论是《盗墓笔记》《鬼吹灯》《爵迹》这样的玄幻小说，还是《小时代》《杜拉拉升职记》等现代都市小说，内容在不同媒体平台之间只是平移复制，即同样的内容以另一种方式表达，所呈现给消费者的只是不一样的感官体验的同一个故事，小说单一地撑起了整个故事世界的架构，影视、游戏、漫画没有对故事的展开提供全新层面的内容。我国的一些版权开发，尽管在沉浸性、提炼性、系列性、成效性方面做得可圈可点，但是对处于跨媒体叙事核心的扩展性与可钻性、连贯性与多样性、世界构建、主体性方面却经营不力。以同一种内容版权为基础开发的小说、电影、电视剧、游戏，很多时候并不处在同一个世界观架构之下，并且"为开发而开发"，只是在借助有着大量粉丝的原始资源的人气获取经济利益，故事简单空洞，不同媒体形式作品/产品之间的逻辑，甚至故事剧情前后逻辑漏洞百出、自相矛盾。这严重损害了粉丝对这一系列作品/产品的信心与忠诚度，缺乏必要的互文性，导致消费者没有从一种媒体形态作品/产品跳转到另一种作品/产品的强烈意愿，当粉丝们对最原始内容的兴趣消耗殆尽后，这一版权最终失去长久开发的价值。例如，网络连载小说《鬼吹灯》曾风靡一时，纸质图书出版后获得了不错的发行量，由其改编的网络游戏、舞台剧、电影纷纷面世。两部改编电影《寻龙诀》与《九层妖塔》，如果说前者差强人意，后者则受到了广泛质疑，甚至原作者天下霸唱都以"电影《九层妖塔》的故事情节、人物设置、故事背景均与原著相差甚远，超出了法律允许的必要的改动范围，社会评价极低"[①]为由将影片拍摄方告上法庭。《九层妖塔》与原著的悬殊差异直接令不少对《鬼吹灯》抱有一定兴趣但尚未阅读的读者放弃了观看电影的想法，电影并不能为小说提供铺垫或是补充。

有些内容版权的产品在国际上取得了不错的口碑，但是没有被继续开发成

---

① 任翔：《〈鬼吹灯〉作者诉〈九层妖塔〉侵权：把我作品乱改》，《华西都市报》2016 年 1 月 9 日 04 版。

多种媒介载体的产品,打造线上线下贯通的文化产业链"航空母舰"。例如网易开发运营的游戏《梦幻西游》,目前已推出了电脑版与手机游戏版,2015 年 4 月世界知名手游媒体 PocketGamer. biz 首页发表了对《梦幻西游》的报道,详述了《梦幻西游》IP 的研发、运营和成绩,对网易的全球化产业链也给予了高度肯定,Market Watch、Boston Globle、路透社等媒体也转发了报道。游戏《梦幻西游》建立在电影《大话西游》内容版权之上,但是其自创了逍遥生、剑侠客、骨精灵、神天兵、舞天姬等个性鲜明的角色,同时游戏中的故事情节也极具原创性,然而网易暂无依据这些出色的形象和故事进一步开发小说、电影、电视剧等多媒体产品和线下实体衍生产业的计划,不得不说是让人可惜的。因此有人认为,中国的 IP 和跨媒体叙事开发只能看作品牌,"品牌和 IP 最大的区别是,品牌一开始的设计就是瞄准了某种呈现形式,主要解决这个形式该如何去赚钱。所以不能很好在所有媒介形式之间进行转换"①。媒介形式之间的有效转换正是实现跨媒体叙事的重要条件,而急功近利的生产者只看重在某一媒体形式的产品获得人气后,以此品牌获得更多利益,不顾不同媒体平台对于内容表达的不同特性,最终惨淡收场,《中国好声音》的电影就是其典型。反而是动画片《熊出没》的第二部大电影《熊出没之雪岭熊风》显示了些许跨媒体叙事的元素。电影回忆了主角光头强、熊大、熊二的童年经历,为角色成年后的性格、理想和人物之间的关系做了很好的铺垫与补充。对于已经播放到第六季的动画《熊出没》,这种拓展延伸对于故事的完整性显然是必要和有益的。

所以,当今的大众文学出版,在媒介融合与 IP 产业的必然趋势下,需要更多地把纸质图书作为某一核心内容版权的一部分作品/产品表现,作为核心内容版权整体规划的一部分,小说与影视、游戏、动漫等形成系列又相互连贯,对于故事的剧情发展、人物塑造有着独特贡献价值,以全媒体形态作品/产品的开发推动产业链的全面繁荣,而不是一本单打独斗的纸质书。在全球产生广泛影响的跨媒体叙事经典,例如《哈利·波特》《指环王》《冰与火之歌》等,都是以小说架构起整个魔幻的世界背景,中国的大众文学文化产业在这一方面仍有很长的路要走。

---

① 马丁:《中国 IP 产业:内容繁荣、急功近利、扭曲生长……》,2015 年 1 月 15 日,http://www. tmtpost.com/187152.html,访问日期:2016 年 6 月 23 日。

第五章

理想：大众文学出版的品质坚守与数字时代新思维

　　在数字化时代，大众文学出版的领域不断扩张的同时，坚守文学与出版的品质却如沙漠中的北极星般耀眼，它是文学人和出版人不变的理想。尽管不少大众文学出版以满足阅读市场为首要目标，但是这并不是意味着市场收益便是大众文学出版的唯一目的。无论是本质上接近于形而上的文学，还是具有经济与文化双重属性的出版活动，在市场利益之外，其都不约而同地期望在精神文化层面获得价值上的认可，一方面在于作者、出版者对于作品意义的自我认可，即对于作品和出版物品质的追求和坚持，另一方面，大众文学出版的经济资本努力以各种方式转化为文化资本，包括文学评论、文学奖项、纸质图书畅销等方式，争取到自身的合法地位，或是获得主流、精英话语的认同，或是在现有的社会文化价值体系中新辟出自己的位置。由于文化资本"门槛"降低后大众文学的"失控性"增长，出版者作为连接作者与读者的"中介人"，必须发挥重要的"守门人"作用，大众文学出版存在的同质化现象削弱了大众文学的独特性。除了以守正的态度面对数字时代的大众文学出版，利用长尾效应创造文学内容的多重价值，善用文学奖项、选书人等优化大众文学出版之外，新技术一如既往地萌发着大众文学出版的创新思维思路，成为大众文学出版未来的风向标。

第一节　转化象征资本与合法地位争取

以网络文学、青春文学为代表的大众文学中的许多作家,首先通过市场化书写、数字化出版、类型化主题等方式占有读者市场,而后不约而同地转向传统出版、奖项评比、加入作协等,这实质上是这些大众文学作家意图将经济资本转化为文化资本,取得文学合法地位的行为。法国社会学家布迪厄提出文学场理论,他认为,文学场内部已经占据统治地位的作家和尚未获取话语权的新兴作家之间为了地位的合法性,会持续性地进行斗争。按照今天的文学权利结构来看,新作家,一如成长、成名于网络平台的作家,或是被传统文学视为离经叛道者的青春文学作家,能在短时间内迅速积累起较多的经济资本,而文化资本却相对匮乏,尤其是游离在文学史和主流文学认可的边缘。因此,为了在文学场中占据有利的位置,这些新作家会努力将经济资本转化为文化资本,给文学场造成一定的压力,以扭转局面。即使是在自助出版受到广泛认可和推崇的美国,绝大多数的作者仍然不甘心只在电子平台上出售自己的作品,对他们而言,出版实体图书,进而登上《纽约时报》的畅销书排行榜或是获得图书奖项,不仅是扩大作品知名度和受众的重要方式,也是提高自己在文学写作者群体中的合法地位的外部保障。

一、经济资本到文化资本的转化途径

从经济资本向文化资本的转化来看,文学评奖、获得文学价值认定机构的承认是作家积累文化资本的重要途径。文学奖项一直都是文学体制内充满话题性和争议性的事物,在市场操控力量淡化的时代,文学奖项的认可是作品能够进入大众视野、成为畅销书籍的决定性外部条件,它引导大众的阅读趣味,也指挥着读者文学消费的方向。如今,文学奖项获得的社会关注尽管大不如前,但如茅盾文学奖、诺贝尔文学奖等权威奖项仍然是影响文学图书市场的标杆,获奖图书往往会有一个销量的高潮。与此同时,以华语传媒文学大奖、西湖·类型文学双年奖等为代表的评奖,将更多新奇百变的文学类型纳入合法的、得

到承认的轨道上来。还有不少以网民投票数为评判标准的民间文学奖项试图让更多既不拥有多少文化资本也缺少经济资本的作者有走向大众的机会，大众认可即是最高的存在意义，大众接受即是合法。一方面体制之外的畅销书作家希望得到主流文学界的认可，在商业和艺术两个领域均获得认可，另一方面出版机构和文化团体也在为这部分作家提供更多的官方之外的文化资本。对中国的"文学场"有过专门研究的曾念长认为，1998 年以后的中国文学场在当代商业力量的推动下迅速分裂为纯文学生产场和大众文化生产场，一批新兴的畅销书作家成为大众文化生产场的代言人，直接宣告了中国文学场的内部分化。① 这种分化的结果，带来了纯文学与畅销文学的分庭抗礼之势，也产生了一些出版机构和媒体为了推销自家图书，设立含金量较低的文学奖项，自娱自乐之余还能为图书营造文化的氛围，增加文化层面的含金量，以进一步刺激图书的销量。

二、文化资本对经济资本的反作用

文学作品和作家文化资本的确立，反过来也会为作家凝聚人气，最终促使作品的销售量增加，起到再积累经济资本的作用。《白鹿原》《穆斯林的葬礼》《平凡的世界》《尘埃落定》等文学经典早已在读者群体中间畅销，是文学性和市场性契合度很高的作品，而借由茅盾文学奖，其继续在销量上斩获佳绩，已经完成了从畅销到长销的转变，这也成为不少大众文学作家努力靠拢的方向。对于一部作品而言，能否得奖是极具戏剧性的不可预测的，即使最后的得奖作品对于读者而言是全然陌生的，甚至是需要花费很大气力去阅读的，读者仍愿意去消费，这也反映了大众在不迷信专家与权威的同时，同样面临着选择的焦虑和不知所措，官方的文学奖项之于读者仍不失为不错的检验标准。各大出版社之间对获奖作品版权的争抢，或是顺势对作品进行再版的做法，也足以证明这些作品的市场前景。随着莫言获得 2012 年诺贝尔文学奖，成为当年末最大的全民性话题，莫言作品的销售热潮也拉开帷幕，从 2012 年底到 2013 年，莫言成了中国纯文学畅销书领域的最大赢家，并且显示出了长销的趋势。根据开卷图书

---

① 曾念长：《中国文学场：商业统治时代的文化游戏》，上海：上海三联书店 2011 年版，第 14 页。

公司的数据，2012 年莫言作品的销售量为 88.7 万册，而其中 86.61 万册是在 10 月至 12 月这三月中达到的，也即超过 95% 的销售数额是在莫言获得诺贝尔文学奖之后实现的①，而在 2013 年，莫言的《蛙》《丰乳肥臀》等作品依然处于畅销书排行榜前列。

近几年，网络文学作品申报鲁迅文学奖、茅盾文学奖以及作协体制吸纳网络文学作家的现象也不再是个别的案例，尽管这部分作品和作家在寻求主流文学认同的过程中不断面临着尴尬的遭遇，但从整体趋势来看，主流文学对数字媒介载体下的新型文学的态度已经有所缓和。白烨提出的传统型文学、市场化文学（大众文学）和新媒体文学（或网络文学）②，既是对当下文学生产场域的清醒解读，也足以反映出后两种文学生产的力量正在促使原有的文学场重新分配象征资本和合法性地位。当新型的文学写作方式和文学作品逐渐得到大众的支持，当畅销的文学作品和人气作家正在以文字的力量改变大众的生活方式和生存状态时，这部分作品寻求主流的认同、通过文化资本的累积来为经济资本的延续获得更大的助推力，不失为一种必要的出版传播之道。

三、文化资本"门槛"降低与文学"失控性"增长

大众文学，与传统精英文学、主流文学各自的文化资本与经济资本在市场经济、数字化时代下相互转化的结果，是文学雅俗"壁垒"的打破，而长期作为"主干"的精英文学、主流文学却正在汇入大众文学的创作与出版生产方式的"大潮"，它撼动了我国当代文坛固有大厦的基础，漫长的传统文学文化资源积累制度开始瓦解，使得文化资本的"门槛"大大降低。底层"草根"作家通过新媒体平台迅速跻身"大家"行列，预示着整个文学走向的改变。

传统作家们大多也已经习惯于直接面对市场化和数字化的创作环境，像贾平凹、张洁、张贤亮、张抗抗等都能熟练地运用电脑进行写作，他们中多数人并不认为电脑写作与传统手写存在巨大的区别，同时又感受到新媒体技术对于文学传播的积极意义，苏童的《苏童文集》第八辑通过网络发行，第一天的 12 个小

---

① 宋平：《开卷数据中的 2012 中国出版业：出版单位两极分化渠道变化不可逆转》，《中华读书报》2013 年 1 月 23 日 06 版。

② 白烨：《"三分天下"：当代文坛的结构性变化》，《文汇报》2009 年 11 月 1 日 08 版。

时就卖了26000多册，他兴奋地称："看来，科技革命真的在革传统的命。"①像上文提到过的刘震云那样，一会儿写小说，一会儿又当编辑、拍电影，一会儿自己也客串一把电影角色的传统作家并不止他一人，作家们越来越频繁地出现在各种公共场合，或是通过以微博为代表的社交媒体发出声音。但是对于大多数传统作家来说，数字化没有真正改变他们的创作主张，他们只是能够熟练地运用新媒体，纯粹把数字网络视作工具，借助互联网把文化资本转化为经济资本。因此我们最终也很少见到传统作家完完全全地沉浸于大众文学创作，或是富有创新地创作具有新媒体烙印的作品。

大众文学不必再非得遵从传统主流与精英文学指定的途径，得以实现文化资本与经济资本的转化。从前一个底层作家想要获得读者和评论界的承认，作品的发表必须从所在地一级的文学期刊，到省市一级的文学期刊，最后上升到国家级的文学期刊，再交由出版社经过漫长的编辑审校、排版印刷流程，进入作家圈子。而如今在互联网新媒体环境下，"草根"作家通过网络平台的简单操作就可以发布作品，如果作品符合大众的审美，那么作品就有很大概率被出版社出版，甚至进行全媒体IP开发，获得经济资本与文化资本的双收益。原有的文化资源积累制度被新媒体瓦解，相比漫漫的传统创作之路，更多的年轻作家和希望通过写作获得知名度的人涌入作者队伍。他们的创作方式不再局限于期刊发表与图书出版，除了网络文学平台之外，各种自媒体——例如新浪微博、微信公众号、百度贴吧——以及它们的打赏功能，为"草根"作家创作打开了新的路径。新媒体支持下的直播、视频、"K歌"等互动模式，也促进了作品与作家文化资本的快速积累，如今遍地的"网红"就是最好的佐证。因此，在各种因素的驱动下，文学作品（一般是面向大众的）的创作与发布速度和数量都今非昔比，传统的文学出版制度对此几乎没有可控力，深刻的作品、先锋的作品、精致的作品和投机的作品、低俗的作品、虚伪的作品混在一道——且后者的数量远多于前者。一些评论家和作家认为的网络上的文学都是垃圾的态度，与文化资本积累"门槛"降低后，文学作品的"失控性"增长不无关联。

---

① 马季：《读屏时代的写作——网络文学10年史》，北京：中国工人出版社2008年版，第140页。

第二节　编辑出版的守门人与祛魅

　　面对文化资本"门槛"降低而导致文学"泛滥"的现实,编辑角色必须发挥其重要的"中间人"作用。大众文学出版的过程中从来都少不了职业编辑的身影,无论大众文学出版过程中的出版角色怎样变化,也不管数字化时代编辑的工作方式如何改变,编辑始终有它独有的定位与价值,保证文学作品的质量,给读者创造舒适愉悦的阅读体验,是每个编辑不变的职责。在理性层面上,出版者既不能过分保守与清高,一味苛求内容的精神价值,也不能为保留读者而囫囵吞枣,允许鱼目混珠、泥沙俱下。但现实中,受市场环境和网络技术发展的影响,大众文学出版者难免会发生角色失调,致使人们对出版角色的功能产生误读,甚至也使出版人自身产生价值怀疑。

一、出版者守门人功能失调

　　在大众文学从作者的手稿变成类型各异的出版物之前,出版者承担着"守门人"[1]的职责,他们是作者与读者的连接中枢,需要凭借自身对市场前景的感知和预测策划选题、联系作者,为读者选择出有品质的内容。现代出版产业形成三审三校制、主管主办制等完整的把关体系。对出版者"守门人"角色的持续需求与因内容规模爆发而难以"守门"是 20 世纪 90 年代以来大众文学出版的重要矛盾。当所有人都能够生产内容,却无法像专业编辑一样进行审读,出版物质量就会良莠不齐,产生大量出版泡沫。特别是在网络文学空前繁荣,出版角色"中介化"的当下,对出版物品质的持守就显得格外重要。

　　迈入 20 世纪 90 年代,计划经济体制刚刚走远,我国的文化市场还没有产生能与商品经济相抗衡的精神"抗体",文化附庸现象突显。一旦某一类作品畅销,以"大众"为噱头的叫好声沸腾,出版商便会一拥而上,即使作品平庸,但因

---

　　①　守门人(Gate Keeper):也称为把关人,是传播学理论中对掌握信息输出标准、主导信息传送的一类社会角色的概述。

其是畅销题材,在经济利益的诱惑下文化品格只能屈居其后。畅销作品固然能一时风光,但很快就会被其他畅销作品取代而无人问津。市场上图书看似五花八门,实质内容雷同、千篇一律。作家张炜形象地称之为"精神沙化":无论是多么有价值、有深度、有思想的作品,一旦滴入文化沙漠之中,便会被迅速吸干,踪迹全无。大众文学冠之"大众",为普罗大众而创作,附和大众的审美需求,但这种"削峰填谷"式的创作方式无形中消磨了精神的高度,抹杀了拔高的可能。

Web2.0引发了用户生产内容(UGC)的膨胀。数据表明,截至 2015 年 12 月,我国已有网民 7.31 亿,手机用户 6.95 亿,[①]微信、QQ 空间、微博是排名前三的最常用的社交媒体[②]。庞大的互联网群体不论是在自媒体平台,还是门户网站、论坛上,都显示出强大的发声力量。键盘极大提高了文字输入的速度,而文学网站推送作品、签约作家、支付稿酬首先以字数为准,这都为内容生产提供了动力。网络出版的低门槛、高产出令传统出版难以望其项背。

而实体出版对接网络出版时,也往往因合作出书、利润易得,加之书稿问题较多而不愿精细编辑加工,"守门人"角色开始失效。在大众文学出版角色内部,社会效益与经济效益的矛盾由来已久。大众文学出版虽然承担着文化传播的使命,但面对波诡云谲的市场竞争格局,没有人能否认大众文学出版的商业性与趋利性。两重矛盾相互对应,相互交织,一旦难以平衡,便会引发大众文学出版角色的失衡。特别是在网络出版平台上,"守门人"几乎缺位,出版品质堪忧。具体产生的问题如下。

(1)质量参差不齐

网络文本一方面易删除易修改,文本冗长、不简练,过于口语化;另一方面,鉴于文学网站的报酬制度,有的作者为了名利双收,不惜拼凑字数,无暇雕刻细节,产生许多语言鄙俗、情节混乱、结构松散、逻辑不严的作品,比如《藏地密码》尽管故事吸引人,但愈往后写,作者愈加力不从心,缺乏掌控力和足够支撑起整

①　中国互联网络信息中心:《第 39 次中国互联网络发展状况统计报告》,2017 年 1 月 22 日,http://www.cnnic.net.cn/hlwfzyj/hlwxzbg/hlwtjbg/201701/t20170122_66437.htm,访问日期:2017 年 2 月 21 日。

②　凯度中国观察网:《凯度 2016 中国社交媒体影响报告》,2016 年 1 月 28 日,http://www.cn.kantar.com/媒体动态/社交/2016/凯度 2016 中国社交媒体影响报告/,访问日期:2016 年 3 月 7 日。

部作品的知识结构与文字功底,情节离谱,叙事拖沓,读之兴味索然。再次,小说的类型化框定了基本故事设置,作者只需要跟风创作,如都市言情中的"霸道总裁"模式、职场小说中的"许三多"情节、玄幻小说中修仙炼道闯关升级等,创意全无,味同嚼蜡。

（2）内容鄙陋庸俗

欲望人皆有之,有些作者却将其无限放大,其中不乏赤裸的肉欲描写、变态的欲望宣泄、畸形的恋情。与20世纪90年代新生代作家,如林白、陈染的欲望书写相比,网络文学的世俗性更彻底。前者试图通过玩弄爱情、展露私密来表达长久以来逻各斯"一元论"对女性自由的困囿,以及新时代女性的自由观,其始终是站在精神的高度上进行观照,而后者更多是为了描写而描写,甚至挑战道德底线,违背伦理人常,颠倒是非。尽管有的作者试图增加深度、拔高层次,比如慕容雪村,却时时显得堆砌、生硬,削弱了对文本的控制力。

（3）从娱乐到愚乐

"愚乐"本是指大众媒介上以低级趣味、炒作恶搞来娱乐的节目或影视作品,在网络文学中也同样弥漫着愚乐之风。许多作者单纯追求写作与阅读的"快感",供读者消遣娱乐。虽然说大众文学为读者提供了一方暂时逃避现实的天地,但一味脱离现实、耽于子虚乌有的文学幻境,并不能获得直面现实的勇气,只能离真实越来越远,沉迷于笑而忘记自己为什么笑和为什么思考。"乐"过之后,现实还在,精神依旧迷失。

出版角色的功能转变,预示着在现实的编辑出版工作中,编辑角色也必然发生改变,编辑那处在大众文学出版幕后的、"高高在上"的、神圣的形象正发生着祛魅。编辑的祛魅主要表现在两个方面:从宏观上讲,编辑正逐步失去引领阅读风潮的主动地位,变为市场行情的被动接受者;从微观上讲,编辑的传统功能正在弱化,编辑角色的转型正在进行。

①角色地位从主动变为被动。角色地位的改变是编辑祛魅的首要表现,即从主动到被动,当大众文学阅读市场刚刚开放,编辑仅凭个人洞察力就能感知文学脉搏,甚至引导阅读风向。而今天,阅读需求的不确定性让编辑丧失了主动性。20世纪80年代初,金庸在内地频繁的政治活动吸引了出版社的关注,

十多家出版社在未经授权的情况下大量发行金庸小说，尽管遭到金庸的反对和官方批评，但却由此掀起了"武侠风"，为内地的大众文学发展奠定了基础。从80年代末起，王朔开始以编辑的身份介入文学作品的影视改编之中，文学与影视相得益彰，《顽主》《阳光灿烂的日子》《甲方乙方》等电影不仅成为中国电影史上的经典，而且也催生了王朔小说的阅读热潮。

互联网让内容不再稀缺，读者的需求也似乎"昭然若揭"。然而大众读者却是不稳定的群体，当阅读选择越来越多，选择权利愈加开放，人们的阅读偏好也呈现不稳定性。《狼图腾》2004年初印时只有5万本，因为出版方难以判断其前景，结果却供不应求，截至2014年4月，其已再版160次，正版发行500多万册，版权输出到30多个国家。而之后出版的类似作品如《藏獒》却没能借到《狼图腾》的东风，销量一般。这其中固然有营销手段的因素，但也在某一层面上显现出大众读者的"善变"，其总是处于不断游离状态。

大众文学门类繁多，从科幻到玄幻，从历史到穿越，从刑侦到盗墓，似乎所有类型都被开掘殆尽，编辑要想站到潮流顶尖已然不易。风靡全球的畅销书《哈利·波特》曾经也遭投稿碰壁、无处出版的困境，有的出版商甚至以"句子太长"作为拒绝的理由。辗转一年之后，恰逢布鲁姆斯伯里出版社（Bloomsbury）新建儿童文学部，其首席编辑巴利颇具慧眼，于是小说几经周折终于出版，首印的500本被抢购一空，要求加印的单子也蜂拥而来。在多变的阅读潮流面前，编辑难免审读失误，拿捏不准。因此，编辑角色地位的被动化，似乎也是出版社与编辑自觉的选题策划调整，通过以激励制度培养作者群体、以类型涵盖主题的方式，消解"单一投资"的风险。

新世纪以来，图书出版更加讲究精准定位，不再广撒网，而是要尽可能了解不同读者的阅读兴趣，抓住目标群体确定选题。大众文学天然地具有类型化属性，方便作者创作出读者熟悉的作品，有利于作品畅销。"畅销"与"类型"结下了不解之缘。逐渐谙熟这一市场法则的编辑，也日益紧随"类型"之后，不断降低选题风险，减少判断失误。大众文学纵不能放弃类型，但编辑却难有创新之心。

②编辑功能的弱化。编辑祛魅的另一表现，在于编辑功能的弱化。出版既然是一种权利的让渡，那么谁当编辑都无不可。自助出版为作者提供出书的便

利,跨过了传统出版的三审三校门槛,不再依靠编辑审读。而以个人收藏为目的的自助出版更加不需要编辑的存在。众筹出版将出版的选择权交给了读者,平台仅仅是信息交换、资金交易的场所,编辑只能充当信息的搬运工和联系人,编辑职责便交由愿意当意见领袖的读者担任。自媒体平台上,人们申请公众账号,开设公众平台,发表文章,供众人订阅、浏览、打赏,创作者身兼编辑角色,无须通过中介人审读、宣传作品,无形中构成了小型的网络出版链。而在文学网站上,不仅内容繁多,而且对编辑审核速度也提出了很高的要求,编辑的审查之手较为宽容,除了大篇幅的低俗、色情等内容会被删除之外,错别字、病句不去修改,少量性描写都会保留,尽量原稿原样呈现给读者。通过高科技的编审平台,系统能自动识别并标注可能涉黄的字词、文段,有经验的编辑只需浏览一遍就能判断是否过审。这个时候,嵌入网络系统中的编辑开始被"物化","网络文学编辑的职业身份,被定位成流水线上的服务工"①。失去了编辑对内容的严格筛选,缺乏自主判断力的"乌合之众"总会下意识只关注点击率高的作品,即便这些作品营养不高,从而埋没一些优质的作品而抬高一些媚俗甚至低俗之作。

传统出版编辑将会在前期策划、中期组稿审稿,以及后期校对发行上都占有重要地位,编辑将会与作者全面沟通,共同提高稿件质量。而到了大众文学的数字出版领域,尽管传统编辑角色依然存在,但更多的只是对内容的简单查验,且同一部作品也会由不同编辑分块分组审核,缺少了审读的连续性。而为了保证发布到前台的速度,作品在编辑眼前也只会短暂停留。

回顾我国 20 世纪 80 年代的文学出版市场,彼时大众文学刚露头角,精英文学出版占据主导。从伤痕文学、反思文学到先锋文学,每一种文学思潮背后都少不了出版人对作家的支持和推动。"文学编辑在享有极大的改稿权利的同时,也形成了优秀的伯乐传统,资深编辑和业余作家之间形成了另一种更切实的'师徒关系'"。② 在今天,这种惺惺相惜的关系却成为稀缺。实体出版也呈现落寞之态。纸书是一个耐用品,可以被无限次地消费,但在一个追求速度的时代中,纸书的耐用反而成为劣势。如果缺少合理的价值引导和不断增加的工

---

① 庄庸:《网络文学"中国名编辑"如何诞生》,《中国出版》2015 年第 4 期。
② 邵燕君:《传统作家体制的危机和新体制的兴起》,《中华读书报》2009 年 9 月 30 日 13 版。

作获得感，将会对出版生态圈的健康发展造成一定伤害。

大众文学出版中编辑的祛魅是对编辑权利的剥离。市场机制一旦渗透到大众文学出版过程中，作品能否出版很大程度上不再依靠编辑意志，而是由市场说了算。这也就意味着没有人能真正主导出版市场，人们在利益相关、休戚与共的关系链中共生共存。

二、同质化的出版方式减弱大众文学的独特性

一旦编辑"守门人"的作用没有得到有效的发挥，大众文学出版就极易陷入同质化的泥淖中。与大众文学创作的丰富性相比，大众文学出版的特色显得较为苍白。人们可以很轻易地将大众文学类型化，分为武侠小说、职场小说、官场小说等不同类别，但却难以提炼出大众文学出版的创新之处。与一般畅销书相似，大众文学的出版链基本遵循前期以读者口碑、同行销量等因素为依据进行的选题策划，中期组稿、编辑，后期线上、线下宣传营销。纵然是不同的图书分类、不同的题材内容，都能被囊括入流水线一般的出版流程。

这种现象的存在有其合理性。出版与文学创作不同，出版需要面对浩如烟海的文学作品，而作家尽管是面对一群读者创作，但也只需要耕耘眼前的几开稿纸或电子文档。文学创作追求的是个性与独创，失去作者个人风格的平庸或者抄袭之作，不仅是对文学精神的违背，而且也是对读者时间和精力的无谓消耗，阻碍作品的市场销售。而大众文学出版更追求速度、效率和规模，为了抢占畅销高地，一定要最快地发现内容、编辑内容，并以最保险和有效的方式推向市场。再者，大众文学囊括内容太广，对于实体出版者来说，很难做到针对不同内容开展精准营销。此时程式化是最经济的出版思维。

但程式化并不等于同质化，出版的噱头做得再足，也难以抵消低质量文本带来的口碑流失。在大众文学出版选题方面，相似度太大，缺少新鲜感。一部《盗墓笔记》之后，舞刀弄枪的《大清龙棺》，李成事的《盗墓家族》，钟连城的《盗墓秘笈》，王宇的《盗墓秘闻》《盗墓川崎》，倪方六的《民国盗墓史》，朱小强的《盗墓迷局》，王松鼠的《盗墓往事》等盗墓作品分别由中国华侨出版社、吉林出版集团、金城出版社出版。其中纵有佳作，但已有《盗墓笔记》的"泰斗"存在，其余很难有所突破。悦读纪于 2006 年将《梦回大清》《寻找前世之旅》等网络小说引入

实体出版,此后穿越文兴盛,更有"男穿女""女穿男"模式,但畅销者屈指可数。在大众文学出版质量方面,为了追赶电影电视的热播潮,许多出版机构争先恐后推出"影视同期书",忽略对作品质量和内容的把关及审核。

应该看到的是,大众文学出版在共性中依然有其独特性,这种独特依托于大众文学作品本身的特性。大众文学以娱乐、消遣为导向,浏览即可,无须静坐品阅,没有固定场所的限制,不需心理状态的调整,即使在地铁、公交上,也能很容易进入文本。这些都与精英文学、专业性的社科图书有所区别。而一些作品具有很强的情节性、鲜明的人物个性和飞扬的想象力,容易使读者产生代入感。大众文学不应在同质化的出版运作中埋没其特殊性,出版者应该借助多元手段,在传统出版流程中添加个性化的阅读体验。

三、数字版权的保护难题

在大众文学数字出版的实际创作与生产中,版权保护是作者和编辑遇到的一个不可回避的新难题——尤其对于后者而言,因为就当前的大众文学数字出版行业来看,作者享有的是著作人身权,而版权则较多地为出版商所持有,版权保护不得力,大范围盗版带来的损失将直接落至出版商头上。版权并不是一个陌生的话题,而数字版权却是一个新的概念。互联网进入中国之初,没有人觉得盗版是一件大事,侵权行为频发。因为网络使私人复制变得十分简单,不需纸张、油墨等工具,只要通过简单的点击就能够实现复制。而另一方面,互联网打破了信息的垄断,"共享"成为关键词。很多纸质出版物的电子资源很容易就能在网上获取,供读者任意下载。这些免费资源的来源并非都是出自商业目的,大多是网友以分享为目的的私自上传。传统出版与数字出版的矛盾由此开始。

版权宣布了作者对作品的唯一性,而网络却加大了作品被盗版的风险,极大地挑战了版权的专有性。这在大众文学,特别是网络文学领域尤为常见。盛大文学起诉百度侵权一案引起全国关注,作为鼓励网友自由上传内容的分享平台,百度文库打开了网络盗版的缺口。而最近的一则案例是,2014年尚建国发现自己正在创作中的小说《上帝变脸》在未经本人授权的情况下被武汉大学出版社旗下的"数字天线出版网"出版,并且莫名地出现第二作者,而被出版的作品也只是作者寄给出版社的部分样章。此类纷争主要是由于缺乏数字版权授权意识，或者因合同中关于数字版权签约的规定较为模糊，缺失相应的权利界定与划分等，容易产生理解偏差。①

毋庸置疑，数字内容的转化需要著作人授权才能进行，但许多传统出版商过去没有与作者签约数字版权的意识，现在就无法用作数字出版。浙江出版联合集团负责人表示，尽管他们拥有5万个品种的图书，但实际能够进行数字版权授权的签约率仅10％左右，也就是说5万个品种最后只有5000个品种可以用，授权的限制相当于把这些资源全都清空了。浙江文艺出版社于2000年与莫言签订《莫言散文》的版权合同并未涉及数字版权，如今许多机构开始向该社争要《莫言散文》的数字版权，社长表示将加快与莫言重签版权的速度。数字版权授权不是一朝一夕就能完成的，特别是当互联网带来的内容资源无限膨胀，版权所有者数量之大难以估量。传统出版商若是按照过去的做法——与版权人洽谈版权，几乎是不可能完成的工作；反过来，版权人如果要亲自与各个内容商签约，亲自管理并维护自己的著作不被网络非法转载，也几乎是不可能完成的任务。面对高成本的转档工作，传统出版既想依靠数字平台完成转型，又不愿轻易将数字版权拱手相送，因而与数字出版的对接显得障碍重重。

很多时候，作者在版权之争中总会处于弱势。传统出版商与作者签约纸书出版并附加数字版权，但作者只能拿到纸书出版的稿费，如果出版商再转手授权给其他平台商，此后数字内容的衍生价值就几乎与作者无关了。版权灰色地带也让作者维权之路艰辛，特别是在网络文学方面。唐七公子《三生三世，十里桃花》曾被网友指出有抄袭大风刮过的《桃花债》之嫌，然而因举证难、诉讼成本高，只能不了了之。这并非个案，却突显了对网络文学作品的把关之艰难。2015年底，热播电视剧《芈月传》的原小说作者蒋胜男因版权问题与该剧制片方发生冲突。蒋胜男认为，《芈月传》剧本初稿由自己独立完成，现在却被降格为"联合编剧"，而制片方还借小说"未出版"为由声称剧本独立于小说，不存在对原著的改编，企图割裂原著小说与影视剧的关系，无视小说版权。其实从广义上来说，网络出版也是一种出版，只要作品在网络上公开发布，作者就已经拥

---

① 张洪波：《数字出版产业发展亟待破解版权问题》，《中华读书报》2012年3月28日21版。

有了作品的版权,然而很多人对此并不了解。

在传统出版业中,侵权行为虽时有发生,但由于纸介质的可保存性,侵权内容和主体容易找寻。网络提供的虚拟平台让侵权行为认定处在"莫须有"的尴尬境地:一方面,互联网中细胞裂变式的传播模式和速度极易让信息源头日渐模糊,谁是信息接收者也难以知晓;另一方面,网络的虚拟性使侵权证据极易消失,使侵权主体变得扑朔迷离。[①] 网络环境加大了维权的难度。

数字版权加密保护技术,即 DRM(Digital Rights Management),是目前常用的一项技术保护措施。依托 DRM 保护的电子出版物都需要进行版权认证才能被纳入保护数据库,而用户则需要通过授权中心提供的密钥来对所要获取的信息进行解密,才能使用内容。DRM 也对用户使用的浏览器、阅读设备等有所限定,不同设备间难以进行信息共享,从而保护电子出版物不被轻易复制和传播。

事实上,严格的 DRM 技术不仅要求提供密钥,也要求对浏览终端进行认证,对于合法使用者来说也极为不便,因此并不受到人们欢迎。美国三家独立书店曾起诉亚马逊,认为其在 Kindle 上使用的 DRM 技术构成了限制交易与恶意竞争。DRM 进行内容保护时,也存在一些漏洞,如 2011 年黑客成功破解了亚马逊 KindleDRM 版权保护系统。在瞬息万变的互联网中,再高明的技术总会被更高明的手段破解,没有一项措施是万无一失的。

不过,技术本身并没有中立与否之分,任何技术要想真正成为人类的福利,离不开规则和法律的保护。另一种可能的解决方案是,允许复制,但要收费并培养付费习惯。毕竟失去复制自由也就意味着丢失了网络特性。只有通过低成本的自由复制聚合忠实而稳定的读者群,充分发挥互联网的集群效应,才最符合数字出版的理念,才能维护大众文学出版市场的健康发展。

第三节 数字时代的文学出版守正与新思路

大众文学市场将持续繁荣,以网络文学为核心的"后大众文学"会不断迸发

---

① 梁志文:《数字著作权论》,北京:知识产权出版社 2007 年版,第 64 页。

新的创作灵感和激情，为出版提供丰富的内容资源。在数字时代，文学与出版理想的关键点在于：经济与文化效益的双重实现。大众文学出版既要坚守其底线，为读者制造有品质的文学出版物，又要传递出有益于人生的价值文化，构建并善用符合数字时代的文学评价机制。在利用长尾效应满足读者个性化阅读需求的同时，不断发掘大众文学出版的新思路。尽管问题重重，挑战不少，但人们依然对大众文学出版充满期待，这其中既包含着对出版者作为理性文化人的期许，又有对其创新发展的期盼。更为重要的是，出版的未来无法仅仅由出版者自身来演绎，更要依靠新角色、新机制来共同描绘。

数字时代需要守正大众文学出版。在"百家争鸣"的文化大背景中，出版角色的地位举足轻重，因为它是第一位把关人，也是最重要的把关人。面对消费语境下大众文学作品的娱乐性、世俗性，甚至低俗鄙陋，出版者需要秉持一种文化理性的态度进行合理筛选，在商业利益之外坚守文学的普世情怀，在反本质主义中寻找本质主义的文学理想。

（1）守住文学消费的底线

守住文学消费的底线对于大众文学出版者来说，是第一要务。面对文化市场上的"众说纷纭"，大众文学出版应该有清醒的文化定位，在满足畅销与经济效益的实际需求之上，还要衡量作品是否具有尊重历史与传统文化的态度，是否在迎合大众消费文化心理的同时没有丢掉文学的本真与历史的底线。

出版与创作相生相伴，不可分割。当我们在讨论一部作品创作的成功与否，其背后沉积的也包括出版者的付出。值得肯定的是，在优秀出版人的努力下，一批十分有质量的作品相继出版并成为经典。例如二月河的"帝王系列"小说，其中无论是帝王还是臣子，身上都浸染着经世致用的传统思想和"修齐治平"的家国情怀。雍正的勤政爱民与他为巩固统治、革新吏治而留得千古骂名的矛盾正是作家对封建文化造就的悲剧的反思，这也体现了作家试图在文本之上寻找形而上的思辨精神。伴随着上世纪末掀起的海外"新儒学"热潮，以及新世纪以来的"国学热"，国人在传统文化领域的阅读兴趣高涨。杨书案《孔子》《老子》《庄子》等诸子小说系列的出版是长江社对中国传统文化题材的又一次占领。作者将历史典籍中记载的故事作为小说的叙事基础，在通俗化的故事演绎中雕刻人物性格，承载着深沉而厚重的传统哲思，跨越了两千多年的时空而展现出现代知识分子的理想与彷徨,以及关于人性的普世思考。

批评家面对摊开的通俗历史小说,很喜欢考究的一个问题是"真实性"。同样,作家在创作时也会面临历史真实的捆绑。构成历史的元素离不开人的情感、智慧、意志、生命体验等鲜活的存在,人们很难跳出历史以上帝视角做整体的审视,历史在书写时难免会染上个人痕迹。伽达默尔认为,对于历史的解读依附于人们对流传在历史中的文本的诠释。历史在客观存在的同时,展现给人们的面貌受制于所有参与到文本解读角色中的大众。对于通俗历史小说而言,史实的"真实性"始终是个伪命题。文学与历史本身就处于两个不同的范畴,历史看重客观真实,而文学却要表达主观真实。因而,出版社要对通俗历史小说有明晰的定位,不能将其作为"正史"来经营,过度纠缠于小说的真实性问题只会错过精彩的内容。当年明月的《明朝那些事儿》是作家在钻研《明史》等史料的基础上,结合野史、碑刻、墓志等民间资源对明史进行的重新演义。作品出版后许多评论家认为其并不严谨,有很强的主观色彩和个人视角。但这并不能成为贬低作品价值的理由。

如何理性把握历史题材的作品是大众文学出版者需要修炼的内功,要学会在消费与媚俗间找到合理的界限。网络文学几乎挖掘了历史题材小说的一切可能,如穿越历史小说、架空历史小说等,其中不乏优秀之作。但有的网络历史小说大有颠倒黑白、无视正邪、贬低英雄的倾向,赤裸裸的欲望书写毫无美感可言,这是需要警惕的。

(2)坚守文学的普世价值性

普世价值的宣扬,是大众文学出版实现精神文化价值的主要立足点。从文艺复兴人的价值被发现,到工业文明推动了人本主义的发展,人与历史、人与时间、人的意志等命题摆在了人类面前。然而,战争导致的生命消逝、科学技术发展催生人工智能代替人类劳动等等,又前所未有地冲击着人类既有的自我认知,产生极大的幻灭与荒谬之感。作为少数的精英,作家承担起探寻人类精神所能达到的最远边界的使命,通过文学来探索人性。

当大众文化席卷市场,其与生俱来的娱乐属性将真实的或许并不美好的现实世界装饰成光怪陆离的视觉幻境,试图降解所有的严肃,制造所谓快乐崇拜。依托大众文化成长的大众文学也在一次次的消费中被抽象为无意义的符号,不会承载过多的道德使命和价值思考，文字变得很轻很轻。

　　大众文学总是缺失悲剧美的，因为悲剧是沉重的，其背后站着一个崇高的主体，而大众文学却反抗崇高。古希腊神话中，西西弗斯推动一块巨石上山，石头不断地被推上去又不断地滚下来，他就日复一日地重复着同样的动作。被诸神诅咒的西西弗斯用一种顺从表达了一种抵抗。加缪认为这是荒诞的，也是崇高的。其荒诞在于劳而无功的努力，其崇高在于即使劳而无功也是自己主宰生命。在尼采的酒神世界中，最伟大的精神不是对悲剧的消极承受，而是直面悲剧。痛定思痛，痛何如哉？悲剧的意味不只是当时的苦难呈现，更大的哀痛却必然要经过不断的咀嚼沉思后才能深刻体味。但大众文学却远离了对悲剧的思考。

　　失去文学的沉重性和对普世价值的思考是批评家对大众文学的一大不满。文学理论向来对本质主义有所偏好，这个来自西方的语汇将人们对"文学是什么"的问题从传统的经验主义引向形而上的哲学。文学的本质在于思考人类生活的意义和人性的善恶，强调捕捉不可知的命运中存在的确定性，通过对生命本体的感知将人类引向真理。本质主义认为，唯有理性会让人走向自由和美好的生活，[①]然而在世俗世界中，感性带来的快乐更直接和切肤。随着精英阶层愈加衰弱，大众对本质主义的反抗就愈加强烈，他们希望无须思考就能获得快乐，无须深度地享受人生。大众文学可以说是一种反本质的文学，放弃权威，否定经典。

　　但是，生活还是需要崇高的。平庸虽是人生的常态，灵魂依然需要神圣的东西将其唤醒。诚然，文学不能离开本质，过度反本质就会走向虚无。因而有学者提出文学的多本质性，即通俗文学是原型层面的本质，严肃文学是现实层面的本质，纯文学是审美层面的本质。[②]关于文学是否有多本质尚处于讨论中，但该理论既没有否认文学本质，又没有将本质绝对化，既尊重了文学的多元，又没有完全消解对文学本质的思考，是具有一定价值的。

　　讨论文学的本质及普世价值并非只停留在文学研究的学理层面，也能为大众文学出版提供更高、更专业的视野。大众文学出版不是单纯的商业行为，如

　　① 李咏吟：《普世价值的寻求与文学反本质主义的困局》，《文艺评论》2009 年第 4 期。
　　② 杨春时：《论文学的多重本质》，《学术研究》2004 年第 1 期。

果没有与作者对话的能力,没有较高的眼光发现有潜力的作品,不能挖掘出文字背后的思想深度,不具有引导作者、影响读者的能力,无法在商业价值与文学价值中实现平衡,那么就都有损于出版业态的可持续发展。唯有理性把握文学的本质及大众文学的反本质特征,坚守文学的底线,不断寻求精神高度,才能出版有质量的文学作品。

(3)不变的出版品质

优秀的出版品质,意味着大众文学内容与物质媒介载体之间的良好契合。书籍是有灵性的,出版也就伴随着有了灵魂。出版的灵魂体现在其所传递的价值理念、文化理想之中,这不是一个机械的、没有情感的工作,出版者首先必须是一个爱书的人,才能出版出好书。范用是我国杰出的出版家,他说:"我最大的乐趣就是把人家的稿子编成一本漂亮的书,封面也很漂亮。"①他曾主持出版了沙俄出版家绥青的回忆录《为书籍的一生》,并亲自敲定书名,而这也是对他一生最美好的诠释。

一切有品质的东西都是需要挑选的。尽管说精英文学、主流文学相比大众文学,其所承载的东西更多,思想也更为沉重,但并不意味着大众文学中不出精品、没有分量。出版的责任就是通过筛选、修订等工作为读者确定有可能成为经典的作品,比如网络小说《魁拔》在出版前便经过不断修改加工,梳理故事的发展脉络,使内容更通顺,语言更符合年轻人的阅读习惯。

大众出版的品质体现在点点滴滴上,甚至包括装帧也凝聚着出版者的心血。"乱花渐欲迷人眼",对于市场上形形色色的书,封面是读者对一本书的第一印象,决定着读者是否会继续翻看,甚至可以帮助读者洞悉本书的风格与思想。在那片四方之地上的细心经营也是对每一个触摸过这本书的读者的尊重。《狼图腾》中文版的封面最引人注目的是黑暗之中闪着亮光的阴鸷的狼的眼睛,而其海外版本也各有千秋;美国 Scholastic 出版社在《哈利·波特》系列发行 15周年之际推出精装版封面,更有趣的是,将七本书立起来看,其书脊会组成霍格沃茨魔法学校的图案。有人说,未来电子书将取代纸书。我们并不希望封面就此成为被纪念的过去,尽管它的确在飞速消失。电子书城中,已不见实体书店中热闹非凡的封面"竞赛",也没有人愿意花费心思设计不会太受关注的电子书

① 郑敏希、张洪:《出版哲学价值所在:范用为书籍一生的启示》,《编辑之友》2015 年第 4 期。

封面。而书页也不再需要封面来保护。但谁也不能预估,当人们的消费品位不断上升,当电子书发展得更为成熟的时候,封面艺术是否会被重新重视。比如唐茶书城中就有许多读者对封面表示不满,认为封面太过粗糙,指出有的电子书直接将纸书封面复制过去,导致书名、作者都不甚清楚。数字出版依旧不能将封面弃之不顾。假使未来的纸书真的会被当成收藏品,那么纸书的封面也许将成为新的美学园地。

坚守大众文学出版的品质离不开出版人才。随着我国经济结构转型升级,经济发展逐渐从资源、政策拉动转向靠创新、智慧驱动,归根结底就是靠人才推动。只有保证人才的自由流动,才能增强发展的内生动力。人民文学出版社社长潘凯雄介绍说,该社会定期组织员工举办"雪峰讲坛",邀请业内外专业人士担当主讲,曾受邀的有作家王蒙、长江文艺出版社副总编辑金丽红、中文在线董事长童之磊等。除此之外还有"雪峰论坛",主要是社内员工讨论交流的平台,如就近期畅销书为案例展开经验或教训的分析。① 历史的经验告诉我们,人才是出版的最明艳的底色,我国近现代出版史同样是出版人的成长史、活动史,若没有王云五、陆费逵、张元济、夏丏尊等老一辈出版人的孜孜不倦,也很难有彼时文化事业的长足进步。

一、市场机制下的适度跟风与长尾价值的利用

要达到精神文化效益与经济效益的平衡,大众文学出版需要适度跟风,发挥长尾效应的价值。一部大众文学作品从成稿到成书,所需要的不仅是一个好的作者,还要有一个好的出版者。在风云变幻的大众文学出版市场中,出版者需要在求稳与求变之间掌握平衡,既要学会理性跟风,紧追市场潮流,又要推陈出新,创新发展。特别是要充分发挥长尾价值,通过按需印刷、定制出版与O2O模式,开拓大众文学出版市场,提升大众文学阅读体验。变与不变之间,方显出版的精神。

作为一种最保守的出版方式,跟风出版是嫁接他人的成功模式作为自己成

---

① 岑边、吟春:《文学出版的坚守与创新——访人民文学出版社社长潘凯雄》,《中国编辑》2012年第4期。

长的经验。以跟风来复制成功无功也无过。相反,在某些时候它反而能带动整个出版市场的竞争活力。在大众文学领域,跟风出版是一种常态,因为任何书都有其生命周期,最畅销的大众文学图书在市场上活跃的时间也是有限的,当一种新的消费热点被引爆,只有跟风模仿才能及时借助短暂的群体效应实现盈利的可能,这是一种生存方式,其本身无可非议。

可以跟风的有很多,比如书名上的相似性,"笔记""升职记"系列;内容上的相近,穿越、盗墓题材;还有风格上的相仿,古风、青春偶像风等。哪怕只有一部作品,也能通过不断的翻新而炒作出价值,比如《狼图腾》出版十周年依旧不过时,除了本身的内容优势外,也与出版社的不断"翻炒"息息相关。从《狼图腾》到《狼图腾:小狼小狼》,从平装版到精装版,从文字版到影像版,其借着同一内容火了好多年(详见表2)。最明智的跟风应该是有创造性的利用,而不是亦步亦趋地模仿,一味"炒冷饭"。清朝穿越小说流行起来之后,网络上跟风创作了很多清朝大梦。而此时网络小说《回到明朝当王爷》却穿回了明朝,又将人们的目光转移到明代。磨铁数盟推出的《唐朝穿越指南:长安及各地人民生存手册》没有再写穿越小说,而是借着这一话题的热门,讲述了有关唐朝的历史文化常识,语言通俗,趣味性强。可见,同一题材也能推出有新意的内容。若只是机械地复制,只为紧跟潮流而盲目出版、低层次抄袭,最终伤害的只能是出版的公信力和文化品格。

人们仍期待一种先导性的大众文学出版领袖的诞生,其不仅能敏锐地察觉到读者需求的转向,而且能够适时引导读者开发新的阅读兴趣,审时度势,抢占出版先机。这种预见性来自对读者消费心理的准确把握。比如说《狼图腾》畅销的背后体现了人们对草原文明、草原狼的猎奇,突出了回归自然的心态和对自然油然而生的敬畏;麦家的《暗算》《解密》《风声》等则抓住了特殊年代中特殊身份人物的神秘感,表达了信仰在引导一个人思想和行为时的积极作用,反照当下信仰的普遍缺失和精神的无处安放。寻找精神的皈依是一个永恒的话题。虽然每个人身上都会有动物性和沉沦性,但是强烈的生命意识又会敦促人去超越这种消极状态,努力实现人之为人的存在价值和意义。日本畅销作家东野圭吾非常善于洞悉世情与人心,在看似冷漠的世间中时时给予温情的回应。《解忧杂货店》荣登亚马逊中国 2015 年畅销书排行榜第二,故事中由一个牛奶箱联系起不同时空的人物命运，彼此不经意的善意举动却改变了双方的人生轨迹。对于现代社会中缺少幸福感受力的读者来说，东野圭吾为人们心中的美好善意找到了栖息地。在悉心经营东野圭吾这一作者资源外，出版方也会根据读者反馈或销量多少不时推出精装本或小开本的平装版，或者通过影视改编不断带动话题讨论。正是基于对读者期待的合理预见与话题的营销炒作，作品才能从畅销走向"长销"。尽管说大众文学的生长点具有"测不准"性，[①]没有一成不变的规律可循，但无规律不等于无方向，如果能看到读者最缺乏和最需要的东西，抓住文学最本质的命题，也就能够掌握大众文学出版的航向。

二、经纪人、选书人与评奖：优化大众文学出版市场

出版角色向中介人、服务者转型，编辑的"祛魅"与功能的弱化，并不意味着编辑出版者成为单纯的校对工具与印刷工人，他们经过专业训练和长期出版工作得到的文学评价力，使之有作为大众文学重要的"举荐者""筛选者"的可能。在数字化时代，通过公共网络与社交媒体实现的大众评分、作家与出版社联系、学界评论等，"作家经纪人"、"选书人"、文学奖项等文学评价与筛选机制将逐步建立起来。所谓"堵不如疏"，要想提高大众文学出版的整体质量，仅凭出版者一方显然是不够的。这就需要培养出更多的辅助角色，从外部推动这一文学评价筛选机制的合理化建设，以保护大众文学生长的土壤。

（1）作者端：发展"作家经纪人"

更专业、独立、对口的"作家经纪人"的出现，是社会生产的向前推进分工精细化的结果。在文学出版市场中，作者实属弱势，不仅要在众多的出版机构中寻找最佳的合作伙伴，而且还要打理版权等相关事宜。有时难免因为经验或知识的不足误判了自身作品的市场价值，造成了资源浪费和经济损失。如果作者初出茅庐，没什么名气，书稿的增删修改全凭编辑的拿捏，自己很难有话语权。而所谓作家经纪人，也叫文学经纪人，就是为了解放作者，分担作者出书的工作量，让作者的写作工作更加独立与专注。他们能够提供从寻找出版商、洽谈出

---

① 钟永诚：《作家、学者、出版人：三方纵论大格局》，济南：山东人民出版社2005年版，第42页。

版,到做图书推广、维护读者市场等的一系列私人化服务,最后从作者版权收入中提取一部分作为佣金,因而与作者利益相关,也会尽可能与出版商议价以降低成本。作家经纪人服务的对象不单是作者,他们也为出版商提供了便利,从此出版商将面对更加专业的谈判对象,一定程度上也倒逼着出版质量的提升与服务能力的提高。在越来越讲究效率的时代,通过经纪人实现书稿与出版的精准对接,将会加速整个出版市场的运作。

作家经纪人源起于 18 世纪,英国的 A. P. 瓦特公司成功地将经纪人制度引入出版领域。如今欧美市场的大多数大众图书出版都要通过经纪人来完成,像《哈利·波特》系列就是以克里斯多夫·里特为文学经纪人来寻找出版商并做后期包装。虽然说因为经纪人的介入提高了书稿价格,出版商面对作者的专业优势已然不在,但更多的出版商还是愿意直接与经纪人洽谈,毕竟他们更熟悉出版流程和市场行情,为出版商节省了不少时间成本。然而在我国,尽管对作家经纪人千呼万唤,但其却依然难以职业化、规模化发展。其原因很多,比如大众文学出版市场的不尽成熟,真正买书读书的人较少,导致作者收入低,将收入分摊给中介服务后所剩无多;作家观念保守,对于代理、中介心存芥蒂;网络文学、自助出版降低了出版门槛,让出版愈加简单化,无须中介也能完成。

发展作家经纪人需要成熟的市场文化环境。我国大众文学出版市场开放较晚,而又与数字出版对接较早,实体图书出版发展时间短,行业分工能力低,人才储备不足,没有催生作家经纪人的主客观条件。加上一些文化公司、民营工作室无形中承担着这一职责,帮助进行作家形象设计、作家写作规划等,一定程度上弥补了经纪人这一空白。郭敬明身后的最世文化公司就相当于一个专业的经纪人团队,他们不仅负责包装郭敬明,而且还要挖掘新人新作。这些都成为制约作家经纪人成长空间的重要因素。

市场行情风云诡谲,出版界依然期待着专业经纪人的成长成熟。在网络文学领域,以盛大文学为代表的全版权运营平台让人们看到未来作家经纪人的发展方向:文学网站负责对签约作家的全权包装,进行从数字出版、实体出版,到影视与动漫改编、游戏制作等一系列的版权开发运作,从而获得溢价收入。未来的作家经纪人将会涉猎更多的领域,用专业的服务为作家潜心创作提供条件。当然,经纪人该如何把握作者与出版者两方的平衡,其行为如何纳入行业规范,还要在实践过程中不断摸索。

(2)读者端:享受"选书人"的服务

未来读者应该信赖谁? 自由意志的觉醒尽管带来了思考与行动的独立,但也让人们承受着无与伦比的孤独和焦虑,而职业"选书人"为读者免去了后顾之忧。如今我国每年出版的图书达 25 万本以上,在纸书的海洋中已然眼花缭乱,更别说更新速度之快的网络出版,不仅作品数量多、篇幅长,而且质量参差不齐、高下难判,在愈发不确定的时代,读者失去的是阅读的安全感。

选书人目前在我国以各种形式出现。许多畅销书在设计封面时都会加入知名作家的品评与推荐,这就是为了预先帮读者把书挑选出来,特别是对于名人强推的作品,读者一般会跟风购买。在各大书店的新书推荐台上,其陈列着的书事先均要通过选书人的选拔。随着经验的累积,他们不仅能判断出书的优劣,也能预判出销售潜力。除此之外,一些民营书店也无形中充当了选书人的角色。如西西弗书店、博尔赫斯书店、先锋书店等,其中的图书无不经过店主精挑细选,充满着浓郁的文艺气息。

如果说在实体书店买书读者还能翻一翻内容,而网上书城很多书并不提供内容预览,这一方面导致了人们只会在网上买熟悉的书,缩小了购书范围,另一方面也让买书经常依托于网站中的排行榜、网友评价,而不是独立的判断。虽然处于陌生人社会,但人与人之间的关系却比以往更为紧密,这是源于建立在契约精神之上的相互信任。读者买书会受到更多的外在影响,这种影响越强,选书人的价值就越大。而更为重要的是,诚如陈颖青所指出的,基于网上书城打破了实体书店销售的供货门槛,规模更大的图书存量让卖书从打"供货战"转移到打"信息战",因而选书人才有可能成为愈加独立和不可忽视的职业。[①] 他们将凭借对书籍的敏感和对读者需求的了解及判断,提供精细的购买书单。

在网络文学平台上,"劣币驱逐良币"的现象时有发生,质量低下的文学作品往往会将好作品排斥在外。因为文学网站中显示的排行榜主要由网友点击数量、收藏数量决定,编辑很难在海量作品中精挑细选质量上乘的作品做推荐,一方面精力有限,另一方面每个人口味不同,编辑若是拿捏不好、推荐不当反而

---

① 陈颖青:《数字出版与长尾理论》,北京:华夏出版社 2013 年版,第 95 页。

影响网站流量。而网友又是最强大的"乌合之众",也往往先关注最热门的作品,这就造成热与冷的两极分化。互联网给予了人们最大的自由,但当人人都有话语权时反而会让人无所适从。这时就需要选书人承担"推书"的责任。

网络文学中的选书人并不会破坏网络的自由精神。信息的爆炸式增长已经远远超出了人们承受信息的能力,选书人只是为人们减少信息的摄入提供一个窗口。在微信公众账号中,充斥着形形色色的书单,如以名人为噱头的"某某作家推荐的必读书"、出版社的新书推荐、自媒体人分享的读书笔记,以及线下的读书分享活动,像麦家理想谷发布的骆烨新书分享会。但这些都不是专业独立的选书人。如果能将选书人进一步职业化、专门化,他们不仅仅提供简单的排行榜或书单,更进一步地,可以开发专门的 App 应用,通过读者喜好选择、浏览网页的 Cookies 记录和大数据分析,跟踪每个读者的阅读路径,筛选并整合不同读者的阅读偏好,由选书人为其进行精准推广,提供相应书目、推荐语、内容摘要、部分内容预览、更新进度、网友即时评价等,让阅读成为一件独立而个性的事情。通过选书人的推荐,同样能够为大众文学作品改编提供参考。选书人的角色定位更像是连接不同环节的链条,当分工愈加细化的时候,我们也需要一种将其融合的力量。

(3)出版端:以文学评奖营造舆论氛围

正如前文所述,文学评奖可以创造文化资本,因为文学奖项一直是读者挑选文学图书时必不可少的参照对象。既然读者对文学评奖有如此信赖,文学评奖更应该发挥其发现优秀大众文学作品的功能。当前专门针对大众文学设置的评奖很少,比如台湾地区于 1994 年设置的"皇冠大众小说奖",提出的理念就是专注于读者口碑而不是专家标准。"好的大众小说可以写得比正典精英小说更精彩可读,也未必就因此而失去反思的空间。"①文学本身并无等级,只有优劣。为大众文学提供评奖的舞台,实际也是打破文学雅与俗的等级歧视,鼓励更多的人参与大众文学创作,释放更多阅读的热情。而从《少年天子》《暗算》等大众文学作品获得茅盾文学奖,可以看出主流文学、精英文学对大众文学的态度变得宽容而温和。在缺少相应评价机制的环境下,依托主流平台,可以为大

---

① 佚名:《大家谈第一届皇冠大众小说奖》,《皇冠》1994 年第 488 期。

众文学营造有利的舆论氛围。

近几年来，茅盾文学奖、鲁迅文学奖相继为网络文学敞开大门，体现了网络文学日益扩大的影响力和主流文学接纳网络文学的姿态，同时也包含着借此扭转奖项影响力下行的局面，重新树立权威。但网络文学要想从中脱颖而出并不容易，以鲁迅文学奖为例，其必须经过四道关的检验：文学网站、初评委员会、终评委员会和中国作家协会书记处。评审标准主要以现实主义作品为主，强调表达主流思想和主流审美趣味。显而易见地，网络文学的创作宗旨与此并不相符。而评审环节将读者排斥在外，使网络文学强大的读者优势荡然无存。虽可参评但总是陪跑的尴尬让人唏嘘。

网络文学的评奖需要适应网络文学气质。网络文学刚刚起步的时候，为了制造热点、吸引眼球，举办了很多网络文学作品奖，如榕树下"网络原创文学作品奖"、网易"中国网络文学奖"，不仅奖金丰厚，而且获奖作品还会被收入文集并出版，一时间激起了广泛的舆论关注。然而遗憾的是，风光只有一时，这些网络文学奖没过几年便销声匿迹。这其中除了网站自身的管理不当，还有奖项设置过多、评奖机制不完善、没有持续的奖励措施等原因。

如今的大众文学的评奖越来越倾向于以榜单代替一、二、三等的奖项设置，评奖活动成了新一代的"选书人"，如新出炉的"新浪原创文学奖大赛""中国网络文学年度好作品评选"等活动。中国移动手机阅读从 2013 年起每年会推出"榜中榜"名单，从其通过手机阅读基地专业团队审查、大众投票和专家评审等环节、从各大出版社、文学网站等推送的畅销书中筛选出最好看、最有影响力的文学作品。其中原创类作品奖项几乎被网络文学囊括，如评选出的 2013 年度关月的《醉枕江山》、天蚕土豆的《大主宰》，2014 年度唐家三少的《斗罗大陆 II 绝世唐门》、方想的《不败战神》，2015 年度郭羽、刘波的《网络英雄传 I——艾尔斯巨岩之约》等作品都是网络文学中的担当之作。

但文学评奖究竟只能是外在的筛选评价手段，而不能成为创作的唯一目的。向着获奖而写作，只会耗尽文学的全部生命力和想象激情。不论是传统的大众文学还是网络文学，读者希望看到的还是没有镣铐的舞蹈。

三、数字技术推动下的大众文学出版新思维

如果精英文学习惯于从文学内部进行实验创新，大众文学则从不抗拒新技

术从外部对文学的改造,正如多媒体形式的文学作品最先出现在大众文学领域。这一方面是因为新事物总能吸引市场的目光,大众文学有着天然的市场指向;另一方面,精英文学、主流文学以新技术的面貌展现本身就有一定的难度,大众文学允许简单、初级作品的存在,其门槛相对较低。同时,未来的出版业将会与技术更紧密地融合在一起,因而大众文学出版的未来,也是技术为文学创造的可能性未来。专业书籍、以收藏为目的的著作、绘本等实体书依然会有一定的读者群和忠实的购买者,但多数的大众文学,特别是一次消费、一次阅读即可的泛读作品,则会更大程度地数字化,与技术的沟壑将缩小,基于电子屏幕的数字出版会继续生长,而虚拟化的新型出版也许会成为现实。从目前技术的趋势和与文学的契合度来看,3D打印、电子墨水屏、全息影像三项技术,将最有可能在未来再度改变大众文学出版的形态,把读者引向一个全新的文学阅读世界。

(1)3D打印:纸书的未来可能

有人将3D打印称为撬动新一代产业革命的契机。与传统意义上用于印刷平面物品的打印机不同,3D打印是基于电脑中的数字模型,通过激光将特殊材料浇筑成理想中的现实成品,现已涉足食品、汽车、电子产品、人体器官等广泛的社会生活领域。

3D打印技术尚不能说完全成熟,其造价高,对材料限制多,难以短时间内普及,但却引起出版、印刷行业人士的关注。上海印刷(集团)有限公司就希望通过3D打印,提高洞窟壁画等文物保护性复制工作的效率,增强文物复制品的精准度。而在出版领域,海伦·嘉图斯作为河源出版社(Riverhead Books)①的一名图书设计师,2014年主持设计了韩裔作家李昌来(Chang-rae Lee)的最新小说《在浩瀚的大海上》(On Such a Full Sea)的封面并进行了3D打印。这款封面为黄白两色,书名的英文字母采用从平面到立体的自然过渡,整体看起来简约而不失个性。诚如海伦·嘉图斯在相关访谈中说的,如果未来屏幕阅读

---

① Riverhead Books可译为河源出版社,是企鹅出版集团旗下的出版公司。

充分代替纸书,希望能通过 3D 技术为人们保留关于纸书的记忆。① 在纸书影响力日渐衰微的背景下,3D 打印可以为读者提供定制化的图书印刷服务,提高纸书的收藏与审美价值。

图书装帧除了立体效果之外,还可以采用契合图书内容的不同材质,比如武侠小说用竹子包装,古装小说用宣纸印刷,动物图腾类小说采用仿真动物皮毛等。大众文学中的明星作者与粉丝效应,使得读者尽管偏爱低价的电子书阅读,但也会产生收藏图书的冲动。而随着 3D 技术的成熟,成本的降低,人们可以自助进行 3D 打印出版图书,延长纸书的生命。

(2)电子墨水屏:比纸书更有趣的电子书

索尼推出的 Digital Paper 电子墨水屏装置可以如纸张一般弯曲,厚度只有 6.8 毫米,不过造价昂贵,主要面向公司用于合约、学术论文、法律文件阅读等。虽尚未普及,但电子墨水屏或将成为未来电子阅读器的重要构成,让电子书变为可折叠的一种设备。

仅仅可折叠还不够。当前的电子书阅读产品都致力于最大限度地还原纸书的阅读模式,在屏幕亮度、笔记、书签、字体等方面大做文章,却经常忽略电子设备能够为阅读注入的新元素,比如知识点的超链接、音频视频的插入以及听说功能等。

增加阅读的动态感、游戏感,是大众文学出版可以尝试的方面。目前主要用于童书和绘本领域。接力出版社与法国伽利玛少儿出版社合作,根据法国儿童科普读物《七星瓢虫》开发童书 App"瓢虫",孩子们可以喂瓢虫吃东西,与瓢虫玩耍,在游戏、娱乐、互动中学到相关的科普知识。台湾联合线上的"Udn 读书吧"与墨色国际推出的几米绘本《向左走,向右走》App,将绘本进行动画制作,并量身打造原创音乐。读者可以与动画人物互动,重新排布场景顺序,改变时间轴,重写剧情文字等。② 但以上都只是针对某本书而研发的某个特定 App,并没能形成专门的交互阅读平台,且内容领域较窄,难以规模性推广。

———————

① Blake Eskin：Helen Yentus Designs a 3D Printed Slipcase, 2014 - 01 - 07, http://www. makerbot. com/blog/author/blake,2015-04-02.

② 佚名:《幾米〈向左走向右走〉电子书首发 3 种阅读模式》,2013 年 9 月 2 日,http://book. sohu. com/20130902/n385662525. shtml,访问日期:2015 年 4 月 2 日。

凯文·凯利对于未来阅读的一个设想是,基于电子墨水屏愈加接近纸张,可以将阅读器制作成能够折叠的大屏,如果喜欢平铺的双面阅读,可以将阅读器摊开;如果为了便携需要,可以将其折叠;把若干页电子墨水纸装订,就会更像一本书的样子。如果我们更进一步地预想,可以让每页墨水纸都只针对某个领域,如第一页是文学,第二页是科技,第三页是生活;不同墨水纸也会与相应阅读领域的特点保持契合,比如在字体、行距、多媒体功能等方面有所区别。对于大众文学作品,读者会在精彩的环节看到插入其中的动画效果;对于被改编成影视作品的小说,会在本书结尾处加入影视视频。不同的情节配以不同的音效,如欢乐、悲伤、恐怖等,增强阅读代入感;如果对于音效不满意。可以自行设置更换。屏幕一侧会滚动播出像视频"弹幕"一般的其他读者评论,能够实时与其他粉丝互动。对于其中涉及的一些生活常识、历史知识等,可以通过超链接查询。

大众文学出版者的任务除了筛选内容外,将承担内容立体化的工作。大众文学出版角色将会覆盖更广泛的行业领域,如数字技术、影视、动漫、音乐等,行业在进一步分工的过程中也会深度融合,全方位打造阅读服务。

（3）全息影像：让眼球成为电子屏

只要带上一款特制的眼镜,就可以看到悬浮在空中的电脑屏幕、虚拟的小狗和机器人。这是微软研发的 HoloLens 宣传片中为大众呈现的全息眼镜的使用效果。全息眼镜并非真正的眼镜,其实质是一台微型计算机,利用数字技术合成虚拟图像,再通过传感技术将图像投射到现实生活场景中。微软眼镜与谷歌眼镜的不同之处在于,谷歌眼镜可以通过声音命令、头部摇摆、手动控制镜框右侧的触摸板等操作来进行导航、拍照、翻译,所投影的图像一般在右眼上方,以信息处理为主。而微软眼镜则构造出一个被完全包围的三维虚拟世界,人们能够直接对虚拟图像进行操作,比如像按下鼠标一样在空中点击。由于各种局限,谷歌于 2015 年 1 月停止了该眼镜项目的生产。但向全息影像方向发展的确是时代趋势。有关新闻称,谷歌牵头投资了一家十分"神秘"的公司,专门研制一款叫作 Magic Leap 的虚拟现实平台,其主要目的就是让人们摆脱全息眼镜,使图像能够直接投射到视网膜中,眼睛可以直接看到虚拟画面。以阅读为例,借助 Magic Leap,人们不再需要捧着电子屏幕读书,也不需要戴特制的眼镜，那些投影到眼球上的电子书能够直接呈现在空中被人们看到，人们只需挥一挥手便可以随意翻阅，高分辨率保证了书页的清晰度和真实性。此外，还可以通过虚拟人物来进行内容的解释与阅读，甚至与人物对话交流，让图书活起来。

全息影像带来的新型阅读将更好地培养大众文学阅读的习惯。可以想象一下，通过全息影像，人们不需要低头就可以享受丰富的阅读内容，让电子屏幕始终不离开自己的视线；随时都可以阅读自己喜欢的小说，并能保存阅读记忆；让虚拟图书馆真实地呈现在自己面前，取书、翻书都能最大化地模拟真实；设置语音提示，形成阅读习惯。

未来的大众文学出版角色或许将完全退居到幕后，致力于为数字出版提供充裕的内容，而把创作、阅读选择的自主权交给作者和读者。这场转变背后最根本的是思维方式的变化，即读者希望从被动的知识接收者，上升为内容的参与者、话题的引导者、个人兴趣的主宰者。大众文学的内容生产由大众负责，而出版角色会成为更加彻底的服务者。

结　语

　　数字时代的大众文学出版，不似半个世纪前自娱自乐式的地下文学手抄本，出版制度和资本运作成为与文学原创力旗鼓相当的推手，催动大众文学的产生与生产。国家工作重心向经济转移的同时，既放开了政治对文学的约束力，也令其失去了作为社会意识中心的地位。即便文学本质上不在市场中，但是出版社已经被迫面对市场竞争的压力，文学必须以另一种形式，达成与出版社的妥协，就像历史自有其出口一样，全新姿态的大众文学应运而生。各种各样面向市场的文学出版物接踵而至，不管是为了经济利益，还是为了获得更大范围内的读者接受和认同，作家和出版社都不遗余力地"推销"着自己的作品/产品，大众文学率先采用畅销书生产机制以抢占市场。而作为受众的读者，也不再受困于纸质图书阅读，数字化的新型阅读对依托于纸书所建立起来的传统文学权威形成挑战。当文学生态圈中创作群体、书写方式、作品形式、传播方式受到环境的影响开始更迭之际，大众文学以多媒介、跨媒体、全产业的文学作品/产品生产模式引领了整个文学市场的转型，在经历了世纪之初"文学之死"的疑虑后，衍生产品开发、核心 IP 运营、跨媒体叙事开发造就的庞大文学市场让人们不得不对文学的形式与价值重新定义。但是"旧"文学样式不会就此消失，纸质文学依然会占据大量阅读市场，大众文学、精英文学与主流文学的对立也会长时期存在下去。从目前的情况看，三者的边界日趋模糊，很多情形下并不截然相反，呈现出越来越多的共性，重新走向一个你中有我、你我交融的整体。

　　21 世纪是互联网技术和数字传媒的时代，伴随市场经济改革深化和中国加入WTO,运用新媒介参与市场竞争成为必然,最先反映到文学中的便是以大众文学为代表的数字化与产业化的文学出版形式。

"作家草根化""书写市场化""主题类型化""品牌群落""多媒体渠道""全方位策划""衍生产业链""出版品质坚守"成为数字时代大众文学出版的8个主要关键词。传统的"作者—(作品)—出版者—(出版物)—读者"这一文学创作与接受模式发生了翻天覆地的变化:青春文学作家、网络文学作家加入文学创作的队伍中,后者逐渐成为当代中国作家群中的多数;作品愈发个性化,类型也愈发丰富,并且文字带有鲜明的新闻化书写、娱乐化书写、影视化书写痕迹;出版者对大众文学作品的传播,一方面通过选题、策划、宣传、衍生开发等发挥着越来越重要的影响,另一方面由于互联网的存在,文学出版平台的门槛降低,这一特质使得出版者从"决定者"走向"服务者"的中介角色;纸质读本不再是大众文学乃至文学的唯一物质形式,只要是以文字等可以被阅读的形式,PC、智能手机、各式电子阅读器、院线大银屏等皆可以是文学作品的物质载体;数字时代的读者,通过网络快速反馈和巨大的市场潜力,施以文学作品的创作、出版、发行影响,类型写作和分众阅读即是为了更好地迎合读者口味而出现的,读者受众在文学史上从未有过如此之高的地位。"媒介融合"是一个能够高度概括数字时代、文化产业特征的词,大众文学出版也不例外。正是媒介融合的关系,文学作品的数字化阅读,从阅读媒介进一步延伸到其他艺术和产品形式,文学作品以其独特的内容优势成为小说、影视、游戏、漫画、舞台剧、线下产品等大文化产业链中的一环,衍生产品开发、IP开发、跨媒体叙事开发的蔚为大观,都依托于文学作品内容资源优秀的可开发空间。产业化的结果是,一部人气出众的网络小说,除了可以出版纸质图书,还能够被改编成影视剧、电影,制作同主题游戏,在作者授权下生产相关实体周边产品,并且若以跨媒体叙事的方式编排,不同媒介形式的作品能相互勾连出完整的故事。这样的产品开发模式,或者说作品创作方式,不仅越来越多地被采用,并且其体系也不断地完善和创新。阅文集团为代表的各涉足文学阅读产业的互联网企业,均在人气作品全产业开发的道路上越走越远。传统出版社除了作为纸质图书的发行者外,也在积极寻求合作机遇。

在新世纪之前,主流文学、精英文学、大众文学较多地仍然以纸质出版物的方式同台竞技,用大众文学、主流文学、精英文学的概念来区分文学形态的提法仿佛就是为了缓解巨变时代文学场的对立冲突,而随着大众文学引领下文学出版数字化与产业化进程加快,大众文学、精英文学、主流文学边界日渐模糊,那些被用以区分彼此的"陈规旧律"已经变得不合时宜,没有谁能够完全脱离开文化产业链的大圈。在数字化媒介时代中,不论是大众文学作品,还是主流文学作品或者精英文学作品,都必须借助也必然适应数字化媒介,纸质象征纯度与高度的说法,不啻一厢情愿的偏见。主流文学与精英文学在向大众文学靠拢,在条件合适的前提下,精英文学作家和他们笔下的作品也都纷纷成为其他形式的艺术作品,且以影视剧、电影最为常见,其表现形式、内容主题和营销手段、宣传方式,往往与大众文学无二。例如由莫言小说《红高粱家族》改编而来的电视剧《红高粱》,刘震云小说《我不是潘金莲》改拍的电影《我不是潘金莲》,麦家小说《风声》不仅拍成了电影,还被改编成了游戏,刘慈欣所著的科幻小说《三体》则改编为话剧频繁演出。运营方邀请知名演员,安排各类发布会,高频率覆盖商业广告,莫言的家乡高密甚至由此积极开发旅游业,几乎与大众文学的营销推广与全产业链开发无二。主流文学为了达到接受效果更是如此,像《人民文学》杂志的"醒客"——以中短篇小说及评论内容为主的手机阅读平台已经于2014年7月上线。不管是注意到大众文学作品的价值,还是对大众文学影响力的重视,主流文学、精英文学阶层和评论界也开始吸纳大众文学势力,例如青春文学作家郭敬明、张悦然、蒋峰、李傻傻被批准加入中国作协,2014年的"净网行动"被学者邵燕君视作主流管理层"训诫"网络文学的举措,以令网络文学能够传达出"主流价值观"。"泾渭分明"的情形显然不符合中国文学与文化亟须走向世界的当口,作为主流意识代表的管理者主动地将主流、大众、精英文学层次的作家聚集到同一框架之中。在中国成为主宾国的2012年伦敦书展上,"中国作协邀请了严歌苓、韩东、西川、冯唐、安妮宝贝、张悦然、郭小橹、次仁罗布等作家,多样化程度相当高"[①],他们除了是旅美作家、旅英作家、大学生派诗人、青春文学作家、网络文学作家、少数民族作家,许多人还身兼编辑、学者、编剧、导演、商人等数职,这也侧面反映了中国当代文坛作家队伍本身的复杂性。

---

① 潘采夫:《请世界喝杯咖啡》,《北京晚报》2012年4月21日。

另一方面，大众文学作品的叙事水平和价值立意，也随着大众文学自身的发展日益变得成熟，部分大众文学作品表现出媲美精英文学的精神旨趣，得到了一些精英文学作家和评论界的认可，比如"奇书"《悟空传》得到的正面评价，由盗墓小说《鬼吹灯》翻拍的电视剧《鬼吹灯之精绝古城》受到业内专业人士的好评。如果说 20 世纪 90 年代的大众文学是传统作家故意迁就大众阅读消费的时代，那么新世纪以来十多年的大众文学，则是由青春文学作家、网络文学作家构成了主力军，当他们这批作家的写作水平随着个人阅历、专业知识、创作经验逐渐提高后，以青春文学、网络文学为代表的大众文学整体水平也就自然而然地向上提升。可以预见的是，评论界对大众文学的态度，从 90 年代出于部分精英文学作家从事畅销读物而产生的消极批判，转向对出自文学新人之手的优秀大众文学作品的积极发现与再评价。由于大众文学类型化和多元化并存的事实，在契合大众阅读口味的类型文学之外，许多"小众""非主流""纯文学"趋向的文学"圈子"或群体也生生不息，例如以"文艺""高冷"为代名词的豆瓣阅读，很难定义它究竟是大众文学还是精英文学。

所有的事实与证据都在传达一个讯息，在媒介融合的态势之下，作为产业链一环的文学，原来的主流文学、大众文学、精英文学，逐渐变得难分彼此。文学是语言文字的艺术，但如今却不必然是纸张或书籍的艺术。在数字时代媒介融合大势下，图书、影视、游戏、舞台剧等都可以是文学的形式载体，电脑、手机、电视机、电子阅读器等都可以是文学作品的物质媒介，大众的、精英的、主流的交融在一起，雅中有俗，俗中带雅，没有鲜明的"阵营对立"，只有好的和不好的文学。正如世界知名的法兰克福图书博览会迈向传媒博览会一样，"'内容'才是二十一世纪的关键词，形式（纸质书、电子书、电影或游戏、CD、DVD 或 html）已不再是决定性的因素"[①]。文学的可能性正在被技术突破，无论是大众的、通俗的，还是小众的、高雅的文学作品，只要是优秀的，就都可以加入内容的出版开发队列之中。

用市场来衡量是否伟大总是一件无意义的事，但文学毕竟是形而上之物，大众文学不等于低俗文学或者庸俗文学，小众的也不代表就是精品，长期以来

---

① 方世忠：《书的世界与世界的书》，上海：上海译文出版社 2013 年版，第 44 页。

大众文学因为过多关注市场而一定程度上放弃自己的文学立场而受到诟病。既然"鱼龙混杂"是文学市场的现状，出版角色的意义，除了为文学的生产创造铺平道路，便在于如何去"鱼"显"龙"。在法兰克福书展上博斯说："如今，每个人都可以按照自己的意愿出版各种图书，但信息的汪洋大海需要一个良好的过滤器来净化。出版人不再扮演瓶颈的角色，而是具有过滤器的功能，让每个人在需要的时候都可以使用它。"[①]"出版"的外延不断扩大，大众文学出版的形式日新月异，大众文学亟待自己的合理的规范评价体系。网络文学网站、当当网、亚马逊、豆瓣读书等数字出版企业，在作为出版方、发行方，打开文学出版路径的同时，以数字技术为基础的"约束力"也在产生。专业的网络编辑、读者评论、用户反馈以及自身的选荐排名系统，成为文学的"守门人""选荐人"。其中既包括权威人士的专业评价，也体现出庞大受众群体的意见，从而保证大众文学出版物的质量和文学生态圈的健康。传统权威话语也不可能置身事外，主流意识、精英批评介入大众文学的评价体系显得十分重要。这要求批评方法和批评态度的全方位转变，像"对于现在网络文学的研究，如果学院派网络文学批评能够对具有'精英倾向'的作品进行深入解读，在点击率、月票和网站排行榜之外，再造一个真正有影响力的'精英榜'"[②]的设想，就是极富有创新和积极意义的。面对数额走高而学历程度走低的电子阅读市场，大众文学——特别是网络文学的编辑们，坚守底线仍然是艰苦卓绝的工作。

大众文学因其与市场、技术、读者的亲缘性，走在变革的最前沿，我们总是无法预料技术的更新速度，也无法准确地想象出来大众文学出版，乃至文学出版未来的样子。继 3D 打印、电子墨水屏、全息投影之后还会有新的文学作品样式出现。但是多年的创作经历和生产实践，让大众文学出版与反馈机制日益成熟，我们可以对大众文学抱以积极乐观的态度。在媒介融合和文化产业的趋势之下，大众文学以内容资源的独特优势，将与其他媒介、其他产业发生更为紧密的联系，如何发挥媒介互补和产业联动的优势，来讲一个好故事，呈现给读者独一无二的阅读体验，是作者和出版者永远需要考虑的问题。

---

①　方世忠：《书的世界与世界的书》，上海：上海译文出版社 2013 年版，第 42 页。

②　邵燕君：《网络文学的崛起与"主流文学"的重建》，《艺术评论》2014 年第 11 期。

参考文献

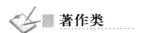 **著作类**

Berthold Hass,Gianfranco walsh, Thomas Kilian,*Web 2.0：Neue Perspektiven für Marketing und Medien*,Springer Berlin Heidelberg,2008.

Brian Kahin, Hal R. Varian,*Internet Publishing and Beyond： The Economics of Digital Information and Intellectual Property*, The MIT Press,2000.

Charles Van Doren,*A History of Knowledge：The Pivotal Events, People,and Achievements of World History*. New York：Ballantine, 1991.

Douglas M Eisenhart ,*Publishing in the Information Age： A New Management Framework for the digital Era*. Praeger,1996.

Feldman, Tony. *An Introduction to Digital Media*. London： Blueprint, 1997.

Heather Inwood,*Verse Going Viral：China's New Media Scenes*, University of Washington Press, 2014.

Henry Jenkins. *Textual Poachers：Television Fans and Participatory Culture*. New York：Routledge, 2013.

Howard Rheingold. *Net Smart：How to Thrive Online*. Cambridge： MIT Press,2012.

Joan Van Tassel , Lisa Poe-Howfield,*Managing Electronic Media： Making, Marketing, and Moving Digital Content*,Focal Press,2010.

John B. Thompson, *Books in the Digital Age：The Transformation of Academic and Higher Education Publishing in Britain and the United States*, Politiy Press, 2005.

John B. Thompson, *Merchants of Culture：The Publishing Business in the Twenty-First Century*, Plume Books; Revised ed. edition, 2012.

Leonard Shatzkin, *In Cold Type：Overcoming the Book Crisis*, Houghton Mifflin, MA, 1982.

Lewis A. Coser, Charles Kadushin, Walter W. Powell, *Books：The Culture and Commerce of Publishing*, Basic Books, New York, 1982.

Morris Rosenthal, *Print - On - Demand Book Publishing：A New Approach to Pring and Marketing*, Foner Books, 2004.

Peter A. Bruck, *Understanding the European Content Industries：A Reader on the Economic and Cultural Contexts of Multimedia*, Ios Pr Inc, 2002.

Richard Curtis, William Thomas Quick, *How to Get Your E - Book Published：An Insider's Guide to the World of Electronic Publishing*, Cincinnati：F&W Publications, 2002.

Richard E. Caves, *Creative Industries：Contracts between Art and Commerce Creative industry*, Harvard University Press, 2002.

William Kasdorf, *The Columbia Guide to Digital Publishing*, Columbia University Press, 2003.

Barbara A. Misztal, *Theories of Social Remembering*, Open University Press, 2003.

［加］阿尔维托·曼古埃尔著,吴昌杰译:《阅读史》,北京:商务印书馆 2002 年版。

［美］埃弗雷特·M.罗杰斯著,辛欣译:《创新的扩散》,北京:中央编译出版社 2002 年版。

［加］埃里克·麦克卢汉、弗兰克·秦格龙等编,何道宽译:《麦克卢汉精粹》,南京:南京大学出版社 2000 年版。

［美］埃瑟·戴森著，胡泳、范海燕译：《2.0版数字化时代的生活设计》，海口：海南出版社1998年版。

［美］安德烈·希夫林著，白希峰译：《出版业》，北京：机械工业出版社2005年版。

［美］保罗·莱文森著，何道宽译：《思想无羁：技术时代的认知论》，南京：南京大学出版社2003年版。

［美］保罗·莱文森著，熊澄宇等译：《软边缘：信息革命的历史与未来》，北京：清华大学出版社2002年版。

［美］比尔·盖茨著，辜正坤译：《未来之路》，北京：北京大学出版社1996年版。

蔡翔：《大学出版发展战略研究》，北京：中国传媒大学出版社2007年版。

［日］长冈义幸著，甄西译：《出版大冒险》，北京：国际文化出版公司2006年版。

传播90'研究集团编，东正德译：《传播媒体的变貌》，台北：远流出版事业股份有限公司1991年版。

陈昕：《中国出版产业论稿》，上海：复旦大学出版社2006年版。

陈颖青：《数字出版与长尾理论》，北京：华夏出版社2013年版。

蔡翔：《大学出版发展战略研究》，北京：中国传媒大学出版社2008年版。

蔡翔、陆颖：《我们出版的方向：深化出版体制改革问题研究》，北京：中国传媒大学出版社2014年版。

崔保国：《信息社会的理论与模式》，北京：高等教育出版社1999年版。

崔保国：《媒介变革和社会发展》，南京：南京师范大学出版社1999年版。

［日］大前研一著，王小燕译：《数字化商业模式》，北京：中信出版社2006年版。

［美］戴维·弗里德曼著，赵学凯、王建南、施丽中译：《弗里德曼的生活经济学》，北京：中信出版社2006年版。

［英］丹尼斯·麦奎尔、［瑞典］斯文·温德尔著，祝建华、武伟译：《大众传播模式论》，上海：上海译文出版社1997年版。

［美］E.M.罗杰斯著，殷晓蓉译：《传播学史——一种传记式的方法》，上

海：上海译文出版社 2002 年版。

范军：《中国出版文化史研究书录：1985—2006》，开封：河南大学出版社 2008 年版。

范印哲编著：《教材设计与编写》，北京：高等教育出版社 1997 年版。

范颖：《文化批评视野中的文学生态和文学话语》，广州：中山大学出版社 2011 年版。

冯和平、文丹枫：《移动营销》，广州：广东经济出版社 2007 年版。

［法］费夫贺、马尔坦著，李鸿志译：《印刷书的诞生》，桂林：广西师范大学出版社 2006 年版。

［法］弗雷德里克·巴比耶著，刘阳等译：《书籍的历史》，桂林：广西师范大学出版社 2005 年版。

［美］弗里茨·马克卢普著，孙耀君译：《美国的知识生产与分配》，北京：中国人民大学出版社 2007 年版

［日］桂敬一著，刘雪雁译：《多媒体时代与大众传播》，北京：新华出版社 2000 年版。

郝振省：《中国阅读：全民阅读蓝皮书》（第二卷），北京：中国书籍出版社 2011 年版。

郝振省主编：《2005—2006 中国数字出版产业年度报告》，北京：中国书籍出版社 2007 年版。

郝振省主编：《中国出版业发展报告》，北京：中国书籍出版社 2005 年版。

［美］亨利·詹金斯，杜永明译：《融合文化：新媒体和旧媒体的冲突地带》，北京：商务印书馆 2012 年版。

［美］霍华德·莱茵戈德，张子凌、老卡译：《网络素养：数字公民、集体智慧和联网的力量》，北京：电子工业出版社 2013 年版。

黄发有：《媒体制造》，济南：山东文艺出版社 2005 年版。

黄发有：《中国当代文学传媒研究》，北京：人民文学出版社 2014 年版。

黄发有：《文学与媒体》，福州：福建人民出版社 2014 年版。

黄升民、周艳主编，《中国传媒市场大变局》，北京：中信出版社 2003 年版。

黄孝丹、张志林、陈丹：《数字出版产业发展模式研究》，北京：知识产权出版

社 2012 年版。

焦守红：《当代青春文学生态研究》，长沙：湖南师范大学出版社 2008 年版。

金惠敏：《媒介的后果》，北京：人民出版社 2005 年版。

金兼斌著：《技术传播——创新扩散的观点》，哈尔滨：黑龙江人民出版社 2000 年版。

［日］鹫尾贤也著，陈宝莲译：《编辑力——从创意、策划到人际关系》，北京：中国人民大学出版社 2007 年版。

［美］凯文·曼尼著，苏采采、李巧云译：《大媒体潮》，台北：时报文化出版企业股份有限公司 1996 年版。

［美］克里斯·安德森，乔江涛译：《长尾理论》，北京：中信出版社 2006 年版。

［美］克里斯·安德森，蒋旭峰、冯斌译：《免费》，北京：中信出版社 2009 年版。

［美］克里斯托弗·G.布林顿、蒋濛著，万锋译：《网络的力量：连接人们生活的六大原则》，北京：中信出版集团 2018 年版。

［美］克里斯廷·L.博格曼著，肖永英译：《从谷腾堡到全球信息基础设施：网络世界中信息的获取》，北京：中信出版社 2003 年版。

赖德胜：《教育与收入分配》，北京：北京师范大学出版社 2000 年版。

李明德：《仿像与超越——当代文化语境中的文学期刊》，北京：中国社会科学出版社 2007 年版。

李国亭等著：《信息社会：数字化生存的地球村》，北京：军事科学出版社 2003 年版。

李家强、蔡鸿程主编：《多出精品多出人才：中国编辑学会第八届年会论文集》，北京：清华大学出版社 2004 年版。

李军鹏：《公共服务型政府》，北京：北京大学出版社 2004 年版。

李鉪：《软书：精英出版私人订制》，北京：金城出版社 2015 年版。

李振勇：《商业模式——企业竞争的最高形态》，北京：新华出版社 2006 年版。

梁志文：《数字著作权论》，北京：知识产权出版社 2007 年版。

柳斌杰：《文化力论》，成都：巴蜀书社 2002 年版。

柳斌杰、邬书林、阎晓宏：《中国图书年鉴》(2006)，武汉：湖北人民出版社2006年版。

刘观涛：《畅销书的"蓄意"操作——如何成长为金牌策划人》，桂林：广西师范大学出版社2009年版。

刘锦宏：《数字出版理论、技术和实践：数字出版案例研究》，北京：电子工业出版社2013年版。

刘仁庆：《纸的发明、发展和外传》，北京：中国青年出版社1986年版。

鲁耀斌、邓朝华、陈致豫：《移动商务应用模式与采纳研究》，北京：科学出版社2008年版。

〔法〕罗贝尔·埃斯卡皮著，于沛选译：《文学社会学》，杭州：浙江人民出版社1987年版。

〔美〕罗伯特·达恩顿著，熊祥译：《阅读的未来》，北京：中信出版社2011年版。

〔美〕罗伯特·K.默顿著，唐少杰、齐心等译：《社会理论和社会结构》，上海：译林出版社2006年版。

〔美〕罗杰·菲德勒著，明安香译：《媒介形态变化》，北京：华夏出版社2000年版。

〔美〕玛格丽特·米德著，周晓虹、周怡译：《文化与承诺》，石家庄：河北人民出版社1987年版。

〔美〕马克·波斯特著，范静哗译：《信息方式》，北京：商务印书馆2000年版。

〔德〕马克斯·霍克海默、〔德〕西奥多·阿道尔诺著，渠敬东、曹卫东译：《启蒙辩证法：哲学断片》，上海：上海人民出版社2006年版。

〔加〕马歇尔·麦克卢汉著，何道宽译：《理解媒介——论人的延伸》，北京：商务印书馆2000年版。

梅绍祖、〔美〕James T. C. Teng 著：《流程再造——理论、方法和技术》，北京：清华大学出版社2006年版。

孟繁华：《传媒与文化领导权——当代中国的文化生产与文化认同》，济南：山东教育出版社2003年版。

闵大洪:《数字传媒概要》,上海:复旦大学出版社 2003 年版。

南帆:《双重视域——当代电子文化分析》,南京:江苏人民出版社 2001 年版。

[美]尼尔·波兹曼著,章艳译:《娱乐至死》,桂林:广西师范大学出版社 2004 年版。

[美]尼葛洛庞蒂著,胡泳等译:《数字化生存》,海口:海南出版社 1997 年版。

[英]尼克·史蒂文森著,王文斌译:《认识媒介文化——社会理论与大众传播》,北京:商务印书馆 2001 年版。

钱存训:《书于竹帛》(增订本),上海:上海书店出版社 2002 年版。

钱存训:《中国纸和印刷文化史》,桂林:广西师范大学出版社 2004 年版。

钱理群、温儒敏、吴福辉:《中国现代文学三十年》,北京:北京大学出版社 1998 年版。

[日]清水英夫著,沈洵澧、乐惟清译:《现代出版学》,北京:中国书籍出版社 1991 年版。

邵燕君:《倾斜的文学场——当代文学生产机制的市场化转型》,南京:江苏人民出版社 2003 年版。

邵燕君:《"美女文学"现象研究:从"70 后"到"80 后"》,桂林:广西师范大学出版社 2005 年版。

[美]史蒂文·瓦戈著,王晓黎等译:《社会变迁》,北京:北京大学出版社 2007 年版。

[美]斯文·伯克茨著,吕世生、杨翠英、高红玲译:《读书的挽歌——从纸质书到电子书》,北京:中国对外翻译出版公司 2001 年版。

[美]斯蒂文·小约翰,陈德民、叶晓辉译:《传播理论》,北京:中国社会科学出版社,1999 年版。

苏晓芳:《网络与新世纪文学》,北京:中国社会科学出版社 2011 年版。

孙月沐:《30 年中国畅销书史》,北京:中国对外翻译出版公司,南昌:江西教育出版社 2009 年版。

孙周兴选编:《海德格尔选集(下卷)》,上海:上海三联书店 1996 年版。

唐德权：《深度精耕——日本软件企业精义解读》，北京：清华大学出版社2004年版。

唐真成：《电子书》，台北：扬智文化事业股份有限公司2003年版。

陶东风主编：《粉丝文化读本》，北京：北京大学出版社2009年版。

田志毅、张小琴：《手机：个人移动多媒体》，北京：清华大学出版社2009年版。

［美］托马斯·鲍德温、史蒂文森·麦克沃依、查尔斯·斯坦菲尔德著，龙耘、官希明译：《大汇流：整合媒介、信息与传播》，北京：华夏出版社2000年版。

［美］托马斯·弗里德曼：《世界是平的：21世纪简史》，长沙：湖南科学技术出版社2006年版。

王本朝：《中国当代文学制度研究》，北京：新星出版社2007年版。

王菲：《媒介大融合——数字新媒体时代下的媒介融合论》，广州：南方日报出版社2007年版。

王俊秀：《知本力：信息社会的动力学分析》，北京：北京大学出版社2004年版。

王先需：《新世纪以来文学创作若干情况的调查报告》，沈阳：春风文艺出版社2006年版。

［德］卫浩世著，欧阳雯雯、蔡嘉颖、天寒译：《法兰克福书展600年风华》，北京：中国人民大学出版社2007年版。

吴平：《图书学新论》，太原：山西经济出版社1998年版。

吴廷俊主编：《科技发展与传播革命》，武汉：华中科技大学出版社2001年版。

吴秀明、陈力君：《大众文学与武侠小说》，北京：北京大学出版社2011年版。

位迎苏：《伯明翰学派的受众理论研究》，北京：中国传媒大学出版社2011年版。

［德］席勒，徐恒醇译：《美育书简》，北京：中国文联出版公司1984年版。

［美］希利斯·米勒著，秦立彦译：《文学死了吗》，桂林：广西师范大学出版社2007年版。

夏忠宪：《巴赫金狂欢化诗学研究》，北京：北京师范大学出版社2000年版。

肖东发：《中国图书出版印刷史论》，北京：北京大学出版社 2001 年版。

［美］小郝伯特·S.贝利著，王益译：《图书出版的艺术和科学》，北京：中国书籍出版社 1995 年版。

谢新洲：《数字出版技术》，北京：北京大学出版社 2003 年版。

新闻出版总署对外交流与合作司编：《北京国际出版论坛演讲录》，济南：山东友谊出版社 2006 年版。

熊澄宇等著：《文化产业研究战略与对策》，北京：清华大学出版社 2006 年版。

［美］休·休伊特著，杨竹山、潘浩译：《博客：信息革命最前沿的定位》，北京：中国铁道出版社 2006 年版。

徐丽芳、刘锦宏、丛挺：《数字出版理论、技术和实践：数字出版概论》，北京：电子工业出版社 2013 年版。

薛涌：《中国文化的边界》，昆明：云南人民出版社 2006 年版。

严歌苓：《波西米亚楼》，西安：陕西师范大学出版社 2009 年版。

［日］盐泽实信著，林真美译：《日本的出版界》，台北：台湾东贩 1990 年版。

姚福申：《中国编辑史》，上海：复旦大学出版社 1990 年版。

叶玟好著：《数位内容照过来》，台北：元照出版公司 2006 年版。

易图强：《图书选题策划导论》，北京：中国人民大学出版社 2009 年版。

殷晓蓉：《网络传播文化历史与未来》，北京：清华大学出版社 2005 年版。

［德］尤尔根·哈贝马斯著，曹卫东等译：《公共领域的结构转型》，上海：学林出版社 1999 年版。

余敏：《中国民营书业发展研究报告》，北京：中国书籍出版社 2003 年版。

于友先：《现代出版产业发展论》，苏州：苏州大学出版社 2003 年版。

余正建、齐年、孙乐传主编：《构筑新世纪的教育平台》，武汉：武汉工业大学出版社 2000 年版。

［美］约翰·巴特利著，张岩、魏平译：《搜》，北京：中信出版社 2006 年版。

［美］约翰·帕夫利克著，周勇、张平峰、景刚译：《新媒体技术——文化与商业前景》（第 2 版），北京：清华大学出版社 2005 年版。

［英］约翰·霍金斯著，洪庆福、孙薇薇、刘茂玲译：《创意经济——如何点石

成金》,上海:三联书店 2006 年版。

[美]约翰·菲斯克著,王晓珏、宋伟杰译:《理解大众文化》,北京:中央编译出版社 2001 年版。

[美]约翰·希利·布朗、保罗·杜奎德著,王铁生、葛立成译:《信息的社会层面》,北京:商务印书馆 2003 年版。

[美]约瑟夫·斯特劳巴哈、罗伯特·拉罗斯著,熊澄宇等译,《今日媒介——信息时代的传播媒介》,北京:清华大学出版社 2002 年版。

[美]约书亚·梅罗维茨著,肖志军译:《消失的地域:电子媒介对社会行为的影响》,北京:清华大学出版社 2002 年版。

曾念长:《中国文学场:商业统治时代的文化游戏》,上海:上海三联书店 2011 年版。

[苏]自米·贝京著,任光宣译:《艺术与科学——问题·悖论·探索》,北京:文化艺术出版社 1987 年版。

赵子忠著:《内容产业论——数字新媒体的核心》,北京:中国传媒大学出版社 2005 年版。

[美]詹姆斯·凯瑞著,丁未译:《作为文化的传播——"媒介与社会"论文集》,北京:华夏出版社 2005 年版。

[美]詹姆斯·罗尔著,董洪川译:《媒介、传播、文化——一个全球化的途径》,北京:商务印书馆 2005 年版。

张冲:《文本与视觉的互动》,上海:复旦大学出版社 2010 年版。

张涵、苗遂奇:《现代出版学导论》,北京:中国书籍出版社 2009 年版。

张立:《2013—2014 中国数字出版产业年度报告》,北京:中国书籍出版社 2014 年版。

张文红:《畅销书理论与实践》,北京:中国传媒大学出版社 2011 年版。

张咏华:《媒介分析:传播技术神话的解读》,上海:复旦大学出版社 2002 年版。

张悦然:《鲤·不上班的理想生活》,北京:北京十月文艺出版社 2015 年版。

张悦然:《鲤·孤独》,南京:江苏文艺出版社 2008 年版。

张悦然:《鲤·因爱之名》,南京:江苏文艺出版社 2009 年版。

张志强主编:《现代出版学》,苏州:苏州大学出版社 2003 年版。

郑鸣萱：《多向文本》，台北：扬智文化1997年版。

郑士德：《中国图书发行史（增订本）》，北京：中国时代经济出版社2009年版。

钟义信：《信息科学原理（第三版）》，北京：北京邮电大学出版社2002年版。

钟瑛、余红编著：《传播科技与社会》，武汉：华中科技大学出版社2006年版。

钟永诚：《作家、学者、出版人：三方纵论大格局》，济南：山东人民出版社2005年版。

周荣庭：《网络出版》，北京：科学出版社2004年版。

周蔚华：《出版产业研究》，北京：中国人民大学出版社2005年版。

周蔚华等：《数字传播与出版转型》，北京：北京大学出版社2011年版。

中国传媒大学党报党刊研究中心、天津师范大学新闻传播学院、中国传媒大学编辑出版研究中心编：《人民共和国党报论坛（2006年卷）》，北京：中国传媒大学出版社2007年版。

中宣部文化体制改革和发展办公室、文化部对外文化联络局编：《国际文化发展报告》，北京：商务印书馆2005年版。

庄园编：《女作家严歌苓研究》，汕头：汕头大学出版社2006年版。

［日］佐藤卓己著，诸葛蔚东译：《媒介与社会变迁》，北京：北京大学出版社2006年版。

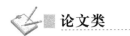 论文类

Baker, J. F, *CD-ROM sales hit ＄202 million*, Publishers Weekly, 11 April, 1994. pp10.

Calvin Reid, *Tobin Offers Online Project Tracking*, Publishers Weekly, 6/24/2002, http://www.publishersweekly.com/article.

Charles W. Bailey, Jr. *Scholarly Electronic Publishing Bibliography*. http://epress.lib.ub.edu/sepb/sepb.pdf

Charles Kadushin, *The Future of the Book / Scholarly Publishing：The Electronic Frontier*, Contemporary Sociology, Sep 1997.

Centre for International Economics, *Australian Digital Content Industry*

Futures, 11 May 2005. http://www. dbcde. gov. au/data/assets/pdf_file

Content ID Forum,*cIDf Specification* 2. 0, http://www. npo-ba. org/cid/cIDfSpecV2R11E. pdf.

Dan Shaver, Mary Alice Shaver,*Books and Digital Technology: A New Industry Model*,Journal of Media Economics, Volume 16, Number 2, 2003.

Davenport, T. &Short, J. (1990), *The New Industrial Engineering: Informaiton Technology and Business Process Redesign.* Sloan Managenet Review,31(4),pp. 11-27.

European Commission, *Final Evaluation of INFO* 2000 *programme*, www. cordis. lu/econtent *Interwoven Announces Third Quarter Financial Results*, http://www. interwoven. com/components/Garbara Quint, Digital Books: More Value-Added,Please, Information Today; Jan 2005.

Gretchen A. Peck, Content Be Nimble, Content Be Quick, Book Business, August 01 2006, http://www. bookbusinessmag. com/story.

Gretel Going,Custom publishing continues growth spurt,Leading Brands Publishing,http://leadingbrandspublishing. com/

Hal R. Varian,*The Future of Electronic Journals*,http://www. arl. org/scomm/scat/varian. html.

Henke,H. *Survey on Electronic Book Features.* Sponsored by the Open eBook Forum, March 20. 2002.

Ingram Digital Group and Holtzbrinck Publishers announce long term alliance, 6/1/2007, http://www. ingramdigital. com James Lichtenberg, *Elsevier's* Digital Strategy Looks to Meet Customer Demands, Publishers Weekly; May 7, 2001.

Jon D. Gold,*An Electronic Publishing Model for Academic Publishers*, Journal of The American Society For Information Science, 45 (10): 760 - 764,1994.

Jie Chen, Jia chen, *Research on the Status and Operating Model of the Original Net Literary Websites in China* , Publishing Research Quarterly,2011(2)

Julia Gelfand, *Text and Image: From Book History to "the Book is History"*, Library Hi Tech News, Number 2 2007.

Kimberly Maul, *Overdrive Throws Support Behind . epub Format*, The Book Standstard, December 14, 2007, http://www. thebookstandard. com/bookstandard/news/author/article

Mariemma I. Yague, *The Digital Informaiton War*, Online Information Review, Vol. 31 No. 1, 2007.

Martyn Daniels, *Digitisation of Content: the Opportunities for Booksellers and The Booksellers Association*, TheBooksellers Association of the United Kingdom & Ireland Limited, First edition November 2006.

Miriam Schocolnik. *A Study of Reading with Dedicated E-Readers*, Doctor degree dissertation of Nova Southeastern University. 2001.

Online Publishers Association, 18 *to* 34 *Year-Olds: Behavioral Analysis*, www. online-publishers. org.

Online Publishers Association, *Online Paid Content U. S. Market Spending Report*, March 2006. http://www. online-publishers. org/media/153_W_opa_paid_content_report_fullyear05. pdf

Paul Hilts, AAP Releases E-book Standards, 12/4/00, Publishers Weekly, http://www. publishersweekly. com/article Philip Doty , Ann P. Bishop, *The National Information Infrastructure and Electronic Publishing: A Reflective Essay*, Journal of the AmericanSocietyfor Information Science. 45(10), 1994.

Publishers Report Continued Increases in eBook Revenue for 2005, http://www. idpf. org/doc_library/statistics/2005. html.

Rachel Deahl, *Publishers Join the Digital File Race: Assembling assets for marketing and distribution*, Publishers Weekly, 3/19/2007.

Randall Boone, *Digital publishing: Message from the associate editors*, Teaching Exceptional Children, May/Jun 1998.

Renee Gotcher, *E-publishing Challenges the Gatekeeper model*,

InfoWorld；Nov 8，1999.

Richard HILL，*Remunerating Authors and Publishers in a Digital World*，The Journal of World Intellectual Property.

Rosenblatt W，Trippe W，Mooney S. *Digital Rights Management*：*Business and Technology*. Hungry Minds Inc，New York，November 2001.

Tomi Ahonen，*Communities Dominate Brands*：*Business and Marketing Challenges for the 21st Century*，United Nations Educational，Scientific and Cultural Organization. *Towards Knowledge Societies*. UNESCO ，Paris，2005.

Willem Jonker，Jean－Paul Linnartz. *Digital Rights Management in Consumer Electronics Products*. IEEE Signal Processing Manazine，2004，21(2).

Wind，J.，and Rangaswany，A. *Customerization*：*The second revolution in mass customization*. Journal of Interactive Marketing，2001，15(1).

白烨：《"三分天下"：当代文坛的结构性变化》，《文汇报》2009 年 11 月 1 日。

岑边、吟春：《文学出版的坚守与创新——访人民文学出版社社长潘凯雄》，《中国编辑》2012 年第 4 期。

陈洁：《印刷媒介数字化与文化传递模式的变迁》，《浙江大学学报（人文社会科学版）》2009 年第 4 期。

陈洁：《我国原创文学网站运营模式发展策略研究》，《出版广角》2012 年第 10 期。

陈洁：《社群效应与图书出版产业新态》，《新华文摘》2018 年第 4 期全文转载。

陈洁、刘琦：《数字出版视角下文学阅读的变迁》，《出版广角》2013 年第 10 期。

陈荟蔓：《电影热映带动同名图书赤壁熊猫相争银幕外》，《江南时报》2008 年 7 月 17 日。

戴靖婷：《余华作家应该走在自己前面》，《中国新闻周刊》2005 年第 31 期。

董丽敏：《当代文学生产中的〈兄弟〉》，《文学评论》2007 年第 2 期。

范军:《现阶段"民营出版工作室"的功能与定位》,《出版发行研究》2012 年第 3 期。

方卿:《论畅销书产业链的拓展策略》,《出版广角》2008 年第 7 期。

凤群:《迷惘的青春物语——80 后作家论》,《文艺评论》2008 年第 3 期。

傅小平、谢泳、洪治纲等:《"80 后"作家办杂志》,《江南》2010 年第 4 期。

郭宝亮:《〈手机〉的"说话"主题及其局限》,《理论与创作》2005 年第 5 期。

韩妹:《网络文学飞速发展,高学历人群成为主要读者》,《中国青年报》2011 年 11 月 10 日。

韩小蕙:《文学类型化意味着什么?》,《光明日报》2010 年 9 月 7 日。

洪蔚:《图书搭影视快车是繁荣? 是泛滥?》,《科学时报》2001 年 3 月 16 日。

黄发有:《从宁馨儿到混世魔王——华语网络文学的发展轨迹》,《当代作家评论》2010 年第 3 期。

黄发有:《媒介互动格局中的文学期刊》,《当代作家评论》2014 年第 1 期。

黄发有:《文学期刊改版的经验与误区》,《中国出版》2009 年第 7 期。

黄健:《网络时代文化传播的潜伏危机》,《新闻传播与研究》2000 年第 4 期。

黄书泉:《文学消费与当代文学经典建构——以〈平凡的世界〉为例》,《扬子江评论》2013 年第 1 期。

黄昕:《视觉文化语境中小说创作的"影像化"策略——震云小说〈手机〉、〈我叫刘跃进〉为例》,《华中人文论丛》2012 年第 1 期。

孟繁华:《新世纪:文学经典的终结》,《文艺争鸣》2005 年第 5 期。

雷达:《对现实发言的努力及其问题》,《人民日报》2014 年 1 月 21 日。

李建军:《尴尬的跟班与小说的末路——刘震云及其〈手机〉批判》,《小说评论》2004 年第 2 期。

李晓燕等:《"80 后"青年作家登场的社会学分析——文学场的演变与新入场的文学生产者》,《北京青年研究》2014 年第 1 期。

李亦宁、刘磊:《论多媒体环境下的畅销书传播》,《新闻界》2009 年第 3 期。

李咏吟:《普世价值的寻求与文学反本质主义的困局》,《文艺评论》2009 年第 4 期。

李志艳:《文学主体性与边界:当代文学生产的"传媒化"病症研究》,《浙江社会科学》2011 年第 10 期。

林韵然:《"普罗"还是"通俗"?——"大众文学"的两副面孔》,《中国现代文学研究丛刊》2006 年第 1 期。

刘光裕:《明清是中国古代出版的鼎盛时期》,《出版史料》2008 年第 3 期。

刘志英:《小说漫画绘本:且看我七十二变》,《中国图书商报》2007 年 4 月 6 日。

路金波:《2018 年的文学出版》,《中国新闻出版报》2009 年 12 月 11 日。

吕媛:《文学作品改编与电影内容生产》,《当代电影》2011 年第 6 期。

马小琪:《数字自助出版模式对我国传统出版业数字化转型的启示》,《出版发行研究》2013 年第 6 期。

莫铮:《影视同期书研究》,湖南师范大学硕士学位论文,2012 年。

闵惠泉、陈洁:《阅读的嬗变:对象、未来及其缺憾——塑造阅读未来的两种力量》,《现代传播》2010 年第 11 期。

欧阳沛:《影视给力图书观影视同期书的销售之道》,《今传媒》2011 年第 4 期。

庞远燕:《美国定制出版模式》,《中国出版》2007 年第 10 期。

乔焕江:《郭敬明论》,《文艺争鸣》2006 年第 3 期。

任翔:《众筹与出版新思维——欧美众筹出版的现状与问题》,《科技与出版》2014 年第 5 期。

单小曦:《现代传媒:文学活动的第五要素》,《文艺报》2007 年 3 月 29 日。

邵燕君:《传统作家体制的危机和新体制的兴起》,《中华读书报》2009 年 9 月 30 日。

邵燕君:《从"玉女忧伤"到"生冷怪酷"——从张悦然的"发展"看文坛对"80后"的"引导"》,《南方文坛》2005 年第 3 期。

邵燕君、王祥、庄庸 等:《网络文学:如何定位与研究》,《人民日报》2012 年 7 月 17 日。

盛韵、石剑峰:《张悦然谈八〇后作家办刊》,《东方早报》2011 年 2 月 13 日。

施畅:《跨媒体叙事：盗猎计与召唤术》,《北京电影学院学报》2015年第3期。

斯炎伟:《媒体行为与当前文艺的运作》,《社会科学战线》2004年第5期。

宋木文:《出版体制改革的历史回顾（上）》,《中国出版》2006年第6期。

宋木文:《出版体制改革的历史回顾（下）》,《中国出版》2006年第6期。

王恪乾:《从盛大文学易主粗窥今后网络文学的发展方向》,《新闻传播》2015年第5期。

王琨:《张悦然小说创作论》,《小说评论》2013年第6期。

王一川:《全球化时代的中国视觉流》,《电影艺术》2003年第2期。

汪云霞、周百义:《狼一样敏锐的出版人》,《上海国资》2005年第9期。

王志安:《影视同期书的隐忧》,《河北日报》2002年5月10日。

魏玉山:《2015—2016中国数字出版产业年度报告》,《印刷杂志》2016年第8期。

文张:《〈手机〉和〈手机〉背后的故事》,《青年参考》2004年2月17日。

吴锡平、刘桂瑶:《悬疑小说：消费时代的产业化写作》,《深圳特区报》2007年5月22日。

吴小勇、黄希庭等:《身份及其相关研究进展》,《西南大学学报》（社会科学版）2008年第3期。

夏烈:《类型文学：一个新概念和一种杰出的传统》,《文艺报》2010年8月27日。

夏烈:《文学未来学：观念再造与想象力重建》,《南方文坛》2013年第1期。

杨春时:《论文学的多重本质》,《学术研究》2004年第1期。

俞雷:《漫威公司从漫画到电影：文化产业路径分析》,《新闻知识》2016年第5期。

薛月兵:《"影视同期书"现象的冷思考》,《沧桑》2008年第2期。

岳雯:《新的文学法则的生成——青春文学杂志书的运行态势与作家形象建构》,《南方文坛》2011年第4期。

赵冠闻、郭玲玲:《论分众传播的产生及发展》,《理论界》2006年第11期。

赵兰英、余靖静:《巴金〈随想录〉版本数印数大创当代文学出版史奇迹》,

《汴梁晚报》2006 年 12 月 13 日。

张洪波:《数字出版产业发展亟待破解版权问题》,《中华读书报》2012 年 3 月 28 日。

张晓峰:《中国当代文学中的作家身份问题》,《福建师范大学学报》(哲学社会科学版)2013 年第 1 期。

张文红:《"结盟"中的凯旋与失意——从 90 年代作家"触电"和"影视同期书"现象谈起》,《文艺评论》2004 年第 1 期。

张文红、叶磊:《影视同期书出版现状调查与分析》,《出版广角》2012 年第 1 期。

张文明:《透视影视同期书的出版热潮》,《编辑之友》2010 年第 3 期。

张晓瑜:《传统出版的重生——O2O 出版模式的探索》,《科技传播》2015 年第 2 期。

赵建伟:《出版产业链视阈下的项目运营与编辑创益》,《出版发行研究》2013 年第 11 期。

郑敏希、张洪:《出版哲学价值所在:范用为书籍一生的启示》,《编辑之友》2015 年第 4 期。

周军:《文化产业视野下的国内影视同期书》,西南大学硕士学位论文,2009 年。

周志强:《"私人媒介"与大众文化的裂变与转型》,《文艺研究》2007 年第 5 期。

朱松林:《论跨媒体叙事中的粉丝经济》,《编辑之友》2015 年第 2 期。

庄庸:《网络文学"中国名编辑"如何诞生》,《中国出版》2015 年第 4 期。

邹贤尧:《文学,何必向影视"献媚"》,《光明日报》2011 年 5 月 21 日。

后　记

　　关于数字出版的应用研究,目前主要集中于教育出版、专业出版和大众出版三大主要出版领域的探索。本人曾在中国社会科学出版社出版《数字出版商业模式研究》,以移动阅读领域为突破口,提出三大主要出版领域可行的数字出版商业模式探讨。由于浙江大学编辑出版学专业置于文学系统中,于是人文与科技的融合研究和发展是特色和发展方向。于是从 2011 年起,在探求数字出版的技术和商业问题之余,我将视角拓展到了大众出版领域的文学出版,也是在 2014 年开始正式招收这一方向的博士生。在中文系中国现当代文学与文化研究所和浙大数字出版研究中心支持下,还曾主办关于《数字时代读写文化与出版创新》专题研讨会。这些所有的努力都在为人文与科技探寻尽可能融合的空间。

　　数字时代的出版创新离不开人文与科技的融合,其核心是文化与出版的互动。数字技术催生的网络文化,使精英文化逐渐发展成每个个体均能参与读写。同时,以移动终端和社交软件为支撑的社群网络和社群网络效应成为我国数字出版发展的重要推动力。科技的每一次发展都会推动、激活释放个人的文化创造力和想象力。这种参与式文化是由网络的连接和粉丝的参与构成的。过去的研究较少从文化模式的变迁讲这个话题,更少从科技与人文结合的角度探讨。也正是在此研究基础之上,本书承载了这样的使命。

　　按照"环境—创作—传播—产业—理想"的理路角度,本书探讨大众文学出版转型所面临的背景环境,创作主体和写作手法在数字化出版时代的转变,文学传播渠道与方式的多样化现状,进一步搭建和发展以优秀文学作品为核心的文化产业链的趋势,以及出版角色如何在数字化时代保证大众文学的出版品质和创造新的文学出版形式,涵盖大众文学创作与大众文学出版的各环节。其撰成离不开吴申伦、王楠、刘琦、陈佳、姜振宇的合力,他们是本团队在数字出版研究之余致力于文学出版方向的初拓者。

感谢剑桥大学 Susan Daruvala 老师的鼓励和支持,此研究最开始发端于2009年我承担的新闻出版署一项关于网络文学发展模式的课题,成熟于2012年初访剑桥期间,经常去外系参加文学相关的 seminar。其在课程中关于文学的讨论,总是能激发我被技术和实践视角锁住的思维。尤其是第三次访问剑桥大学期间,Heather Inwood 老师从不同角度给我以文学传媒的启发。

感谢我的师友和父母,一直鼓励我探寻感兴趣的领域,尤其是近五年世事沧海桑田,在彷徨困惑时,始终以高标准的期许之心予我激励。尽管这过程中相伴的是无尽的迷茫和痛楚,但都能续航至强大的内心坚持到底。感谢我各阶段的老师们:柳斌杰教授、张涵教授、吴秀明教授、闵惠泉教授、王武录教授、John Thompson 教授,或是树立榜样,或是给予鼓励,犹如海上的灯塔,迷茫时总能使我摸索出方向。

关于数字出版、文学出版的研究,我们一直在路上。此书稿成书于2015年,后续研究也已累积到一定程度。但考虑到成书的体例和出版时效,还是将此阶段的成果单独出版。由于业界发展的日新月异,对很多内容进行了修订,可能仍有不尽之处敬请谅解。

感谢浙江大学人文学部和中国现当代文学与文化研究所对本书出版的支持。本书是现当代文学与文化研究系列之一,受中央高校基本科研业务费资助。感谢人文学部、人文学院、中文系以及中国现当代文学与文化研究所的同事师友们,特别感谢浙江大学出版社李海燕老师、傅百荣老师。他们的不断督促,使我敢于正视自己,学会接受研究是个动态的过程,时时苛求自我否定只能是阶段性的,需要不断前行。望学界前辈和同人们批评指正(purechenjie@zju. edu. cn)。望在问学之路上,蹒跚前行的同时,不断自我超越,与君共勉。

2018 年 9 月

于启真湖畔

图书在版编目(CIP)数据

数字时代的大众文学出版与传播研究 / 陈洁等著.
—杭州:浙江大学出版社,2020.10
ISBN 978-7-308-19782-3

Ⅰ.①数… Ⅱ.①陈… Ⅲ.①中国文学－出版工作－
研究 Ⅳ.①G239.2

中国版本图书馆 CIP 数据核字(2019)第 266694 号

数字时代的大众文学出版与传播研究
陈　洁　等著

责任编辑	傅百荣	
责任校对	杨利军	
封面设计	项梦怡	
出版发行	浙江大学出版社	
	(杭州市天目山路 148 号　邮政编码 310007)	
	(网址:http://www.zjupress.com)	
排　　版	杭州隆盛图文制作有限公司	
印　　刷	广东虎彩云印刷有限公司绍兴分公司	
开　　本	710mm×1000mm　1/16	
印　　张	17.25	
字　　数	274 千	
版 印 次	2020 年 10 月第 1 版　2020 年 10 月第 1 次印刷	
书　　号	ISBN 978-7-308-19782-3	
定　　价	68.00 元	